Promovarea Transportului Public Urban Ecologic și Investițiilor Verzi în Moldova

OECD
BETTER POLICIES FOR BETTER LIVES

Această lucrare este publicată sub responsabilitatea secretarului general al OCDE. Opiniile exprimate și argumentele utilizate aici nu reflectă în mod necesar opiniile oficiale ale țărilor membre OCDE.

Acest document, precum și orice informație, și orice hartă inclusă aici, nu prejudiciază statutul sau suveranitatea asupra oricărui teritoriu, delimitării frontierelor și limitelor internaționale, precum și denumirii oricărui teritoriu, oraș sau zonă.

Datele statistice pentru Israel sunt furnizate de, și sub răspunderea autorităților israeliene relevante. Utilizarea acestor date de către OCDE nu aduce atingere statutului Înălțimilor Golan, Ierusalimului de Est și coloniilor israeliene din Cisiordania, astfel cum este definit în conformitate cu dreptul internațional.

Rugăm să citați această publicație ca:
OECD (2021), *Promovarea Transportului Public Urban Ecologic și Investițiilor Verzi în Moldova*, OECD Publishing, Paris, *https://doi.org/10.1787/93c61b53-ro*.

ISBN 978-92-64-53968-6 (print)
ISBN 978-92-64-90186-5 (pdf)

Credite foto: Coperta © mika48/Shutterstock.com.

Corigențele publicațiilor OCDE pot fi găsite online la: *www.oecd.org/about/publishing/corrigenda.htm*.

Prefață

Acest raport prezintă principalele constatări și concluzii ale proiectului „Promovarea Creșterii Ecologice și a unei Dezvoltări cu Emisii Reduse de Dioxid de Carbon: Analiza și Sprijinirea Dialogului Politic privind Principalele Elemente de Guvernare ale Conceptului de Economie Verde în Moldova", implementat ca parte a colaborării dintre Organizația pentru Cooperare și Dezvoltare Economică (OCDE) și Republica Moldova (în continuare Moldova), în cadrul Grupului de Acțiune ECOLOGICĂ, pentru care OCDE-ul asigură secretariatul.

Obiectivul principal al cooperării OCDE-Moldova a fost acordarea susținerii țării partenere în stabilirea unei căi de dezvoltare cu accent mai mare pe ecologie, în special prin reducerea energiei și intensității carbonului în sfera economică. Scopul specific al acestei cooperări a fost asistarea Ministerului Agriculturii, Dezvoltării Regionale și Mediului (anterior, Ministerul Mediului) să elaboreze un program public de investiții ecologice în conformitate cu bunele practici internaționale, care estimează costurile generale comparativ cu beneficiile acestora asupra mediului, dar identifică și sursele de finanțare.

Raportul de față prezintă rezultatele unui exercițiu de definire a obiectivelor pentru crearea unui program de investiții bazat pe reducerea emisiilor poluante ale aerului și a emisiilor de gaze cu efect de seră (GES) din sectorul transportului public în Moldova.

Scopul acestuia este de a demonstra în practică modul în care se utilizează fondurile publice limitate pentru a încuraja sectorul privat să investească în proiecte sociale și ecologice importante. Studiul asupra Programului Transport Public Ecologic (TPE) a implicat patru domenii principale de activitate și rezultate: 1) etapa inițială de abordare și analiză 2) metodologia de calculare a costurilor; 3) proiectul programului aliniat la bunele practici internaționale; și 4) raportul analitic și instruirea. Acest raport sintetizează rezultatele unei abordări treptate a implementării programului TPE în două etape, participarea a două orașe în prima etapă (pilot) și două scenarii pentru a doua etapă (extindere).

Raportul se bazează nu doar pe revizuirea amplă a legislației de mediu – care reflectă standardele în Moldova și Uniunea Europene – și a reglementărilor tehnice privind transportul public, dar și pe colectarea extinsă a datelor primare și secundare asupra mediului, transportului și serviciilor publice. Analiza bilanțului dat a luat în considerare angajamentele naționale privind creșterea nivelului ecologiei și schimbările climatice ale țării, precum și cerințele bugetare. Raportul derivă, de asemenea, urmare mai multor vizite a echipei de proiect în Moldova, în perioada 2016-2018, pe durata cărora au avut loc discuții asupra diferitor elemente ale programului de investiții, cu mai mulți experți din cadrul oficiilor guvernamentale și administrațiilor publice locale din Chișinău și Bălți, precum și cu experți din cadrul diferitor organizații internaționale și nonguvernamentale active în țară.

Acest program se bazează pe lucrările desfășurate anterior de echipa OCDE în domeniile gestionării cheltuielilor publice de mediu, integrării sectorului de mediu în procesele bugetare pe termen mediu și economia schimbărilor climatice. Mai exact, acesta utilizează o metodologie de evaluare a costurilor programului (numită OPTIC), care a fost elaborată de OCDE, cu sprijinul Germaniei, și testată anterior în Kazahstan. Metodologia se axează pe programele de investiții legate de schimbările climatice.

Proiectul în Moldova a fost susținut financiar de Ministerul Federal pentru Mediu, Conservarea Naturii și Securitatea Nucleară (BMU) al Germaniei, prin intermediul Inițiativei Internaționale pentru Climă 2014 (IKI). Acest proiect face parte din Programul regional – Consolidarea capacității publice financiare pentru investiții ecologice în țările Europei de Est, Caucaz și Asia Centrală (EECAC) – care a inclus și alte două studii de caz pe țară: Kazahstan (finalizat în 2017) și Kârgâzstan (finalizat în 2019).

Mulțumiri

Proiectul a fost gestionat de David Simek, cu sprijinul lui Nelly Petkova (ambii de la OCDE). Modelul și metodologia de calculare a costurilor au fost pregătite de Rafal Stanek, iar analiza de piață a fost coordonată de David Toft (ambii de la Organizația Consultări Publice Kommunalkredit/SST-Consult). Mihai Roșcovan (BCI Consulting), a contribuit substanțial la colectarea datelor și coordonarea proiectelor pe țară. Versiunea finală a acestui studiu a beneficiat de îndrumări atente și comentarii constructive din partea lui Krzysztof Michalak (OCDE).

Autorii sunt foarte recunoscători Biljanei Spasojevic și lui Martin Gauss (ambii consultanți publici la Kommunalkredit), pentru partajarea experienței și expertizei lor - reflectate în acest raport și în prezentările cuprinzătoare efectuate pe parcursul mai multor vizite în țară.

Rolul de susținere al Ministerului Mediului (și succesorului său, Ministerul Agriculturii, Dezvoltării Regionale și Mediului) este foarte apreciat în procesul de implementare a proiectului. Mulțumiri speciale se aduc Cancelariei de Stat, Ministerului Finanțelor, Ministerului Economiei și Infrastructurii (precum și fostului Minister al Transporturilor și Infrastructurii Drumurilor) și, foarte important, municipiilor Chișinău și Bălți (precum și operatorilor de transport public din aceste localități), pentru timpul acordat și contribuțiile lor valoroase.

Aprecierea se exprimă și colegilor de la Biroul Național de Statistică, Oficiul Schimbarea Climei, Agenția Națională Transport Auto, Asociația Internațională a Transportatorilor Auto din Moldova, Agenția pentru Eficiență Energetică, Agenția Națională pentru Reglementare în Energetică, Congresul Autorităților Locale din Moldova, precum și Mișcarea Ecologistă din Moldova, toate oferind perspective de neprețuit.

De asemenea, suntem recunoscători pentru cooperarea, pe durata întregului proiect, cu Banca Europeană pentru Reconstrucție și Dezvoltare, Banca Mondială, Delegația Uniunii Europene în Republica Moldova (precum și consilieri la nivel înalt ai UE), Agenția de Cooperare Internațională a Germaniei (GIZ), Banca de Dezvoltare KfW și reprezentanții Programului Națiunilor Unite pentru Dezvoltare în Moldova.

Echipa proiectului dorește, de asemenea, să mulțumească experților guvernamentali și nonguvernamentali (practicieni și academicieni) pentru participarea activă la întrunirile și atelierele de instruire desfășurate în cadrul acestui proiect.

Recunoștințe speciale se aduc Fionei Hinchcliffe pentru feedback-ul editorial, atât complet, cât și detaliat, al proiectului de raport.

Marina Scutaru a tradus profesional raportul în limba română.

Janine Treves (OCDE) a asistat atent procesarea publicației. Lupita Johanson și Peter Carlson (ambii de la OCDE) au ghidat în mod profesional procesul editorial, de informare și comunicare a proiectului și diseminarea lucrărilor. Irina Belkahia și Aleksandra Bogusz (ambele de la OCDE) au oferit suport administrativ excelent proiectului.

Toate aceste contribuții sunt foarte mult apreciate. Fără angajamentul personal și instituțional al actorilor sus- menționați, acest proiect nu ar fi fost realizat.

Cuprins

FIGURI

TABELE

Abrevieri și acronime

AAANN (NAMA)	Acțiuni de atenuare adecvate la nivel național
AC	Aprindere prin comprimare
ADR	Agenția de Dezvoltare Regională
AE (BRT)	Autobuz expres
AEM (EEM)	Agenția Europeană de Mediu
AIE (IEA)	Agenția Internatională pentru Energie
ANRE	Agenţia Naţională pentru Reglementare în Energetică a Republicii Moldova
ANTA	Agenția Națională Transport Auto a Republicii Moldova
AO	Afaceri obișnuite (scenariu)
APL	Administrația Publică Locală
APP	Agenția Proprietății Publice a Republicii Moldova
AS	Aprindere prin scânteie
BEI (EIB)	Banca Europeană de Investiții
BERD (EBRD)	Banca Europeană pentru Reconstrucție și Dezvoltare
BMNT	Ministerul Federal al Sustenabilității și Turismului din Austria *(Bundesministerium für Nachhaltigkeit und Tourismus)*
BMU	Ministerul Federal al Mediului, Conservării Naturii și Securității Nucleare al Germaniei *(Bundesministerium für Umwelt, Naturschutz und nukleare Sicherheit*)
BNS	Biroul Național de Statistică al Republicii Moldova
CCONUSC (UNFCCC)	Convenția-cadru a Organizației Națiunilor Unite asupra Schimbărilor Climatice

CCTM (MTEF)	Cadrul de cheltuieli pe termen mediu
CE	Comisia Europeană
CE	Comunitatea Europeană
CEC	Căldură și energie combinată (instalație)
CEE (EEC)	Comisia Economică Euroasiatică
CEE (EEC)	Comunitatea Economică Europeană
CENUE	Comisia Economică a Naţiunilor Unite pentru Europa
CITE (ICCT)	Consiliul Internațional pentru Transportul Ecologic
CMA (MAC)	Concentrația maximă admisă
CND (NDC)	Contribuția națională determinată
CNDI (INDC)	Contribuția națională determinată intenționat
COVNM	Compus organic volatil non-metan
COP	Conferința părților la UNFCCC (*Conference of the Parties*, CCONUSC)
CPATDL	Convenţia asupra poluării atmosferice transfrontaliere pe distanţe lungi
CRD	Consiliul Regional pentru Dezvoltare
CSI (CIS)	Comunitatea Statelor Independente
CSN	Contribuții stabilite la nivel național
EaP	Parteneriatul Estic (*Eastern Partnership*, UE)
EECAC (EECCA)	Europa de Est, Caucaz și Asia Centrală
EGB	Echivalentul unui galon de benzină
FEI (EIF)	Fondul European de Investiții
EIM	Evaluarea impactului asupra mediului
EP	Entitate de programare
ESM	Evaluarea strategică de mediu
EUR	Euro (moneda zonei euro)
FNN	Fluxul net de numerar

FNDR	Fondului Național pentru Dezvoltare Regională
FV	Fotovoltaic
GES (GHG)	Gaze cu efect de seră (emisii)
GISC (IPCC)	Grupul interguvernamental privind schimbările climatice
GIZ	Agenția de Cooperare Internațională a Germaniei *(Deutsche Gesellschaft für Internationale Zusammenarbeit)*
GM (GoM)	Guvernul Republicii Moldova
GNC (CNG)	Gaz natural comprimat
GNL (LNG)	Gaz natural lichefiat
GOST	Standard interstatal (*Gosudarstvennyj)*
GPL	Gaz petrolier lichefiat
IC (JI)	Implementare în comun
IES	Inspectoratul Ecologic de Stat al Republicii Moldova
IFI	Instituția financiară internațională
IKI	Inițiativa Internațională pentru Climă (*Internationale Klimaschutzinitiative*, Germania)
IMM (SME)	Întreprinderi mici și mijlocii
KfW	Banca Germană de Dezvoltare *(Kreditanstalt für Wiederaufbau)*
KPC	Compania de Consultări Publice Kommunalkredit *(Kommunalkredit Public Consulting)*
MADRM	Ministerul Agriculturii, Dezvoltării Regionale și Mediului al Moldovei
MCP (PCM)	Managementul ciclului de proiect
MDC	Mecanismul de dezvoltare curată
MDL	Leu moldovenesc (valuta Republicii Moldova)
MDRC	Ministerul Dezvoltării Regionale și Construcțiilor al Republicii Moldova
MEM	Mișcarea Ecologistă din Moldova
MF	Ministerul Finanțelor al Republicii Moldova

MM	Ministerul Mediului al Republicii Moldova
NU (UN)	Națiunile Unite
OCDE/OECD	Organizația pentru Cooperare și Dezvoltare Economică
OMS (WHO)	Organizația Mondială a Sănătății
ONG (NGO)	Organizație nonguvernamentală
OPTIC	Optimizarea Costurilor de Investiții în Transportul Public (*Optimising Public Transport Investment Costs*, modelul OCDE)
OTP	Operatorul de transport public
PEME (EMEP)	Programul European de Monitorizare și Evaluare
PIB (GDP)	Produsul Intern Brut
PM	Particule mici
PNUM (UNEP)	Programul Națiunilor Unite pentru Mediu
PPC	Paritatea Puterii de Cumpărare
PPE TSM	Programul Pan-European Transport, Sănătate și Mediu
PPP	Parteneriat public-privat
PUA	Parcul urban de autobuze
PS	Pulberi în suspensie
RTEC	Regia Transport Electric Chișinău
SDER (LEDS)	Strategia de Dezvoltare cu Emisii Reduse
SEE (EEA)	Spațiul Economic European
SHS	Serviciul Hidrometeorologic de Stat al Republicii Moldova
SUA (US)	Statele Unite ale Americii
TPE (CPT)	Transport Public Ecologic (programul OCDE)
TVA (VAT)	Taxa pe valoare adăugată
UAT	Unitatea de asistență tehnică
UE (EU)	Uniunea Europeană
UI	Unitate de Implementare

USD	Dolar american (valuta SUA)
UTB (BTU)	Unitate termică britanică
UTSDTS (LULUCF)	Utilizarea terenurilor, schimbarea destinației terenurilor şi silvicultura
VAN (NPV)	Valoarea actuală netă
VEPR (EEV)	Vehicul cu emisii poluante reduse
VN	Valuta națională

Unități, cantități și compuși

H_2O	Apă
cm^2	Centimetru pătrat
CH_4	Metan
CO	Monoxid de carbon
CO	Dioxid de carbon
CH_2O	Formaldehidă
g	Gram
GW	Gigawatt
GWh	Gigawatt oră
kg	Kilogram
kep	Kilogram echivalent petrol
km	Kilometru
km^2	Kilometru pătrat
km/h	Kilometru pe oră
kpvpz (kpvd)	Kilometru per vehicul pe zi
kt	Kilotonă
kWh	Kilowatt oră
l	Litru

m	Metru
mg	Miligram
MJ	Megajoule
mln	Milion
MPa	Megapascal
MW	Megawatt
MWh	Megawatt oră
m^3	Metru cub
NO	Monoxid de azot
NO_2	Dioxid de azot
N_2O	Protoxid de azot
ppm	Părți per milion
SO_2	Dioxid de sulf
t	Tonă
tCO_2	Tonă de CO_2
tCO_2e	Tonă de echivalent CO_2
tNO_x	Tonă de NO_x
tSO_2	Tonă de SO_2
TJ	Terajoule
µg	Microgram

Sumar executiv

Transportul aduce o contribuție mică la produsul intern brut în Moldova, mai puțin de 5%. Cu toate acestea, sectorul este responsabil pentru 22% din emisiile de gaze cu efect de seră - al doilea cel mai mare contribuabil după sectorul energetic. Sectorul transporturilor este principala sursă de poluare a aerului, în special în zonele urbane, reprezentând cel puțin 86% din emisiile totale. Conform datelor Organizației Mondiale a Sănătății (OMS), în Moldova, numărul de decese cauzate de poluarea aerului s-a triplat față de numărul cazurilor înregistrate în ultimii 15 ani. Municipiul Chișinău, în special, se confruntă cu o creștere substanțială a bolilor legate de poluarea aerului.

În anul 2016, Organizația pentru Cooperare și Dezvoltare Economică (OCDE) și Moldova și-au unit forțele pentru a analiza modul în care un program de investiții publice ar putea stimula dezvoltarea sectorului transportului public ecologic și să reducă poluarea aerului și a emisiilor de gaze cu efect de seră (GES), provenite din transportul public, în centrele urbane mari din țară. S-a decis că accentul de bază al programului Transport Public Ecologic (TPE) va fi plasat pe trecerea alimentării autobuzelor moderne la carburanți mai curați (ecologici), precum gazul natural comprimat și gazul petrolier lichefiat.

Pregătirea pentru program a implicat patru domenii principale de activitate și rezultate: 1) abordarea inițială și etapa analitică; 2) dezvoltarea unei metodologii de calculare a programelor; 3) elaborarea unui program în conformitate cu bunele practici internaționale; și 4) pregătirea raportului analitic și instruirii. Acest raport reprezintă punctul culminant al procesului de pregătire și prezintă rezultatele celor patru domenii principale de activitate.

Ce va include Transportul Public Ecologic?

Programul TPE este elaborat pentru a fi implementat în două etape. Prima etapă (pilot) vizează două cele mai mari orașe din Moldova – Chișinău și Bălți – unde rețelele de transport public sunt cele mai dezvoltate. A doua etapă (extindere) este concepută pentru a acoperi zonele suburbane ale orașelor pilot (în cadrul Scenariului 1) și transportul interurban pe principalele (cele mai circulate) rute din Moldova (Scenariul 2).

- Etapa pilot prevede înlocuirea a 77 de vehicule vechi (60 la Chișinău și 17 la Bălți), implicând o investiție totală de 19.1 milioane USD pe an (după etapa pregătitoare de un an).
- Scenariul 1 din Etapa 2 prevede reînnoirea a 658 de vehicule în transportul urban și suburban, în sumă de 131.1 milioane USD.
- Scenariul 2 din Etapa 2, presupune înlocuirea a 2 433 de vehicule în transportul urban, suburban și interurban, care va necesita investiții de 479.5 milioane USD pe o perioadă de doi până la cinci ani.

În total, Etapa 1 împreună cu Scenariul 1 din Etapa 2 ar rezulta – 735 de vehicule în transportul urban și suburban, cu un cost de 150.2 milioane USD. Etapa 1, urmare Scenariului 2 din Etapa 2 ar înlocui 2 510 vehicule urbane, suburbane și interurbane, cu un cost total de 498.6 milioane USD.

Toate etapele și scenariile, prevăd sprijinul public estimat între 25-75% din totalul resurselor necesare, în funcție de opțiunile de finanțare alese.

Ce își propune să obțină?

Obiectivele de mediu ale programului TPE se preconizează să fie realizate prin utilizarea asistenței bugetare pentru a înlocui flota de transport public existentă cu vehicule moderne alimentate cu carburanți sau tehnologii mai curate (ecologice), inclusiv gaze naturale comprimate (GNC)/gaz natural lichefiat (GNL), gaz petrolier lichefiat (GPL), motorină Euro 5/6 și electricitate. În ceea ce privește **reducerile de emisii**, se așteaptă ca cel mai înalt nivel de îmbunătățire să fie pentru oxizii de azot (NO_x), a căror reducere anuală ar putea însuma 30.7 tone în etapa pilot și între 403.8 și 1 444.1 tone în etapa de extindere. Emisiile de monoxid de carbon (CO) ar putea scădea cu 6.8 tone anual (Etapa 1) și, respectiv, între 85.4 și 300.6 tone (Etapa 2). Emisiile de pulbere în suspensie (PS) trebuie reduse cu 0.7 tone și, respectiv, între 9.9 și 35.1 tone anual; și dioxid de sulf (SO_2) cu 0.6 tone și, respectiv, între 8.4 și 29.4 tone. Emisiile de dioxid de carbon (CO_2) sunt susceptibile să scadă cu 2.28 kilotone de CO_2 pe an după Etapa 1 și între 20.81 și 73.94 kilotone pe an după Etapa 2.

Obiectivele serviciului public vor fi realizate – în conformitate cu strategiile de transport ale țării (municipale și naționale) – prin achiziționarea vehiculelor moderne (complet noi) (pentru creșterea fiabilității și confortului) și extinderea/îmbunătățirea livrării serviciilor în afara orașelor (pentru creșterea gradului de informare). Prin modernizarea flotei de transport urban, Programul TPE va contribui, de asemenea, la **dezvoltarea socio-economică** a municipiilor și, în final, a țării. Acest lucru se va realiza, de exemplu, prin creșterea eficienței, fiabilității și razei rețelelor de transport public. Mobilitatea îmbunătățită favorizează nu doar productivitatea (acces la locuri de muncă, piețe), ci și incluziunea socială (acces la spitale, școli), în special pentru grupurile sociale cu venituri mici. Programul TPE ar putea, de asemenea, să stimuleze piața internă să producă sau cel puțin să asambleze autobuze moderne și troleibuze prin susținerea achiziționării autobuzelor noi, mai degrabă decât modernizarea acestora. Astfel, ar putea fi generate și noi oportunități de angajare.

Cum va fi gestionat și finanțat?

Implementarea programului TPE va necesita **aranjamente instituționale** care să asigure luarea deciziilor transparente și rentabile. Raportul propune o structură instituțională la trei niveluri, care cuprinde: 1) entitatea de programare, 2) unitatea de implementare și 3) unitatea de asistență tehnică. De asemenea, stabilește proceduri clare de gestionare a ciclului de proiect.

În Moldova, există o serie de instituții care ar putea fi selectate pentru a gestiona programul. Indiferent de alegere, unitatea de implementare ar trebui să aibă un grad înalt de independență, pentru a se asigura că deciziile sunt luate conform regulilor și criteriilor prevazute de obiectivele programului și nu sunt supuse influenței politice nejustificate.

Există multiple **mecanisme de finanțare** disponibile în Moldova, care pot fi utilizate pentru a sprijini tranziția la transportul public ecologic (curat). Trebuie menționat, totuși, că nu este necesar ca programul să fie complet finanțat din subvenții. Natura sectorului transportului public – în care se pot realiza economii la costurile de exploatare, prin înlocuirea componentelor vechi ale flotei cu noi modele și utilizarea carburanților curați - presupune că finanțarea ar trebui să fie direcționată spre creșterea investițiilor, fără a fi nevoie de susținerea proiectelor profitabile, care ar putea fi realizate indiferent de implicarea guvernului.

Analiza identifică două opțiuni posibile pentru finanțarea principalelor direcții ale programului TPE; primul ar fi cu implicarea sectorului bancar local, în timp ce al doilea fără implicarea acestuia. Combinațiile mecanismelor de finanțare propuse, sunt următoarele:

1. Credite combinate cu asistența publică sub formă de garanții pentru împrumuturi și o subvenție relativ mai mică (un grant) pentru a ajuta operatorii de transport public să ramburseze o parte din credit.

2. Asistența publică sub forma unei subvenții relativ mai mari (un grant) pentru a motiva operatorii de transport public să aloce mai multe resurse financiare proprii pentru achiziționarea de vehicule mai curate (ecologice) – care în general necesită o investiție inițială mai mare (în ceea ce privește costul de achiziție), dar sunt mai puțin costisitoare în exploatare (în ceea ce privește cheltuielile pentru combustibil).

Crearea cadrului de politici pentru investiții "verzi"

Există Mai jos, sunt enumerate unele dintre barierele politice în calea implementării programului. Este important ca înainte de elaborarea și finanțarea programului, Guvernul Republicii Moldova să examineze baza de reglementare relevantă și să elimine barierele, în măsura posibilităților.

- **Resurse inadecvate pentru elaborarea și gestionarea programului**. Programul TPE necesită lucrări semnificative privind elaborarea programului (inclusiv colectarea de fonduri) și implementarea. Acest lucru va necesita consolidarea capacității de selecție, implementare și monitorizare a proiectului (managementul ciclului de proiect).
- **Bonitatea limitată a operatorilor privați în transportul public**. Indiferent de modul în care Programul TPE este cofinanțat, proprietarii de autobuze vor trebui să apeleze la credite sau leasing pentru cofinanțarea programului. Cu toate acestea, bonitatea lor este limitată. O soluție ar fi ca Ministerul Finanțelor (ca principal garant al datoriei publice) să emită garanții pentru împrumuturile bancare.
- **Tarife necorespunzătoare pentru pasageri**. Tarifele pentru transportul public sunt mici în Moldova – cu prețul de 0.11 USD pentru un singur bilet de călătorie - iar unele dintre ele nu au fost ajustate încă din anul 2007. Necesitatea majorării tarifului este evidentă (bazată pe o analiză de sensibilitate pentru a determina nivelul optim al tarifelor); în caz contrar, operatorii de transport, riscă să nu-și poată rambursa creditele.
- **Coordonare insuficientă și schimbări în transportul public urban**. La nivel municipal, intenția de a îmbunătăți serviciul de transport public și de a reduce congestionarea traficului, precum și poluarea aerului în centrele urbane – prin limitarea numărului de operatori de microbuz – este vizibilă, dar nu este comunicată în mod clar tuturor părților interesate. Rolul de coordonare, al Ministerului Finanțelor – care este implicat și în elaborarea proiectelor pentru asistență financiară externă – ar putea asigura cooperarea interministerială.
- **Norme privind emisiile reduse ale autovehiculelor / standarde de inspecție tehnică**. În Republica Moldova, normele cu privire la emisii, se bazează pe vechile standarde ale emisiilor motoarelor diesel (Euro IV și mai mici), iar sistemul inspecțiilor tehnice ale vehiculelor nu funcționează corect. Pe de altă parte, disponibilitatea carburanților (importați) de înaltă calitate (Euro 5) pe piața din Moldova, pare a fi suficientă pentru modernizarea flotei la nivel național. Cu toate acestea, Moldova trebuie să introducă standarde europene. În prezent, singura cerință este ca autobuzele și camioanele noi să corespundă cu Euro 0 sau Euro I, până în anul 2020.
- **Semnale de costuri mici în utilizarea autobuzelor cu GNC și GPL față de motorină**. Deși CNG și GPL sunt mai ieftine decât motorina, nu există alte semnale de preț, cum ar fi TVA sau scutirea de taxe vamale pentru transportul sau infrastructura curate (ecologică). Deoarece investiția inițială în autobuze alimentate cu resurse alternative/energie, este mai mare, decizia de a investi poate fi influențată de stimulente financiare. Până la obținerea unei mase critice (adică cota de piață și venituri suficiente), stimulentele fiscale ar putea completa mecanismele de sprijin din partea statului, precum subvenții, împrumuturi și garanții de împrumut.
- **Lipsa produselor financiare adecvate, adaptate nevoilor sectorului**. Deși sectorul financiar al Moldovei este dominat de bănci, funcția lor de intermediari financiari este limitată, datorită ratelor dobânzilor ridicate și cerințelor de garanție. Pe de altă parte, băncile se confruntă cu constrângeri,

precum lipsa proiectelor bancare și rate mici de recuperare a creditelor (care, în cazul operatorilor de transport public, ar putea fi cauzate de tarifele mici pentru pasageri, menționate mai sus).

- **Lipsa interesului pentru achiziționarea vehiculelor cu combustibil, mai eficiente**. În afară de stabilirea stimulentelor politice corecte, guvernul trebuie să abordeze și incertitudinea consumatorilor cu privire la noile tehnologii (ex. utilitatea lor în viață) și la combustibili (ex. prețurile ulterioare la carburanți). Acest lucru ar fi util pentru furnizarea informațiilor corecte, suficiente și în timp util – un rol posibil pentru unitatea de implementare guvernamentală a Programului TPE.

1 Configurarea cadrului pentru programul de investiții publice verzi

Acest capitol oferă un aspect general succint asupra principalelor probleme de mediu cu care se confruntă sectoarele de energie și transport ale Moldovei, pentru a defini cadrul programului propus privind transport public ecologic. Acesta examinează principalele documente de politică și acordurile internaționale de mediu, la care a aderat țara, pentru a adopta o cale de dezvoltare mai ecologică și prezintă structura acestui raport.

Care sunt principalele provocări ale poluării aerului și schimbărilor climatice?

De la obținerea independenței față de Uniunea Sovietică în anul 1991, Guvernul Republicii Moldova s-a angajat să promoveze dezvoltarea durabilă. Politicile, programele și planurile naționale de acțiuni au fost elaborate și aprobate în principalele sectoare care afectează economia și mediul în Moldova – inclusiv sectorul energetic, industrie, transport, agricultură, silvicultură sau deșeuri.[1]

Cu toate acestea, intensitatea energetică a țării este mult mai mare decât media țărilor din Uniunea Europeană (UE), Organizația pentru Cooperare și Dezvoltare Economică (OCDE) sau media mondială. În anul 2014, consumul de energie al Moldovei s-a estimat la aproximativ 195 de kilograme echivalent petrol (kep) la 1 000 USD de produs intern brut (PIB), folosind prețurile din 2011, comparativ cu aproximativ 88 pentru UE, 110 pentru țările OCDE și 126 pentru alte țări în ansamblu.[2] Este probabil ca aceste intensități mari să continue, deoarece se preconizează că ponderea sectoarelor energetice și industriale în totalul emisiilor naționale de gaze cu efect de seră (GES) va crește semnificativ până în anul 2030.

Transportul aduce o contribuție mică la PIB-ul țării, mai puțin de 5%. Cu toate acestea, sectorul este responsabil pentru 22% din emisiile de GES ale țării și este al doilea cel mai mare contribuabil după sectorul energetic. Sectorul transporturilor este principala sursă de poluare a aerului, în special în zonele urbane, reprezentând 86% din totalul emisiilor (GoM, 2018[1]). Conform celor mai recente date disponibile (2018) de la Biroul Național de Statistică a Moldovei (BNS), ponderea ar putea fi, de fapt, până la 96%.[3]

În cadrul sectorului transporturilor, marea majoritate a combustibilului este consumată în transportul rutier (peste 90% în 2017), deși Moldova dispune și de transport feroviar, aerian și pe apă (NBS, 2018[2]). Numărul autovehiculelor a crescut în perioada 1990-2013: cu 93% pentru autobuze și microbuze, cu 101% pentru camioane și cu 193% pentru autoturisme. Cu toate acestea, datorită puterii de cumpărare a populației, în principal, se importă și se înmatriculează vehicule folosite. Acestea, combinate cu un sistem slab de inspecție tehnică, contribuie în mod semnificativ la poluarea aerului – în special în zonele urbane, unde infrastructura inadecvată provoacă frecvent blocaje în trafic (MoE/UNEP, 2016[3]).

Analiza arată că aproximativ 75% din creșterea de două ori mai mare a emisiilor de dioxid de sulf (SO_2) în perioada 2005-2011 (de la 2 400 la 5 800 tone anual) poate fi atribuită transportului (UNECE, 2014[4]). Datele Organizației Mondiale a Sănătății (OMS) sugerează că numărul deceselor cauzate de poluarea aerului înconjurător în Moldova s-a triplet față de aanul 2004.[4] Statisticile OMS arată, de asemenea, că bolile sistemului circulator – cauzate din ce în ce mai mult de poluanții atmosferici (în special de particule) – constituie principalele cauze de deces în Moldova.[5] Municipiul Chișinău se confruntă în special cu o creștere substanțială a bolilor legate de poluarea aerului (GoM, 2013[5]).

În timp ce politica de bază și cadrul de reglementare pentru adoptarea unui transport ecologic/curat (public și privat) este în vigoare (a se vedea mai jos), Moldova rămâne în urmă, având în vedere autovehiculele învechite de transportare a pasagerilor, precum și camioanele grele și autobuzele. În anul 2017, aproximativ 40% dintre toate vehiculele nu au respectat nicio normă de emisie a UE (doar aproximativ 6% au respectat normele de emisii Euro 5/V sau 6/VI – a se vedea anexa B pentru mai multe detalii). Vârsta avansată și rata înaltă de uzură a flotei de autobuze, cresc poluarea mediului, costurile de sănătate și de întreținere și reduc siguranța rutieră. Modernizarea flotei de autobuze este o problemă vitală pentru operatorii de transport din Moldova, dar ar necesita resurse financiare semnificative, atât private cât și publice.

În același timp, economia și resursele naturale ale Moldovei sunt semnificativ vulnerabile față de impactul schimbărilor climatice. Agricultura și accesul la apă sunt probleme importante într-o țară în care mai mult de jumătate din populație trăiește în zonele rurale. Conform Strategiei Republicii Moldova de Adaptare la Schimbările Climatice până în anul 2020, pierderile economice anuale medii ale țării, din cauza dezastrelor naturale, au fost de aproximativ 61 milioane USD în perioada 1984-2006. Secetele din 2007-2012 și inundațiile din 2008-2010 au provocat pagube totale de 180 de miliarde USD (GoM, 2014[6]).

Ce măsuri au fost deja întreprinse?

Recent, Moldova a întreprins o serie de măsuri concrete pentru atenuarea impactului negativ al transporturilor asupra cetățenilor săi (în special în zonele urbane). Din anul 2002, Moldova este parte a unei platforme de partajare a cunoștințelor de politici, care se numește Programul Pan-European pentru Transport, Sănătate și Mediu (PPE TSM), gestionat în comun de Biroul Regional OMS pentru Europa și Comisia Economică pentru Europa a ONU (CENUE). De asemenea, Moldova participă în mod tradițional la Săptămâna europeană a mobilității, care promovează importanța problemei și consecințele severe (de mediu, dar și economice și sociale) ale transportului auto privind populația și autoritățile publice locale.[6]

Moldova s-a angajat, de asemenea, să combată poluarea aerului și schimbările climatice. În anul 1994, s-a alăturat Convenției Națiunilor Unite (ONU) privind evaluarea impactului asupra mediului, în context transfrontalier, iar în 1995 a aderat la Convenția ONU privind poluarea atmosferică transfrontalieră pe distanțe lungi (Convenția PATDL). Din 1992, Moldova este parte la Convenția-cadru a Organizației Națiunilor Unite privind schimbările climatice (CCONUSC, ratificată în 1995) și la Protocolul de la Kyoto din 2003 (ca țară care nu este parte a anexei I). În anul 2016, Moldova a semnat Acordul de la Paris privind schimbările climatice, adoptat la cea de-a 21-a Conferință a părților (COP21) la Paris în 2015 (pe care a ratificat-o în 2017).[7]

Căsuța 1.1. Obiectivele Republicii Moldova privind emisiile de gaze cu efect de seră

Acordul de la Paris impune toate părțile să-și depună la maximum eforturile pentru reducerea emisiilor de gaze cu efect de seră, prin contribuții naționale determinate (CND) și să consolideze aceste eforturi în următorii ani. CND în Moldova identifică atât obiective „condiționate" (cele care depind de sprijin suficient internațional), cât și obiective „necondiționate" privind atenuarea și adaptarea. Obiectivul de atenuare „necondiționat" al țării este de a reduce emisiile de GES cu 64-67% sub nivelul calculat în 1990, până în anul 2030, în timp ce ținta „condiționată" este stabilită la 78%, sub rezerva sprijinului internațional disponibil pentru țară (inclusiv resurse financiare cu costuri reduse, transfer de tehnologie și cooperare tehnică).

Sursă: (GoM, 2015[7]), Contribuția Națională Determinată Intenționat a Republicii Moldova, https://www4.unfccc.int/sites/ndcstaging/PublishedDocuments/Republic%20of%20Moldova%20First/INDC_Republic_of_Moldova_25.09.2015.pdf.

Legislația națională și documentele strategice privind politica de mediu și schimbările climatice au fost, de asemenea, elaborate pentru a rezolva această provocare. Guvernul Republicii Moldova a aprobat Strategia de dezvoltare cu emisii reduse (SDER) până în anul 2020 și a ajustat obiectivele strategiei până în anul 2030 (MoE, 2011[8]). SDER a consolidat eficient diferite obiective de atenuare a GES prevăzute într-o serie de politici naționale și acte legislative, inclusiv Strategia națională de dezvoltare „Moldova 2020" (GoM, 2012[9]), Strategia energetică până în 2030, inclusiv o foaie de parcurs pentru implementare (GoM, 2013[10]) Programul național de eficiență energetică 2011-2020 (GoM, 2011[11]). Planul de acțiune anexat la Strategia SDER 2030 include o listă de acțiuni naționale prioritare adecvate de atenuare, astfel cum este prevăzut pentru părțile care nu fac parte din anexa I la CCONUSC.

De asemenea, au fost introduse modificări la legile Republicii Moldova privind protecția mediului (adoptate în 1993 și ultima modificare în 2018), protecția aerului atmosferic (adoptată în 1997, ultima modificare-2018), eficiența energetică (adoptată în 2010) și resursele regenerabile de energie (adoptată în 2016, ultima modificare – 2018).

Strategia SDER 2030 a Republicii Moldova și CND iau în considerare diferite scenarii pentru reducerea emisiilor și de adaptare la viitoarele schimbări climatice. Pentru a-și atinge obiectivele de atenuare și adaptare ambițioase, Moldova va trebui să facă investiții semnificative, inclusiv proiecte de infrastructură în domeniul energiei, transporturilor, clădirilor, industriei, agriculturii, utilizării terenurilor, schimbărilor destinației terenurilor și al sectorului forestier, precum și cel al deșeurilor. Implementarea obiectivelor „condiționate" identificate în CND ar costa aproximativ 4.9-5.1 miliarde USD (aproximativ 327-340 milioane USD pe an) până în 2030 (GoM, 2015[7]). Deși costurile scenariilor variază, realizarea creșterii economice cu emisii reduse de carbon va necesita un sprijin public intern și internațional semnificativ, în ambele cazuri.

Strategia de Mediu a Republicii Moldova 2014-2023 își propune să alinieze în continuare legislația națională la directivele UE. Aceasta pune un accent deosebit pe promovarea diverselor măsuri privind reducerea emisiilor de poluanți atmosferici și GES generate de traficul rutier, atât prin îmbunătățirea stării tehnice a vehiculelor, cât și prin adoptarea măsurilor fiscale sau programe speciale care ar încuraja înlocuirea vehiculelor vechi poluante (GoM, 2014[12]).

În același sens, Acordul de asociere cu UE – semnat de Republica Moldova în iunie 2014 – consideră cooperarea în domeniul transportului ca pe un instrument necesar pentru integrarea Republicii Moldova pe piața internă a UE și sistemul de transport (rutier) eficient, sigur și securizat- ca pe unul dintre elementele cheie ale eforturilor de modernizare a țării.

Îngrijorările cu privire la schimbările climatice în Republica Moldova sunt legate în special de securitatea energetică. De fapt, Moldova importă aproximativ 96% din necesitățile sale energetice (a se vedea capitolele 3 și 6).[8] Așa cum este identificat în Strategia energetică 2030, Guvernul Republicii Moldova intenționează să diversifice mixul de energie cu dezvoltarea mai multor resurse de energie regenerabilă – acest lucru va necesita investiții substanțiale pe termen mediu și lung. De asemenea, Moldova a adoptat Planul național de acțiune privind energia regenerabilă în anul 2013, cu obiective care trebuie îndeplinite până în 2020 (GoM, 2013[13]).

Ce își propune țara să obțină?

Un document cheie care stabilește țintele Republicii Moldova în domeniul transporturilor este Programul privind promovarea economiei verzi în Republica Moldova pentru anii 2018-2020 și Planul de acțiuni pentru punerea în aplicare a acesteia (GoM, 2018[1]), aprobat recent prin Hotărârea Guvernului nr. 160 din 21 februarie 2018. Programul pune accent pe transportul public eficient, efectiv și ecologic (urban), precum și accentul pe mijloacele de transport public mai mari și prioritizarea acestuia față de transportul privat în centrele urbane. De asemenea, pledează pentru adoptarea unor obiective clare de mediu – de ex. utilizarea carburanților alternativi și a noilor tehnologii în toate mijloacele de transport – în politicile actuale privind transportul.

Printre provocările majore în ceea ce privește „funcționarea sistemelor instituționale, de gestionare și implementare în domeniul promovării economiei verzi", programul citează „emisiile din transporturi" care „au un impact tot mai mare asupra mediului și sănătății publice".

La acest moment, sunt planificate activități până la sfârșitul anului 2020, pentru punerea în aplicare a programului, cu scopul de a atinge obiective specifice. Cele legate de domeniul transporturilor includ:

1. Reducerea poluării aerului cu 30% până în anul 2020, prin dezvoltarea unui transport durabil.
2. Asigurarea promovării măsurilor de implementare a economiei verzi în domeniul construcțiilor cu 15% până în anul 2020.
3. Creșterea nivelului de conștientizare a publicului cu privire la economia verde și dezvoltarea durabilă cu cel puțin 30% până în anul 2020.

În cadrul primului obiectiv, sunt prevăzute următoarele acțiuni:

- Eliminarea treptată a mașinilor vechi prin intermediul unui program de stat în colaborare cu companiile private.
- Crearea stimulentelor fiscale pentru importul automobilelor cu motoare electrice sau hibride, precum și dezvoltarea infrastructurii naționale necesare pentru mașinile electrice.
- Aplicarea restricțiilor privind utilizarea vehiculelor (de toate tipurile, inclusiv pentru transportul public și în scopuri industriale/comerciale) mai vechi de 15 ani.
- Modernizarea mijloacelor de transport public învechite prin înlocuirea lor cu mijloace ecologice (electrice).
- Reglementarea intrării vehiculelor în orașe și centre urbane (pentru reducerea blocajelor în trafic și a poluării aerului).
- Elaborarea reglementărilor care să promoveze utilizarea transportului public, reducând semnificativ (cu 30%) numărul de microbuze, creând rute (centuri de ocolire) în jurul centrelor urbane.
- Organizarea și promovarea Săptămânii Europene a Mobilității.
- Integrarea politicilor de transport, pentru a încuraja utilizarea carburanților alternativi și a noilor tehnologii în toate tipurile de transport.

În cadrul celui de-al doilea obiectiv, sunt prevăzute următoarele acțiuni, relevante pentru transport:

- Promovarea principiilor orașelor verzi și aplicarea Indicelui European ”Oraș Verde”.[9]
- Monitorizarea elaborării planurilor generale de urbanizare care să integreze infrastructura durabilă a transportului (benzi pentru autobuz, transport electric, benzi pentru cicliști, stații de parcare și încărcare pentru unitățile de transport electrice).

Și în sfârșit, în conformitate cu al treilea obiectiv, sunt prevăzute următoarele acțiuni, relevante pentru transport:

- Desfășurarea campaniilor de informare și sensibilizare cu privire la economia verde în domeniile eficienței energetice, producției mai curate, eficienței resurselor, achizițiilor publice durabile, transportului durabil.
- Organizarea unei conferințe naționale bianuale privind economia verde.

Programul include, de asemenea, un plan de acțiuni cu termene limită și estimări bugetare pentru implementarea diverselor activități și măsuri. În timp ce programul oferă un cadru politic foarte necesar pentru un transport urban durabil, obiectivele pe care le stabilește sunt foarte ambițioase.

Ce trebuie de realizat?

Pentru a obține reduceri ambițioase ale emisiilor, Republica Moldova va trebui să facă investiții semnificative în toate sectoarele economiei. De exemplu, atingerea obiectivelor „condiționate” de reducere a emisiilor de GES identificate în CND (Căsuța 1.1), ar costa circa 5 miliarde USD până în 2030. Deși costurile celor două scenarii propuse („condiționate” și „necondiționate”) variază, realizând o creștere economică cu nivel scăzut de carbon, va necesita sprijin public intern și internațional semnificativ.

Pe măsură ce regimul climatic global evoluează, donatorii și instituțiile financiare internaționale au început deja să investească resurse semnificative pentru a sprijini țările care nu se regăsesc în anexa I, inclusiv Moldova. Mecanismele internaționale de finanțare în domeniul emisiilor de carbon, cum ar fi Fondul Verde pentru Climă, sunt cunoscute, în mare măsură, prin faptul că au la bază sisteme (stabilite în țară) pentru identificarea și implementarea programelor și proiectelor. Țările care dezvoltă abilitățile necesare pentru elaborarea programelor solide privind cheltuielile publice și identificarea unei conducte a proiectelor rentabile vor fi mai competitive și vor avea șanse mai mari să beneficieze de sprijin internațional.

Pentru a avea succes în atragerea finanțelor internaționale pentru climă, Moldova trebuie să pună în aplicare programe de investiții care acționează împotriva poluării climatice și solide din punct de vedere economic și să identifice cele mai eficiente proiecte care pot fi susținute din fonduri publice. Asemenea programe de investiții publice pot servi drept pârghii către fonduri atât din surse bugetare, cât și din partea donatorilor. Consolidarea capacităților administrației publice în Moldova, de a-și gestiona cheltuielile de mediu în conformitate cu bunele practici internaționale este esențială pentru accesarea surselor bugetare și internaționale de finanțare în domeniul emisiilor de carbon și pentru a obține sprijin în ceea ce privește măsurile întreprinse în sfera schimbărilor climatice care vor fi vitale pentru dezvoltarea economică și socială ulterioară a țării.

Aceste programe trebuie să fie integrate în strategiile naționale de dezvoltare și în planificările bugetare pe termen mediu, cum ar fi cadrele de cheltuieli pe termen mediu (CCTM). În plus, administrațiile publice trebuie să fie dispuse să aplice bunele practici în procesul de gestionare a cheltuielilor publice, cum ar fi responsabilitatea, transparența și eficiența. Într-adevăr, Moldova este printre primele țări din regiunea EECAC, care a introdus o perspectivă pe termen mediu în planificarea bugetară anuală. Deși Guvernul Republicii Moldova a acumulat o experiență semnificativă în proiectarea CCTM, inclusiv în sectorul de mediu, sunt necesare mai multe eforturi pentru a implementa aceste prevederi în practică.

Ce prevede acest raport?

În anul 2016, OCDE și Republica Moldova și-au unit forțele pentru a analiza modul în care un program de investiții publice, la nivelul întregii țări, ar putea stimula dezvoltarea unui transport public mai ecologic (curat) și reducerea poluării aerului și emisiilor de GES în acest sector, în marile centre urbane ale țării. Bazele acestei lucrări au fost stabilite în 2011, când OCDE a oferit experților moldoveni în domeniul mediului o instruire orientată pe proiectarea și gestionarea programelor de investiții în sfera de mediu.

Pregătirea pentru program a implicat patru domenii principale de activitate și rezultate: 1) etapa inițială de definire și analiză; 2) dezvoltarea unei metodologii de calculare pentru program; 3) proiectarea unui program în conformitate cu bunele practici internaționale; și 4) pregătirea raportului analitic și instruirii.

Ariile de activitate 2 și 3 au constituit coloana vertebrală a proiectului, care și-a propus să demonstreze, în practică, modul de utilizare a fondurilor publice deficitare, pentru a încuraja sectorul privat să investească în proiecte importante de mediu și sociale.

Acest raport este punctul culminant al procesului de pregătire a programului de investiții (de acum încolo, „proiectul") și prezintă rezultatele analizei de ansamblu. Raportul este structurat după cum urmează:

- Capitolul 2 descrie Programul Transport Public Ecologic (TPE) propus și oferă estimări ale costurilor acestuia și ale beneficiilor de mediu și socio-economice preconizate. În acest capitolul este prezentată, de asemenea, strategia de finanțare și nivelurile optime de cofinanțare.
- Capitolul 3 prezintă o evaluare economică a viabilității programului de investiții. Acesta include analize de piață ale tehnologiilor și combustibililor curați din sectorul transportului cu autobuze în Moldova, precum și a producției interne versus importul de autobuze, pentru a satisface necesitatea de înlocuire a autobuzelor.
- Capitolul 4 abordează aranjamentele instituționale pentru gestionarea programului TPE.
- Capitolul 5 prezintă o imagine de ansamblu asupra procedurilor de management al ciclului de proiect (MCP) pentru fiecare conductă a proiectului identificată ca parte a acestui program.
- Capitolul 6 descrie succint principalele probleme demografice, macroeconomice și de mediu în Moldova, relevante pentru sectorul transporturilor. Prezintă, de asemenea, o imagine de ansamblu asupra sistemului transportului public urban din țară, nivelurile de emisii de GES și poluarea aerului

în principalele centre urbane ale țării, precum și riscurile majore pentru sănătate asociate cu principalii poluanți ai aerului.

- Capitolul 7 descrie politica actuală și cadrul de reglementare în sectorul transporturilor.

Anexa A prezintă o imagine de ansamblu asupra tehnologiilor și a combustibililor curați în sectorul transporturilor, în timp ce Anexa B explică utilizarea modelului OPTIC (Optimizarea costurilor de investiții în transportul public). Anexele C-E conțin formulare de solicitare a proiectului și formulare de evaluare.

Referințe

GoM (2018), *Programme on Promotion of Green Economy in the Republic of Moldova for 2018-2020*, Government of Moldova, Chisinau, https://gov.md/sites/default/files/document/attachments/intr05-1_0.pdf. [1]

GoM (2016), *Low-Emission Development Strategy until 2030*, Government of Moldova, Chisinau, https://gov.md/sites/default/files/document/attachments/intr07_97.pdf. [15]

GoM (2015), *Republic of Moldova's Intended National Determined Contribution*, Government of Moldova, Chisinau, https://www4.unfccc.int/sites/ndcstaging/PublishedDocuments/Republic%20of%20Moldova%20First/INDC_Republic_of_Moldova_25.09.2015.pdf. [7]

GoM (2014), *Environmental Strategy for the Years 2014-2023*, Government of Moldova, Chisinau, http://green.gov.md/download.php?file=cHVibGljL2ZpbGVzL0VudmlybmVudmlyb25tZW50YWxTdHJhdGVneWZvcnRoZXIlYXJzMjAxNC0yMDIzLTIwMTRNb2xkb3ZhRW52aXJvbm1lbnRhbFN0cmF0ZWd5MjAxNC0yMDI4MmNiMi5wZGY=. [12]

GoM (2014), *The Republic of Moldova's Climate Change Adaptation Strategy by 2020*, Government of Moldova, Chisinau, http://www.clima.md/download.php?file=cHVibGljL3B1YmxpY2F0aW9ucy8zNzQxMjM3X2VuX2NjYXNfZW5nXzIwMTQucGRm. [6]

GoM (2013), *Energy Strategy of the Republic of Moldova until 2030*, Government of Moldova, Chisinau, http://www.serviciilocale.md/public/files/Energy_Strategy_2030_Final.pdf. [10]

GoM (2013), *National Renewable Energy Action Plan of the Republic of Moldova for 2013-2020*, Government of Moldova, Chisinau, https://www.energy-community.org/dam/jcr:4b3ef508-7809-4a67-92f2-c2fb5b31d356/NREAP_2014_MD.pdf. [13]

GoM (2013), *Third National Communication of the Republic of Moldova under the UN Framework Convention on Climate Change*, Government of Moldova, Chisinau, https://unfccc.int/resource/docs/natc/mdanc3.pdf. [5]

GoM (2012), *National Development Strategy "Moldova 2020", 7 Solutions for Economic Growth and Poverty Reduction*, Government of Moldova, Chisinau, https://cancelaria.gov.md/sites/default/files/document/attachments/1100271_en_moldova_2020_e.pdf. [9]

GoM (2011), *National Energy Efficiency Programme 2011-2020*, Government of Moldova, Chisinau, http://lex.justice.md/index.php?action=view&view=doc&lang=1&id=340940. [11]

MoE (2011), *Low-Emission Development Strategy until 2020*, Ministry of Environment of Moldova, Chisinau, http://www.clima.md/download.php?file=cHVibGljL3B1YmxpY2F0aW9ucy8yNTI3MjM2X21kX21vbGRvdmFfbG93X2VtLnBkZg%3D%3D. [8]

MoE/UNEP (2016), *First Biennial Update Report of the Republic of Moldova under the United Nations Framework Convention on Climate Change*, Ministry of Environment of Moldova / United Nations Environment Programme, Chisinau, https://unfccc.int/files/national_reports/non-annex_i_parties/biennial_update_reports/application/pdf/mdabur1.pdf. [3]

NBS (2018), *The Energy Balance of the Republic of Moldova, Statistical Compilation 2017*, National Bureau of Statistics, Chisinau, http://www.statistica.md/public/files/publicatii_electronice/balanta_energetica/BE_2018_eng.pdf. [2]

UNECE (2014), *Third Environmental Performance Review of the Republic of Moldova*, United Nations Economic Commission for Europe, Geneva, http://www.unece.org/fileadmin/DAM/env/epr/epr_studies/ECE_CEP_171_En.pdf. [4]

WHO (2009), *Republic of Moldova, Country Profile of Environmental Burden of Disease*, World Health Organization, Geneva, http://www.who.int/quantifying_ehimpacts/national/countryprofile/republicofmoldova.pdf?ua=1. [14]

Legi și reglementări

(Listate conform celei mai recente date de adoptare – toate sunt în limba română/rusă)

Hotărârea Guvernului Nr. 160 din 21 februarie 2018 cu privire la aprobarea Programului de promovare a economiei „verzi" în Republica Moldova pentru anii 2018-2020 și a Planului de acțiuni pentru implementarea acestuia, Monitorul Oficial Nr. 68-76 din 2 martie 2018, Art. 208, http://lex.justice.md/viewdoc.php?action=view&view=doc&id=374523&lang=1.

Hotărârea Guvernului Nr. 1470 din 30 decembrie 2016 cu privire la aprobarea Strategiei de dezvoltare cu emisii reduse a Republicii Moldova până în anul 2030 şi a Planului de acţiuni pentru implementarea acesteia, Monitorul Oficial Nr.85-91 din 24 martie 2017, Art. 222, http://lex.justice.md/index.php?action=view&view=doc&lang=1&id=369528.

Legea nr. 10 din 26 februarie 2016 privind promovarea utilizării energiei din surse regenerabile, Monitorul Oficial Nr. 69-77 din 25 Martie 2016, Art. 117, http://lex.justice.md/md/363886.

Hotărârea Guvernului Nr. 1009 din 9 decembrie 2014 cu privire la aprobarea Strategiei Republicii Moldova de adaptare la schimbarea climei pînă în anul 2020 şi a Planului de acţiuni pentru implementarea acesteia, Monitorul Oficial Nr. 372-384 din 19 decembrie 2014, Art. 1089, http://lex.justice.md/index.php?action=view&view=doc&lang=1&id=355945.

Hotărârea Guvernului Nr. 301 din 24 aprilie 2014 on the Approval of the Environmental Strategy for the years 2014-2023 and the Action Plan for its implementation, Monitorul Oficial Nr. 104-109 din 6 mai 2014, Art. 328, http://lex.justice.md/index.php?action=view&view=doc&lang=1&id=352740.

Hotărârea Guvernului Nr. 1073 din 27 decembrie 2013 cu privire la aprobarea Planului naţional de acţiuni în domeniul energiei din surse regenerabile pentru anii 2013-2020, Monitorul Oficial Nr. 4-8 din 10 ianuarie 2014, Art. 1, http://lex.justice.md/viewdoc.php?action=view&view=doc&id=351034&lang=1.

Hotărârea Guvernului Nr. 102 din 5 februarie 2013 cu privire la Strategia energetică a Republicii Moldova până în anul 2030, Monitorul Oficial Nr. 27-30 din 8 februarie 2013, Art. 146, http://lex.justice.md/md/346670.

Legea Nr. 166 din 11 iulie 2012 pentru aprobarea Strategiei naţionale de dezvoltare „Moldova 2020", Monitorul Oficial Nr. 245-247 din 30 noiembrie 2012, Art. 791, http://lex.justice.md/index.php?action=view&view=doc&id=345635.

Hotărârea Guvernului Nr. 833 din 10 noiembrie 2011 cu privire la Programul naţional pentru eficienţă energetică 2011-2020, Monitorul Oficial Nr. 197-202 din 18 noiembrie 2011, Art. 914, http://lex.justice.md/index.php?action=view&view=doc&lang=1&id=340940.

Legea Nr. 142 din 2 iulie 2010 cu privire la eficienţa energetică, Monitorul Oficial Nr. 155-158 din 3 septembrie 2010, Art. 545, http://lex.justice.md/md/335818.

Legea Nr. 1422 din 17 decembrie 1997 privind protecţia aerului atmosferic, Monitorul Oficial Nr. 44-46 din 21 mai 1998, Art. 312, http://lex.justice.md/index.php?action=view&view=doc&lang=1&id=312772.

Hotărârea Parlamentului Nr. 399 din 16 martie 1995 pentru aderarea Republicii Moldova la Convenţia asupra poluării atmosferice transfrontiere pe distanţe lungi, Monitorul Oficial Nr. 23 din 27 aprilie 1995, http://lex.justice.md/index.php?action=view&view=doc&lang=1&id=306964.

Legea Nr. 1515 din 16 iunie 1993 privind protecţia mediului înconjurător, Monitorul Parlamentului Nr. 10 din 1 octombrie 1993, Art. 283, http://lex.justice.md/index.php?action=view&view=doc&lang=1&id=311604.

Note

[1] Această scurtă revizuire se bazează pe o analiză mai detaliată prezentată în capitolul 6.

[2] A se vedea statisticile OCDE/AIE privind consumul de energie (kg echivalent ulei) per USD 1 000 PIB (PPP constant 2011) din 2014 la: https://data.worldbank.org/indicator/EG.USE.COMM.GD.PP.KD?locations=MD-OE-EU-1W&view=chart.

[3] A se vedea datele BNS privind substanțele poluante emise în aerul atmosferic de către transportul rutier la: https://statbank.statistica.md/PxWeb/pxweb/en/10%20Mediul%20inconjurator/10%20Mediul%20inconjurator__MED030/MED030400.px/?rxid=6d723cca-ec92-4e83-bb52-d7336ad34828.

și emisia de poluanți în aerul atmosferic de către sursele staționare ale agenților economici la: http://statbank.statistica.md/pxweb/pxweb/en/10%20Mediul%20inconjurator/10%20Mediul%20inconjurator__MED030/MED030100.px/table/tableViewLayout1/?rxid=e30e37d0-43ff-4b5b-835f-c0252bf87a4d.

[4] Comparați (WHO, 2009[14]) cu banca de date a OMS-Observatorul Global al Sănătății din iulie 2018 la: http://apps.who.int/gho/data/node.main.BODAMBIENTAIRDTHS?lang=en.

[5] Pentru date și statistici ale OMS despre Republica Moldova, a se vedea: www.euro.who.int/en/countries/republic-of-moldova/data-and-statistics.

[6] Săptămâna Europeană a Mobilității este o campanie internațională de promovare și explorare a altor mijloace de transport. Țările sunt încurajate să organizeze diverse evenimente pe acastă temă. În 2018, asemenea acțiuni au avut loc în perioada 16-22 septembrie. Cu toate acestea, în Moldova nu a fost înregistrat niciun eveniment. Pentru mai multe informații, consultați: www.mobilityweek.eu.

[7] Cea de-a 21-a Conferință a părților Convenției-cadru a Organizației Națiunilor Unite privind schimbările climatice (CCONUSC COP21). Pentru mai multe informații despre COP, consultați https://unfccc.int/process/bodies/supreme-bodies/conference-of-the-parties-cop.

[8] Sectorul energetic în Moldova este dominat de gaze naturale importate – furnizate integral de Gazprom din Federația Rusă și, prospectiv, de OMV Petrol din România.

[9] Indicele Oraș Verde European măsoară performanța de mediu a 30 de orașe europene majore împotriva indicatorilor privind CO_2, energie, clădiri, transport, apă, apă și utilizarea terenului, calitatea aerului și managementul mediului. Pentru raport, consultați: https://assets.new.siemens.com/siemens/assets/api/uuid:fddc99e7-5907-49aa-92c4-610c0801659e/european-green-city-index.pdf.

2 Elementele cheie ale Programului Transport Public Ecologic

Acest capitol prezintă Programul Transport Public Ecologic, propus spre aprobare. Programul este proiectat pentru a fi implementat în două etape: Etapa 1- pilot, care include transportul urban în două orașe selectate (Chișinău și Bălți); și Etapa 2- extinderea programului pentru acoperirea zonelor suburbane ale orașelor pilot și ale transportului public interurban din Moldova. Capitolul dat rezumă beneficiile de mediu și socio-economice preconizate ale programului, costurile implicate, precum și o posibilă strategie de finanțare, precum și niveluri optime de cofinanțare.

Care sunt obiectivele programului?

Obiectivul general al Programului Transport Public Ecologic (TPE) propus, este de a reduce emisiile nocive responsabile de producerea smogului în centrele urbane (așa-numitele emisii din surse cu nivel scăzut). Acestea includ emisiile de monoxid de carbon (CO), dioxid de sulf (SO_2), oxizi de azot (NO_x) și pulberi în suspensie (PS). Acest obiectiv atinge una dintre țintele Strategiei de Mediu a Moldovei 2014-2023, care are ca scop reducerea poluării aerului la 30% din nivelurile înregistrate în 1990, până în anul 2023 și crearea unui sistem integrat de gestionare a calității aerului (GoM, 2014[1]). Noul program privind Promovarea economiei verzi în Republica Moldova pentru 2018-2020 (descris în capitolul 1) prevede realizarea acestui obiectiv general înainte de anul 2020, cu accent pe dezvoltarea transportului durabil (GoM, 2018[2]).

Programul TPE este, de asemenea, conceput pentru a contribui la eforturile de atenuare a schimbărilor climatice în Moldova și la trecerea către un model economic verde de dezvoltare. Programul va ajuta la atingerea obiectivului țării de reducere a emisiilor de gaze cu efect de seră (GES) cu 64-78% până în 2030, comparativ cu nivelurile de emisii înregistrate în anul 1990, așa cum este specificat în contribuția prevăzută la nivel național pregătită de Guvernul Republicii Moldovei pentru Conferința de la Paris privind Clima, din 2015 (GoM, 2015[3]).

Strategia de Mediu 2014-2023 prevede reducerea generală a emisiilor de GES cu 20% până în anul 2020, comparativ cu datele de bază înregistrate în 1990, prin reducerea cu 15% a acestora în sectorul transporturilor, determinată de susținerea de a folosi combustibili alternativi (fosili și bio) și a utilizării energiei electrice (GoM, 2014[1]). Această reducere este în conformitate cu Programul național de eficiență energetică 2011-2020 și ținta acestuia de a reduce consumul de energie cu 20% până în 2020 (GoM, 2011[4]).

Legea privind energia regenerabilă din 2007 (nr. 160 din 12 iulie) stabilește un obiectiv de 20% din cererea de energie, care trebuie satisfăcută din surse de energie regenerabilă până în 2020, bioetanolul și biodieselul constituind fiecare 20% din totalul de benzină și motorină vândută. Conform Programului Național pentru Eficiență Energetică 2011-2020 (GoM, 2011[4]), Strategiei de Mediu 2014-2023 (GoM, 2014[1]) și Strategiei Energetice 2030 (GoM, 2013[5]).10% dintre biocombustibili vor fi produși din surse regenerabile până în 2020.

Pe lângă obiectivul național menționat anterior, Planul național de acțiune pentru Energie Regenerabilă 2013-2020 și noua lege privind energia regenerabilă din 2016 (nr. 10 din 26 februarie) conturează obligația Republicii Moldova față de Comunitatea Energetică (ca rezultat al aderării sale, în martie 2010) să obțină cel puțin 17% din consumul final brut de energie din surse regenerabile, până în anul 2020. Această țintă s-a regăsit și în programul de promovare a economiei verzi (GoM, 2018[2]). În 2015, țara a obținut 14.3% din consumul final de energie și 5.4% din producția totală de energie electrică, din surse regenerabile de energie.[1]

După cum arată datele din Figura 2.1, sectorul transporturilor a înregistrat o scădere de 49% a emisiilor directe de GES în 1990-2015 (inclusiv emisiile provenite din transportul rutier, scăzând cu 55%). Cu toate acestea, așa cum schițează analiza de mediu a acestui raport, transportul rutier este responsabil pentru mai mult de 98% din GES-urile din țară (Figura 2.1), iar sursele mobile de poluare a aerului emit 96% din toate substanțele nocive provenite din întregul sector al transporturilor. Acesta este motivul pentru care transportul rutier a fost ales ca obiectiv de bază al programului TPE.

Figura 2.1. Emisiile directe de GES provenite din transport, în Moldova, 1990-2015

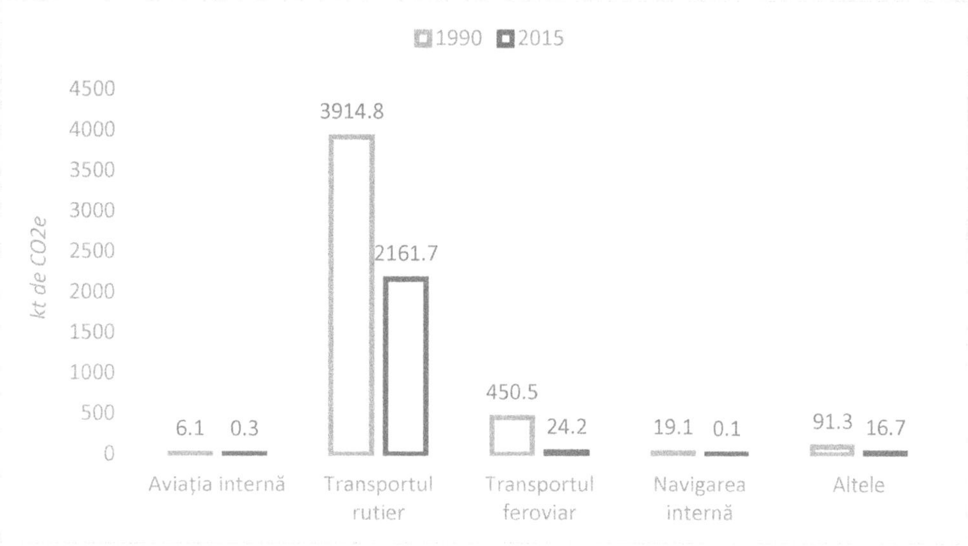

Notă: kt de CO_2e: kilotone echivalent dioxid de carbon.
Sursa: (GoM, 2018[6]) Raportul Auditului de Mediu *privind Calitatea Aerului în Republica Moldova*,, http://lex.justice.md/UserFiles/File/2018/mo18-26md/raport_65.doc.

În timp ce 21.4% din vehiculele transportului interurban îndeplinesc (sau sunt aproape de) standardele Euro 1/I (a se vedea anexa A), aceste categorii cu standard scăzut (adică cu emisii ridicate) reprezintă 67.8% din totalul flotei transportului public. Prin urmare, Programul TPE este conceput pentru a acoperi cu rețele de transport public, mai întâi de toate, marile zone urbane.

La mijlocul anului 2017, cu excepția a 414 troleibuze și două vehicule din transportul public- alimentate cu gaz natural comprimat GNC, întreaga flotă a transportului public (adică 98%) funcționa pe motorină.

Ce va include programul?

În practică, obiectivele generale de mediu ale Programului TPE – adică reducerea poluanților atmosferici și a emisiilor de GES – vor fi realizate prin susținerea investițiilor privind înlocuirea flotei de autobuze și microbuze care funcționează cu motorină, în transportul urban, suburban și interurban, cu vehicule moderne- fie alimentate cu combustibili fosili mai curați, fie cu electricitate generată din resurse de energie regenerabilă sau din combustibili fosili mai curați.

Studiul a realizat o analiză de piață (a se vedea capitolul 3) care a identificat patru grupuri de proiecte („conducte") pentru a înlocui vechea flotă de autobuze urbane, suburbane și interurbane:

1. Investiții în vehicule alimentate cu gaze naturale comprimate (GNC)
2. Investiții în vehicule alimentate cu gaz petrolier lichefiat (GPL)
3. Investiții în vehicule alimentate cu motorină care respectă standardele de emisii Euro 5 și Euro 6
4. Investiții în vehicule electrice (troleibuze clasice și troleibuze cu baterii).

Pe măsură ce flota de autobuze a Moldovei se învechește, „conductele" propuse sunt destinate să susțină achiziționarea vehiculelor noi (autobuze/microbuze și troleibuze), mai mult decât modernizarea autovehiculelor existente. Prin reînnoirea parcului de autobuze, va crește fiabilitatea și eficiența transportului public, iar piața internă va fi încurajată să producă, sau cel puțin să asambleze, autobuze și troleibuze moderne.[2]

Conductele de investiții propuse ar trebui să fie însoțite de alte investiții în infrastructură, cum ar fi liniile noi de troleibuz, stațiile de alimentare cu energie electrică GNC/GPL și alte acțiuni de susținere pentru îmbunătățirea sistemului de transport în centrele urbane (de exemplu, crearea benzilor pentru autobuze, îmbunătățirea stațiilor de așteptare și controlul inteligent al traficului).

În anul 2016, în Republica Moldova existau 892 000 de unități de transport (o creștere de aproximativ 25 000 de unități față de anul 2015). În zonele urbane majore, numărul de vehicule înmatriculate, se potrivește aproape cu numărul de locuitori, cauzând probleme grave în trafic (GoM, 2018[6]) și creând provocări pentru rețelele de transport public urban. Deoarece parcul de autobuze din Moldova conține prea multe microbuze, TPE va acorda prioritate înlocuirii unei părți din flota de microbuze cu autobuze obișnuite.

Programul TPE este proiectat pentru a fi implementat în două etape:

- Prima etapă (pilot) va fi lansată în două orașe (Chișinău și Bălți) și se va concentra în principal pe transportul electric (troleibuze). În total, 62 de troleibuze vor fi achiziționate: 31 vor înlocui vechile troleibuze, iar celelalte 31 vor extinde rețeaua prin înlocuirea autobuzelor vechi care funcționează cu motorină. De asemenea, pe parcursul etapei pilot, trebuie efectuată o înlocuire a unui număr mic de (15) microbuze.
- A doua etapă (de extindere) va prelungi etapa pilot. Există două scenarii posibile pentru această etapă: Scenariul 1 – extinderea în zonele suburbane ale orașelor pilot (735 de vehicule noi), în timp ce Scenariul 2 prevede includerea transportului public interurban în întreaga țară (2 510 vehicule noi).

Etapa 1 (pilot)

Pentru etapa pilot au fost identificate două orașe: Chișinău și Bălți. În fiecare dintre cele două orașe, etapa pilot va dura doi ani, inclusiv o etapă pregătitoare de un an de zile.

Municipiul Chișinău

Fiind capitala și principalul centru industrial și comercial al Republicii Moldova, Chișinăul servește, de asemenea, ca principal nod de transport din țară, datorită poziției geografice. Reprezentând cel mai mare și cel mai populat oraș din Moldova (în 2018, populația orașului era de 690 000 de persoane, iar cea a municipiului Chișinău- de 825 900[3]), acesta are cea mai dezvoltată rețea de transport public. Începând cu anul 2010, Chișinăul a participat în cadrul unui program de reînnoire a unei părți din flota de troleibuze, cofinanțat de Banca Europeană pentru Reconstrucție și Dezvoltare (BERD).

În etapa pilot la Chișinău, Programul TPE, propune achiziționarea a 60 de vehicule noi pentru transportul public. Aceasta va include:

- Înlocuirea a 25 de troleibuze vechi cu același număr de vehicule noi (inclusiv troleibuze cu baterii).
- Achiziționarea altor 25 de troleibuze (inclusiv troleibuze cu baterii) pentru consolidarea flotei existente – acestea vor înlocui autobuzele cu motorină, care au o vechime de peste 15 ani (în prezent aproximativ 25).
- Înlocuirea a 10 microbuze care funcționează pe bază de motorină cu modele pe bază de GNC.
- Extinderea rețelei de troleibuze, pentru a ajunge în zone mai îndepărtate, în care nu este disponibilă rețeaua de linii cu energie electrică (extinderea rețelei de linii cu energie electrică pentru a acoperi întreaga zonă ar fi prea costisitoare).

Chiar dacă troleibuzele au doar baterii mici, ele sunt mai ieftine în cumpărare decât autobuzele electrice. În timp ce se pot deplasa pe baterie, pe un număr limitat de kilometri (în funcție de capacitatea bateriei, care este proporțională cu costurile prețului bateriei), cea mai mare parte a călătoriei se face folosind rețeaua de linii cu eletricitate tipice din oraș. Bateriile pot fi încărcate în timp ce troleibuzul călătorește în centrul urban.

Se sugerează că etapa pilot ar trebui să sprijine financiar achiziționarea microbuzelor alimentate cu GNC și nu cu GPL. Deși GPL este adesea utilizat în Moldova, emisiile de dioxid de carbon (CO_2) de la motoarele pe bază de GPL sunt mai mari decât cele de la GNC (a se vedea anexa A la prezentul raport).

Deoarece majoritatea autovehiculelor pe bază de motorină în Moldova nu respectă standardele Euro 6/VI, introducerea motoarelor diesel V și Euro VI ar putea fi considerată și aceasta ca un pas către modernizarea transportului public în țară. Cu toate acestea, consumul de combustibil al motoarelor diesel moderne este mai mare decât al celor mai vechi, astfel încât beneficiarii nu văd costuri de operare mai reduse. Având în vedere tarifele de transport în Moldova, în prezent foarte reduse, volumul asistenței publice, care va fi necesar pentru achiziționarea autobuzelor diesel VI, va fi foarte mare. Din motivul descris mai sus, aceasta rămâne cea mai puțin preferată opțiune.

Parametrii cheie (finanțarea) de intrare și de ieșire (de mediu) ai implementării pilot sunt prezentați în Tabelul 2.1. Costul total al Programului TPE pentru Chișinău este estimat a fi de 280 milioane lei (MDL) (15.1 milioane USD), din care 141 milioane lei (MDL) (7.6 milioane USD) vor fi cofinanțate din program și 139 milioane lei (MDL) (7.5 milioane USD) este așteptat să provină din investiții ale operatorilor de autobuze private sau publice.

Tabelul 2.1. Parametrii cheie ai intrărilor și ieșirilor etapei pilot a Programului TPE în mun. Chișinău

	Unitate		
Numărul total de troleibuze noi	Nr.	50	
Numărul total de microbuze noi înlocuite	Nr.	10	
Costurile totale ale vehiculelor înlocuite	MDL mln	280	
Dintre care cofinanțate de Program*	MDL mln	141	
Dintre care cofinanțate de operatorii de autobuze privați sau municipali	MDL mln	139	
		Calculat în baza factorilor normative de poluare**	Calculat în baza factorilor reali de poluare**
Reduceri totale de CO_2	tCO_2 /an	1 824	2 776
Reduceri totale de CO	kg/an	5 440	5 440
Reduceri totale de NO_x	kg/an	24 422	24 422
Reduceri totale de $PM_{2.5}$	kg/an	518	518
Reduceri totale de SO_2	kg/an	473	473

Notă: *Opțiunea 1; **pentru discuții privind factorii de poluare normative și reali.
Sursa: Calculele OCDE, Modelul OPTIC.

După cum se vede în Tabelul 2.1, etapa pilot ar putea permite municipiului Chișină să obțină o reducere de 1 824 tCO_2/an. Această reducere a CO_2 este scăzută din cauza duratei mici a etapei pilot (pentru detalii privind factorii de emisie de CO_2, a se vedea anexa B). Cea mai mare scădere ar putea fi obținută în emisiile de NO_x, care ar putea fi reduse cu 24 442 kg/an.

Municipiul Bălți

După populație, Bălți este al doilea oraș ca mărime din Republica Moldova (146 600 în 2018 și alte 4 900 de persoane în comunele din împrejurimile municipiului Bălți) și singurul oraș în afara Chișinăului care are o rețea de troleibuze și un system al transportului public bine dezvoltat. De asemenea, este amplasat pe ruta unei conducte de gaze naturale care vine dinspre Federația Rusă către Uniunea Europeană (UE) prin Ucraina. Similar cu Chișinăul, Bălți a participat (începând cu 2013) la programul susținut de BERD pentru reînnoirea unei părți a flotei de troleibuze.

În etapa pilot la Bălți, Programul TPE propune achiziționarea a 17 vehicule noi pentru transportul public. Aceasta va include:

- Înlocuirea a 6 troleibuze vechi cu același număr de vehicule noi (inclusiv troleibuze cu baterii).
- Achiziționarea altor 6 troleibuze (inclusiv troleibuze cu baterii) pentru consolidarea flotei existente - acestea vor înlocui autobuzele diesel, care au o vechime de peste 15 ani (în prezent aproximativ 6).
- înlocuirea a 5 microbuze diesel vechi cu același număr de vehicule noi care funcționează pe combustibili mai curați (GNC sau GPL).

În Bălți, așa cum arată Tabelul 2.2, costul total pentru achiziționarea a 12 troleibuze și 5 microbuze s-ar ridica la 72 de milioane MDL (3.9 milioane USD), dintre care Programul TPE poate oferi 37 de milioane MDL (2 milioane USD) iar operatorii publici și privați de autobuze ar putea contribui cu 36 de milioane MDL (1.9 milioane USD).

Tabelul 2.2. Parametrii intrărilor și ieșirilor etapei pilot a programului TPE în mun. Bălți

	Unitate		
Numărul total de troleibuze noi	Nr.	12	
Numărul total de microbuze noi înlocuite	Nr.	5	
Costurile totale ale vehiculelor înlocuite	MDL mln	72	
Dintre care cofinanțate de Program*	MDL mln	37	
Dintre care cofinanțate de operatorii de autobuze privați sau municipali	MDL mln	36	
		Calculat în baza factorilor normative de poluare**	Calculat în baza factorilor reali de poluare**
Reduceri totale de CO_2	tCO_2/an	454	689
Reduceri totale de CO	kg/an	1 359	1 359
Reduceri totale de NO_x	kg/an	6 243	6 243
Reduceri totale de $PM_{2.5}$	kg/an	136	136
Reduceri totale de SO_2	kg/an	122	122

Notă: *Opțiunea 1; **pentru discuții privind factorii de poluare normative și reali.
Sursa: Calculele OCDE, Modelul OPTIC.

Conform datelor prezentate în Tabelul 2.2, reducerea de NO_x preconizată este de 6 243 kg/an, după implementarea etapei pilot. În ceea ce privește emisiile de CO_2, reducerea este estimată la 454 tCO_2/an, după etapa pilot.

Sumar

Etapa pilot va duce la achiziționarea a 62 de troleibuze noi și 15 microbuze. Aceasta presupune că Moldova are capacitatea de piață de a furniza anual cantitatea necesară de vehicule moderne, că operatorii privați și municipali de autobuze au capacitatea de a investi în active noi pe o perioadă mai mare de un an și că guvernul are capacitatea de a investiți în infrastructura relevantă.

Această etapă se va baza și va contribui, într-un sens mai larg, la experiența anterioară de înlocuire a troleibuzelor (susținută de BERD), care a început în 2010-2013. De asemenea, ambele orașe- pilot au un număr mare de microbuze (majoritatea alimentate cu motorină) în flota de transport public, care au nevoie urgentă de a fi înlocuite.

Costurile de investiții în etapa- pilot a programului TPE s-ar ridica la 353 milioane MDL (19.1 milioane USD), dintre care 178 milioane MDL (9.6 milioane USD) ar fi necesari din partea asistenței publice (Tabelul 2.3).

Tabelul 2.3. Parametrii cheie ai intrărilor și ieșirilor etapei pilot a programului TPE

	Unitate		
Numărul total de troleibuze achiziționate	Nr.	62	
Numărul total de microbuze înlocuite cu cele alimentate cu GNC	Nr.	15	
Costurile totale ale vehiculelor înlocuite	MDL mln	353	
Dintre care cofinanțate de Program*	MDL mln	176	
Dintre care cofinanțate de operatorii de autobuze privați sau municipali*	MDL mln	177	
		Factori normativi de poluare**	Factori reali de poluare**
Reduceri totale de CO_2	tCO_2 /an	2 277	3 465
Reduceri totale de CO	kg/an	6 800	6 800
Reduceri totale de NO_x	kg/an	30 665	30 665
Reduceri totale de PM	kg/an	655	655
Reduceri totale de SO_2	kg/an	595	595

Notă: *Opțiunea 1; **pentru factori de poluare normative și reali.
Sursa: Calculele OCDE, Modelul OPTIC.

Etapa 2 (etapa de extindere)

Ținând cont de potențialul semnificativ de îmbunătățire a mediului prin modernizarea parcului de transport public, cu ajutorul modelului OPTIC (Optimizarea Costurilor de Investiții în Transportul Public), au fost bugetate două scenarii pentru a doua etapă a Programului TPE (care ar dura până la cinci ani):

- **Scenariul 1:** modernizarea flotei vechi de autobuze/microbuze în Chișinău și Bălți, inclusiv cele de pe rutele suburbane. Scenariul 1 ar implica înlocuirea tuturor autobuzelor vechi (inclusiv microbuzele), adică cele sub standardul Euro 5/V în zonele urbane și suburbane ale municipiilor Chișinău și Bălți. Aceasta ar însemna achiziționarea a 393 de autobuze moderne obișnuite și 280 de microbuze (inclusiv cele 15 microbuze din etapa pilot) alimentate cu GNC sau GPL, sau eventual motoare diesel moderne.
- **Scenariul 2:** modernizarea flotei vechi de autobuze/microbuze în Chișinău și Bălți, inclusiv rutele suburbane, precum și flota de transport public care operează conexiuni interurbane din întreaga țară. Rutele interurbane au fost selectate, deoarece în unele orașe din Moldova există mijloace de transport urban, care acționează ca înlocuitor (adică acoperă pe aceeași rută suburbiile și centrele orașelor). Scenariul 2 presupune înlocuirea tuturor autobuzelor (inclusiv microbuzelor) care sunt sub standardul Euro 5/V și care asigură transportul public intern și interurban în Moldova. Aceasta ar presupune achiziționarea a 1 456 de autobuze moderne și a 992 microbuze (inclusiv 15 microbuze din etapa pilot) care funcționează pe bază de combustibili mai ecologici.

Eficiența costurilor de mediu prevăzute în Scenariului 1, se preconizează a fi mai mare decât în Scenariul 2, deoarece concentrația de poluanți ai aerului este mai mare în zonele urbane și suburbane decât în cele rurale. Zonele urbane ale altor orașe vor beneficia, de asemenea, de conexiuni interurbane îmbunătățite, deși într-o măsură mai mică decât în orașele pilot. Prin urmare, este recomandabil să se înceapă cu Scenariul 1 în etapa de extindere.

Numărul de autobuze care vor fi achiziționate în Etapa 2 a Programului TPE a fost calculat pe baza numărului de autobuze diesel vechi (cu motoare până la standardul Euro IV) și microbuze care prestează servicii de transport public pentru călători. Această estimare ia în considerare și posibilitatea ca numărul total de microbuze să fie redus, iar o anumită parte din aceste microbuze (aproximativ 50%) să fie înlocuite cu autobuze obișnuite.

Transportul public în Moldova este dominat în prezent de microbuze; autobuzele obișnuite (adică autobuze care au o lungime de peste 10 metri), care pot transporta până la cinci ori mai mulți pasageri, servesc doar un număr mic de rute urbane și interurbane. Prin urmare, a doua etapă a programului ar înlocui jumătate din microbuzele vechi cu microbuze alimentate cu combustibili mai ecologici (sau surse de energie), în timp ce cealaltă jumătate ar fi înlocuită cu autobuze obișnuite. De exemplu, conform Scenariului 2, ar fi achiziționate 992 microbuze noi, în timp ce 3 957 microbuze ar fi înlocuite (având în vedere capacitatea mai mare a autobuzelor obișnuite).

În total, programul va avea ca rezultat 77 de vehicule noi în transport public urban în atapa pilot (62 de troleibuze și 15 autobuze) (Tabelul 2.4). După etapa de extindere (Scenariul 1), vor fi 735 de vehicule urbane și suburbane noi (62 de troleibuze, 393 de autobuze și 280 de microbuze). Presupunând că etapa de extindere mai ambițioasă (Scenariul 2) este implementată, Moldova va avea 2 510 vehicule noi urbane, suburbane și interurbane (62 de troleibuze, 1 456 de autobuze și 992 de microbuze). Distribuția lor între orașele pilot- Chișinău și Bălți și alte regiuni ale Moldovei este prezentată în Figura 2.2.

Există potențial pentru 943 de vehicule urbane, 1 139 suburbane și 7 135 vehicule de transport interurban, care trebuie înlocuite la Chișinău, Bălți și conexiuni interurbane primare. Dintre acestea, implementarea completă a Programului TPE va implica înlocuirea a 328 de vehicule urbane (34.8%), 407- suburbane (35.7%) și 1 175 de vehicule în transportul interurban (16.4%).

Tabelul 2.4. Parametrii cheie ai intrărilor și ieșirilor în scenariile evaluate ale Programului TPE

	Unitate	Etapa 1 & Etapa 2 - Scenariul 1 (rute suburbane în Chișinău și Bălți)	Etapa 1 & Etapa 2 - Scenariul 2 (Scenariul 1 + conexiuni interurbane în Moldova)
Numărul total de troleibuze achiziționate	Nr.	62	62
Numărul total de autobuze achiziționate	Nr.	393	1 456
Dintre care moderne cu diesel	Nr.	131	648
Dintre care cu GNC	Nr.	132	325
Dintre care cu GPL	Nr.	130	483
Numărul total de microbuze achiziționate	Nr.	280	992
Dintre care moderne cu diesel	Nr.	133	489
Dintre care cu GNC sau GPL	Nr.	147	503
Costurile totale ale autobuzelor/troleibuzelor/microbuzelor achiziționate	MDL mln	2 779	9 223
Dintre care cofinanțate de Program (Opțiunea 1*)	MDL mln	783	2 394
Dintre care cofinanțate de operatorii de autobuze privați și municipali (Opțiunea 1*)	MDL mln	1 996	6 829
Dintre care cofinanțate de Program (Opțiunea 2*)	MDL mln	1 593	5 542
Dintre care cofinanțate de operatorii de autobuze privați și municipali (Opțiunea 2*)	MDL mln	1 187	3 681
Reduceri totale de CO_2**	tCO_2 /an	20 812	73 944
Reduceri totale de CO	kg/an	85 422	300 637
Reduceri totale de NO_x *	kg/an	403 752	1 444 075
Reduceri totale de PM	kg/an	9 890	35 123
Reduceri totale de SO_2	kg/an	8 391	29 463

Notă: *Pentru cele două opțiuni; **factori de poluare normativi (pentru factori de poluare normativi și reali).
Sursa: Calculele OCDE, modelul OPTIC.

Figura 2.2. Flota transportului public renovate în Moldova după implementarea Programului TPE

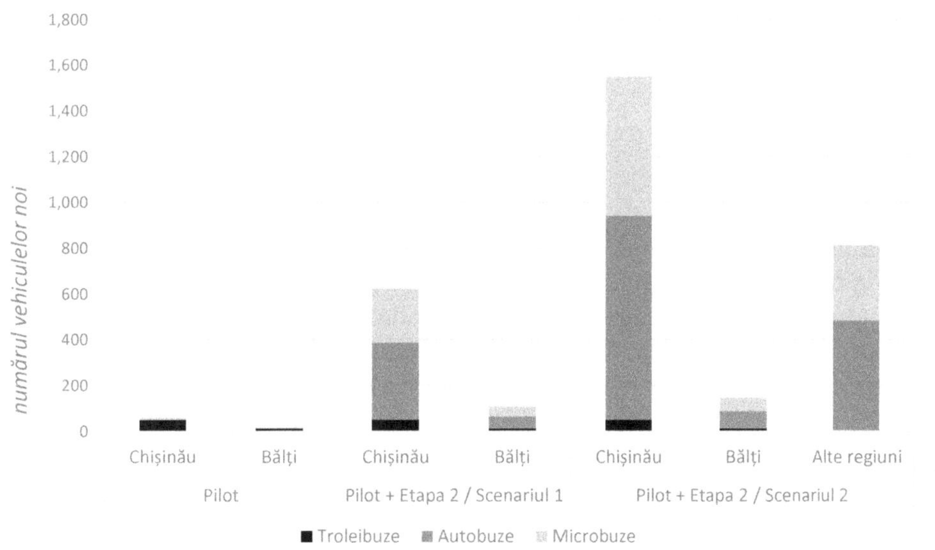

Sursa: Calculele OCDE, modelul OPTIC.

Care vor fi costurile și beneficiile?

Utilizarea Modelului OPTIC pentru estimarea costurilor și beneficiilor

Costurile și beneficiile Programului TPE au fost estimate utilizând un model, bazat pe Excel, numit Optimizarea costurilor de investiții în transportul public (OPTIC). Acest instrument analitic a fost elaborat de OCDE pentru a ajuta autoritățile publice să pregătească și să estimeze, cât mai exact posibil, costurile și beneficiile de mediu ale programelor de investiții publice ecologice (Căsuța 2.1). Modelul a fost proiectat și testat pentru prima dată în Kazakhstan (OECD, 2017[7]). Ipotezele referitoare la calculul costurilor și la factorii de reducere a emisiilor, sunt descrise în anexa B în secțiunea „Costul programului pentru etapa 1 (etapa pilot) și etapa 2 (etapa de extindere)".

Căsuța 2.1.Modelul OPTIC

Modelul de Optimizare a Costurilor de Investiții în Transportul Public (OPTIC) a fost elaborat odată cu acest studiu și este unul dintre principalele rezultate ale proiectului.

Modelul OPTIC bazat pe foaia de calcul este un instrument de asistență decizional, simplu și ușor de utilizat, pregătit exclusiv pentru calcularea și optimizarea costurilor totale ale programului, precum și potențiale reduceri ale emisiilor de CO_2, precum și reduceri ale altor poluanți din transportul public urban (CO, NO_x, PS, SO_2) care ar putea fi realizate prin implementarea conductelor de proiect propuse. De asemenea, modelul permite calcularea nivelului optim de subvenție care poate fi oferit potențialilor beneficiari.

Optimizarea costurilor și beneficiilor implică atingerea țintelor propuse cu cel mai mic cost posibil pentru finanțatorul public. Dacă condițiile economice de bază din țară se schimbă în perioada programului (de exemplu, tarifele sunt majorate, ratele dobânzilor la credite sunt reduse) și/sau finanțarea publică disponibilă este redusă sau majorată, atât țintele cât și nivelurile subvențiilor pot fi re-calculate (sau optimizate)) și ajustate corespunzător.

Modelul este compus din șapte module: 1) ipoteze; 2) factorii de emisie; 3) prezentarea sectorului transporturilor cu informații despre flota actuală de autobuze și vârsta acestora; 4) determinarea nivelului subvenției; 5) calculul costurilor; 6) calculul reducerilor de emisii; și 7) costurile programului și efectele asupra mediului.

Reducerile de emisii

Pentru a estima rezultatele programului TPE asupra mediului, modelul OPTIC folosește două seturi diferite de factori de poluare: normativi și reali. Acest lucru a fost necesar deoarece factorii normativi de poluare sunt declarați și verificați în condiții de laborator și diferă de factorii efectivi de poluare măsurați în ciclul transportului urban. Factorii normativi de emisie iau în considerare diverse standarde moderne de emisie pentru motoarele diesel cu sarcină grea și estimările pentru motoarele cu combustibil GNC și GPL. Cu toate acestea, factorii de emisie introduși de standarde se bazează pe niveluri maxime de emisie conform normelor specifice. Emisiile reale pot varia, în mare parte din cauza faptului că emisiile normative sunt testate în condiții de laborator și nu în trafic real. Aceasta este o îngrijorare, mai ales în cazul motoarele diesel, unde reducerea emisiilor depinde de echipamentele instalate pentru a reduce emisiile. În ceea ce privește GNC și GPL, emisiile sunt mai puțin problematice, deoarece nivelul lor mai scăzut rezultă, în cea mai mare parte, din utilizarea combustibililor mai ecologici. În acest caz, nivelul real al emisiilor a fost calculat și din rezultatele publicate de Consiliul Internațional pentru Transportul Ecologic (CITE)[4] pe baza emisiilor reale evacuate de autovehiculele diesel moderne (Franco et al., 2014[8]). O discuție detaliată a factorilor de emisie este prezentată în anexa B.

Utilizând modelul OPTIC, costurile și beneficiile programului TPE (reducerea emisiilor de poluanți atmosferici și gaze cu efect de seră) au fost calculate pentru etapa pilot și pentru ambele scenarii. Deși nu s-a efectuat nicio analiză de sensibilitate pentru aceste scenarii, dacă se modifică costurile (de exemplu, tarifele pentru pasageri) apar și modificări ale rentabilității programului.

În ceea ce privește poluarea aerului și reducerea emisiilor de CO_2, cele mai semnificative realizări se așteaptă a fi în domeniul emisiilor de NO_x (în ambele scenarii). În Etapa 2 / Scenariul 1, se estimează că emisiile de NO_x vor scădea cu 403 752 kg/an (Tabelul 2.5), pe când în Etapa 2 / Scenariul 2, declinul ar putea fi de până la 1 444 075 kg / an (Tabelul 2.6). Se estimează că emisiile de CO_2 vor scădea cu 20 812 tCO_2/an în Etapa 2 / Scenariul 1 și 73 944 tCO_2/an în Etapa 2 / Scenariul 2.

Tabelul 2.5. Parametrii cheie ai Programului TPE evaluat – Etapa 1 și 2, Scenariul 1

(factori de poluare normativi)

Tipul	Autobuze noi						Costuri de investiții	Subvenție	Subvenți e	Reducerea emisiilor pe an				
	Autobuze			Microbuze		Troleibu-ze		Opțiunea 1	Opțiunea 2					
	Diesel	GNC	GPL	Diesel	GNC sau GPL		MDL mln	MDL mln	MDL mln	CO_2 (t)	CO (kg)	NO_x (kg)	$PM_{2.5}$ (kg)	SO_2 (kg)
Chișinău urban	42	42	43	43	52	50	1 063	336	597	8 839	33 071	154 976	3 711	3 183
Bălți urban	8	8	7	8	13	12	216	72	121	1 653	6 278	29 331	700	602
Chișinău suburban	71	71	70	71	71	0	1 307	327	762	9 072	40 305	192 002	4 790	4 027
Bălți suburban	10	11	10	11	11	0	194	48	113	1 248	5 768	27 443	689	579
Chișinău interurban	0	0	0	0	0	0	0	0	0	0	0	0	0	0
Bălți interurban	0	0	0	0	0	0	0	0	0	0	0	0	0	0
Alte regiuni	0	0	0	0	0	0	0	0	0	0	0	0	0	0
TOTAL	131	132	130	133	147	62	2 779	783	1 593	20 812	85 422	403 752	9 890	8 391

Sursa: Calculele OCDE, Modelul OPTIC.

Tabelul 2.6. Parametrii cheie ai Programului TPE evaluat – Etapa 1 și 2, Scenariul 2

(factori de poluare normativi)

Tipul	Autobuze noi						Costuri de investiții	Subvenții e	Subvenții e	Reducerea emisiilor pe an				
	Autobuze			Microbuze		Troliebu-ze		Option 1	Option 2					
	Diesel	GNC	GPL	Diesel	GNC Sau GPL		MDL mln	MDL mln	MDL mln	CO_2 (t)	CO (kg)	NO_x (kg)	$PM_{2.5}$ (kg)	SO_2 (kg)
Chișinău urban	42	42	43	43	52	50	1 063	336	597	8 839	33 071	154 976	3 711	3 183
Bălți Urban	8	8	7	8	13	12	216	72	121	1 653	6 278	29 331	700	602
Chișinău suburban	71	71	70	71	71	0	1 307	327	762	9 072	40 305	192 002	4 790	4 027
Bălți suburban	10	11	10	11	11	0	194	48	113	1 248	5 768	27 443	689	579
Chișinău interurban	185	185	184	185	185	0	3 413	853	1 990	26 771	112 134	531 843	13 140	11 101
Bălți interurban	8	8	7	8	8	0	143	36	84	1 014	4 500	21 251	526	445
Alte regiuni	324	0	162	163	163	0	2 887	1 875	1 875	98 580	487 229	11 567	9 526	324
TOTAL	648	325	483	489	503	62	9 223	2 394	5 542	73 944	300 637	1 444 075	35 123	29 463

Sursa: Calculele OCDE, Modelul OPTIC.

Figura 2.3 prezintă posibilele reduceri de GES și poluarea aerului în cele două orașe majore ale Moldovei, atât în etape, cât și în scenarii, inclusiv rețelele lor suburbane și principalele conexiuni interurbane.

Figura 2.3. Agregarea reducerilor anuale ale emisiilor după implementarea programului TPE, 2021-2026

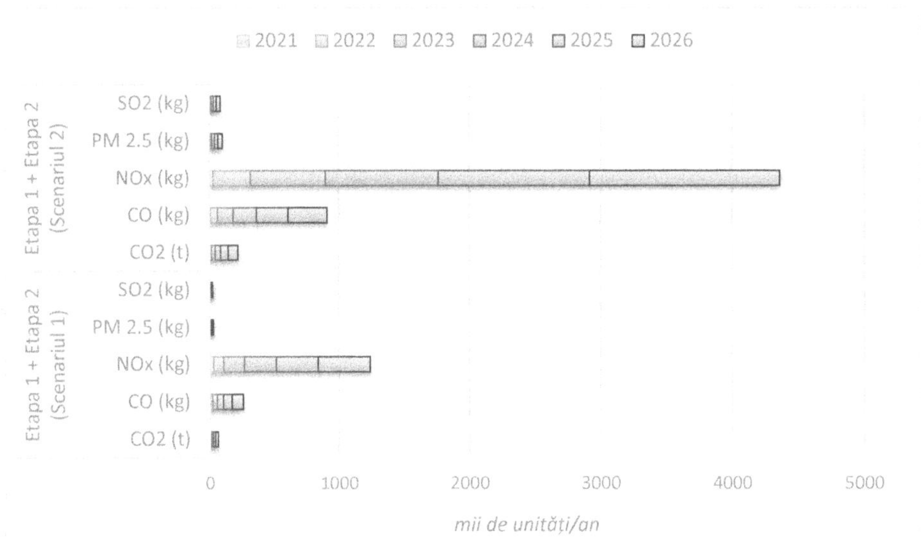

Sursa: Calculele OCDE, Modelul OPTIC.

Figura 2.4 proiectează rezultatele de mediu pentru orașul Chișinău, inclusiv cea de-a doua etapă (extindere), care împreună cu etapa pilot va fi implementată pe o perioadă de șase ani. Aici se arată că aceste investiții pot aduce reduceri semnificative ale emisiilor. În timp ce emisiile de CO_2 vor fi reduse cu 41.8% (24 950 tone/an), reducerea combinată a poluanților atmosferici va fi de 82.2% (95 tone/an) după etapa de extindere, comparativ cu valoarea de bază.

Figura 2.4. Emisiile de CO_2 și de poluanți atmosferici, urmare modernizării flotei din Chișinău, 2020-2026

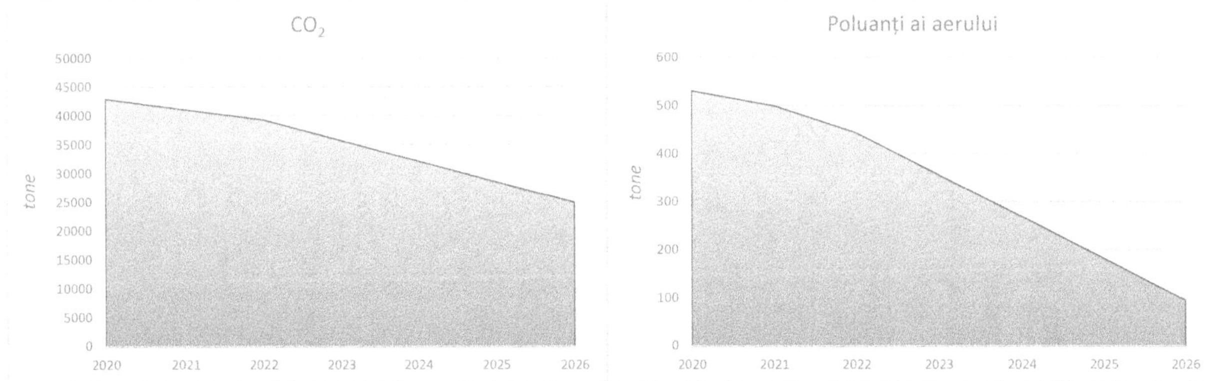

Notă: Valorile reflectă doar emisiile vehiculelor care urmează a fi înlocuite (valoarea de bază) și a flotei noi (valoarea țintă), nu și emisiile totale din toate transporturile publice din Chișinău. Poluanții atmosferici includ CO, NO_x, $PM_{2.5}$ și SO_2, iar valoarea totală a emisiilor se bazează pe o însumare simplă a ponderii individuale ale emisiilor de poluanți.
Sursa: Calculele OCDE, Modelul OPTIC.

Figura 2.5 proiectează rezultatele de mediu din Bălți, inclusiv a doua etapă (extindere). În timp ce reducerea CO_2 va fi de 41.2% (4 144 tone/an), reducerea combinată a poluanților atmosferici se va ridica la 82.3% (15 tone/an) după etapa de extindere, comparativ cu valoarea de bază.

Figura 2.5. Emisiile de CO_2 și de poluanți atmosferici, urmare modernizării flotei din Bălți, 2020-2026

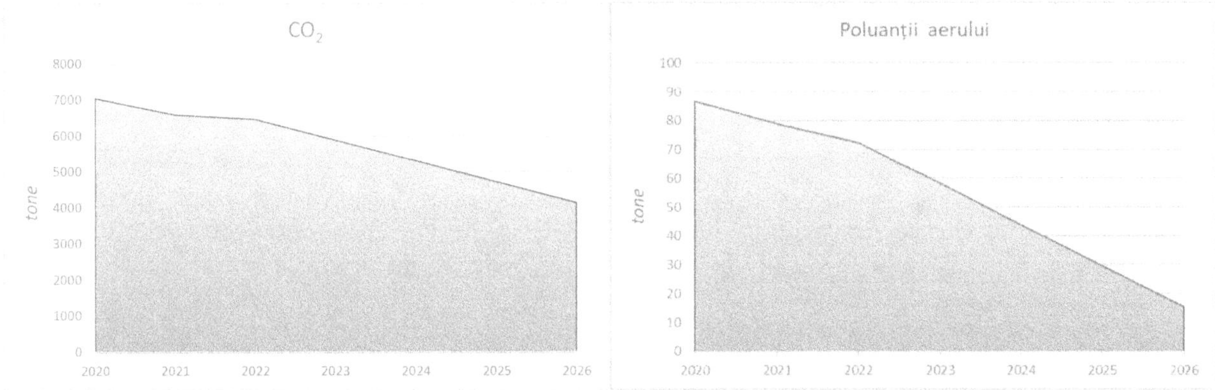

Notă: Valorile reflectă doar emisiile vehiculelor care urmează a fi înlocuite (valoarea de bază) și a flotei noi (valoarea țintă), nu și emisiile totale din toate transporturile publice din Bălți. Poluanții atmosferici includ CO, NOx, $PM_{2.5}$ și SO_2, iar valoarea totală a emisiilor se bazează pe o însumare simplă a ponderii individuale ale emisiilor de poluanți.
Sursa: Calculele OCDE, Modelul OPTIC.

Figura 2.6, Figura 2.7 și Figura 2.8 compară posibila reducere a emisiilor de GES și a poluării aerului, care rezultă din etapele și scenariile Programului TPE cu nivelurile actuale de emisii ale flotei de transport public învechit.

CO_2 și NO_x promit cele mai mari reduceri ale emisiilor. Evident, reducerile semnificative de emisii încep să se acumuleze odată cu implementarea celei de-a 2-a etapă a Programului TPE. Până la sfârșitul Scenariului 2, se estimează că emisiile de CO_2 vor începe să scadă cu aproximativ 73 944 tone/an (ceea ce înseamnă o reducere de 42.2% față de valoarea de bază), în timp ce în cazul emisiilor de NO_x, această reducere este estimată la aproximativ 1 444 tone/an (ceea ce înseamnă o reducere de 83.5% în comparație cu valoarea de bază). Aceste reduceri sunt estimate utilizând abordarea normativă a factorilor de poluare (Figura 2.6 și Figura 2.7).

Figura 2.6. Reduceri potențiale ale dioxidului de carbon, urmare implementării programului TPE

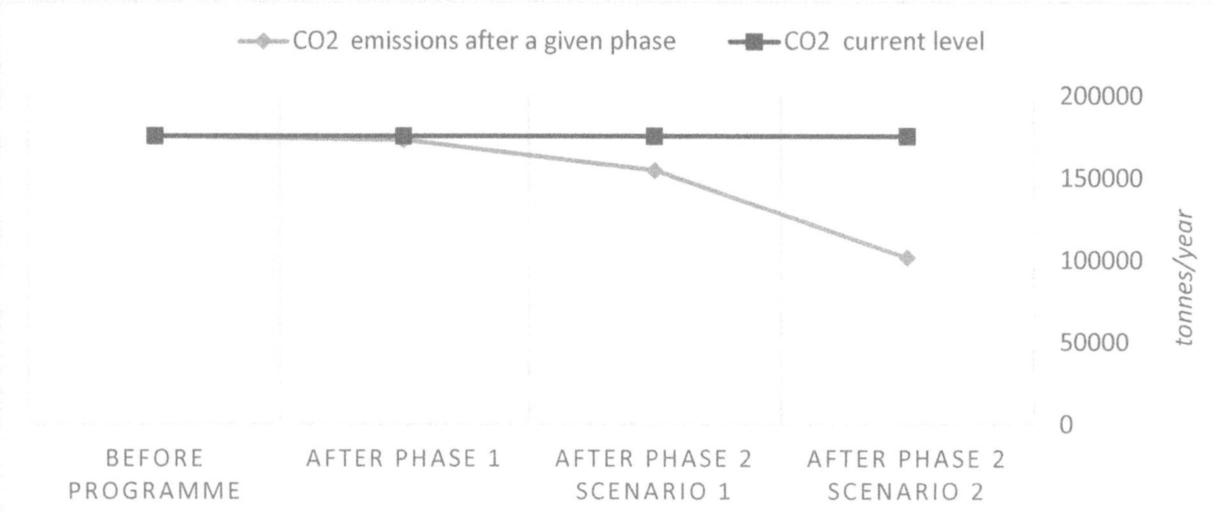

Note: Valorile reflectă doar emisiile vehiculelor care urmează a fi înlocuite (valoarea de bază) și a flotei noi (valoarea țintă), nu și emisiile totale din toate transporturile publice din Moldova.
Sursa: Calculele OCDE, Modelul OPTIC.

Pe lângă NO_x menționat mai sus, reducerile emisiilor de CO se vor ridica la 301 tone/an (ceea ce înseamnă o reducere de 76.3% în comparație cu valoarea de bază).

Figura 2.7. Reduceri potențiale ale monoxidului de carbon și oxizilor de azot, urmare implementării programului TPE

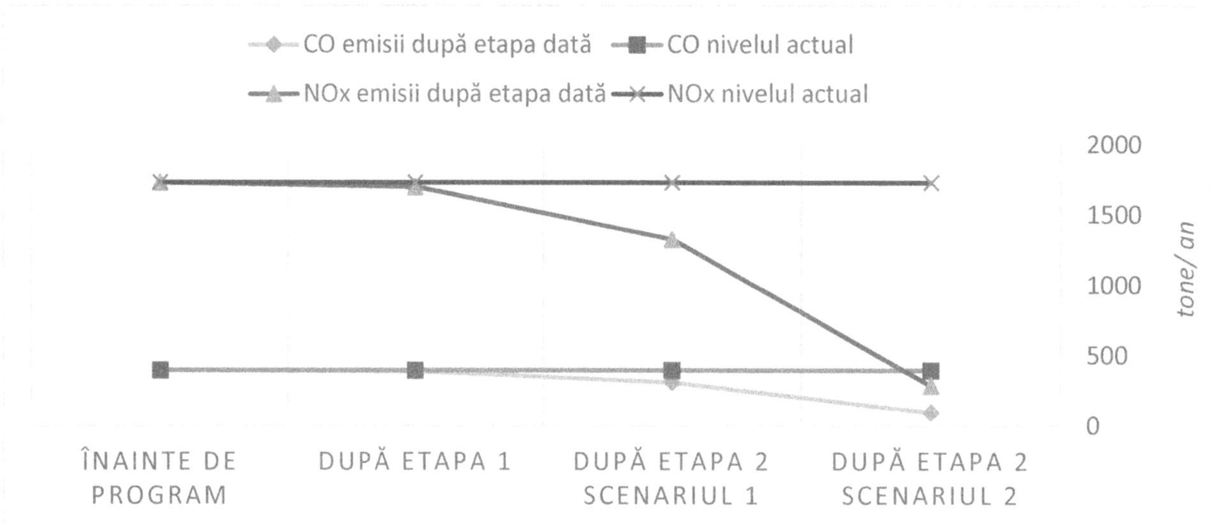

Notă: Valorile reflectă doar emisiile vehiculelor care urmează a fi înlocuite (valoarea de bază) și a flotei noi (valoarea țintă), nu și emisiile totale din toate transporturile publice din Moldova.
Sursa: Calculele OCDE, Modelul OPTIC.

Cea mai mare îmbunătățire relativă ar fi pentru emisiile de particule mici – $PM_{2.5}$ (Figura 2.8). Acestea ar fi reduse cu 98.8% (sau 35 tone/an) după încheierea Scenariului 2 din etapa de extindere. Emisiile de dioxid de sulf vor scădea cu 29 tone/an (o reducere cu 88.9% în comparație cu valoarea de bază).

Figura 2.8. Reduceri potențiale ale particulelor și dioxidului de sulf, urmare implementării programului TPE

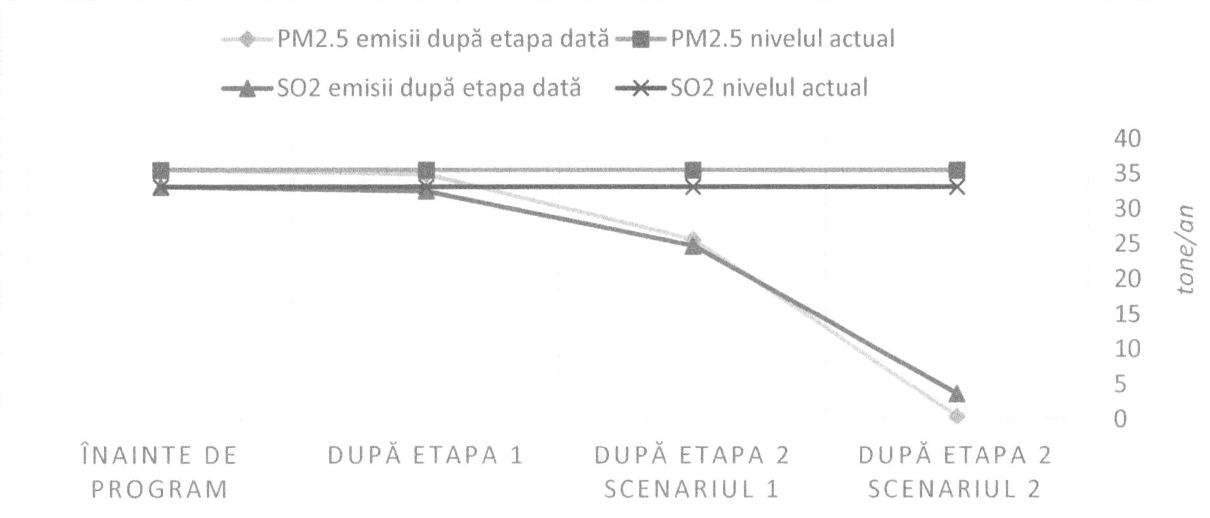

Notă: Valorile reflectă doar emisiile vehiculelor care urmează a fi înlocuite (valoarea de bază) și a flotei noi (valoarea țintă), nu și emisiile totale din toate transporturile publice din Moldova.
Sursa: Calculele OCDE, Modelul OPTIC.

Costuri de investiții și opțiuni de finanțare

Analiza sugerează că costurile totale ale programului TPE vor fi substanțiale. Se estimează că etapa-pilot a programului va ajunge la 353 milioane MDL (19.1 milioane USD). Costul investițiilor în etapa 1 și Scenariul 1 din etapa 2 este estimat la 2 779 milioane MDL (150.2 milioane USD) (Tabelul 2.5), dintre care, între 783 milioane MDL și 1 593 milioane MDL (42.3 și 86.1 milioane USD) vor fi necesari din asistența publică, în funcție de opțiunea de finanțare selectată. Costul investiției din etapa 1 și Scenariul 2 din etapa 2 este estimat la 9 223 milioane MDL (498.6 milioane USD) (Tabelul 2.4), dintre care, între 2 394 milioane MDL și 5 542 milioane MDL (129.4 și 299.6 milioane USD) vor fi necesari din asistența publică.

Prin urmare, va fi dificil pentru finanțatorul de stat să acopere singur toate aceste costuri. Pentru a rezolva această provocare, va trebui să fie acordată asistența financiară publică și de garantare, inclusiv de către finanțatorii publici internaționali.

Analiza identifică două opțiuni posibile pentru finanțarea conductelor Programului TPE: prima ar fi cu implicarea sectorului bancar local, în timp ce a doua- fără implicarea acestuia. Combinațiile propuse a instrumentelor de finanțare sunt următoarele:

- **Opțiunea 1.** Împrumuturi comerciale, combinate cu asistența publică sub formă de garanții de împrumut și o subvenție relativ mai mică (un grant) pentru a ajuta operatorii de transport public să ramburseze o parte din împrumut (Figura 2.9).
- **Opțiunea 2.** Asistența publică sub forma unei subvenții relativ mai mari (un grant) pentru a motiva operatorii de transport public să aloce mai multe resurse financiare proprii pentru achiziționarea vehiculelor mai ecologice (curate) – care în general necesită o investiție inițială mai mare (în ceea ce privește costul de achiziție), dar sunt mai puțin costisitoare în exploatare (din punct de vedere al costurilor la carburanți) (Figura 2.10).

Acordarea garanției de împrumut (în conformitate cu Opțiunea 1) este un element deosebit de important în finanțarea Programului TPE. Deși sprijinul financiar general (sub formă de subvenții) nu poate fi atât de mare, Ministerul Finanțelor (în calitate de principal garant al datoriei publice) poate emite garanții pentru creditele bancare pentru a depăși lipsa de credibilitate a municipiilor mai mici și a operatorilor privați (pe lângă operatorii de transport municipali din Chișinău și Bălți). Prin urmare, implicarea Ministerului Finanțelor (MF) în proiectarea programului este de o importanță crucială.

Se propune ca garanția de împrumut să fie formată din două componente (Tabelul 2.7 și Tabelul 2.8):

- un cost fix pentru emiterea garanției (egal cu 0.5% din împrumut)
- costul garanției în caz de neplată de către debitori (egală cu 5% din împrumutul acordat de bancă).

Aceste acțiuni se bazează pe programe internaționale similare. Costul de garanție de 5% - deși destul de scăzut – este realizabil, cu condiția ca guvernul să stabilească condiții foarte stricte în ceea ce privește acordarea împrumuturilor, ceea ce va duce la o rată de neplată scăzută. În orice caz, atunci când este necesară modificarea ratelor, toate rezultatele majore ale programului (de exemplu, costul total al programului, nivelul subvenției) vor trebui recalculate.

Componenta de credit va fi acordată prin intermediul băncilor, care semnează un acord cu Ministerul Agriculturii, Dezvoltării Regionale și Mediului (MADRM). Sursa de finanțare pentru creditele acordate de bănci ar putea include:

- resursele proprii ale băncilor
- împrumuturi ale băncii de la instituții financiare internaționale (IFI).

Figura 2.9. Opțiunea 1 – Finanțare din credite comerciale

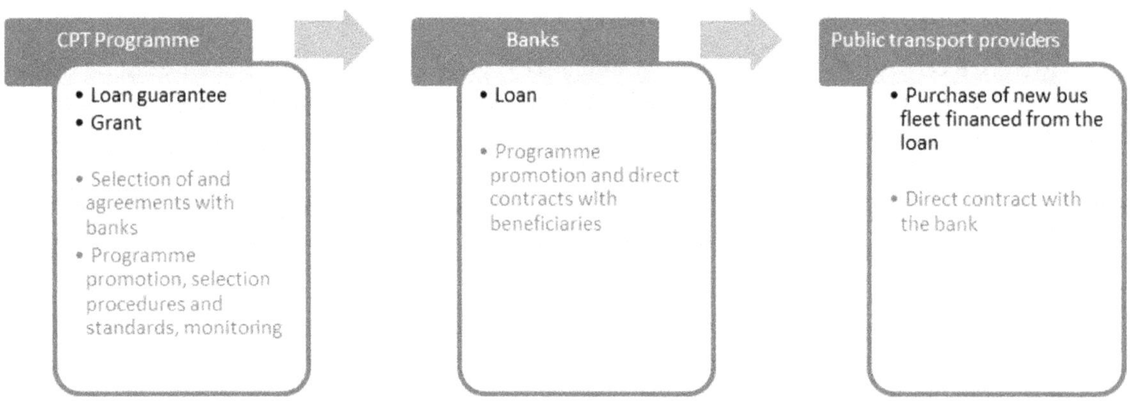

Figura 2.10. Opțiunea 2 – Finanțare din surse proprii și subvenții publice

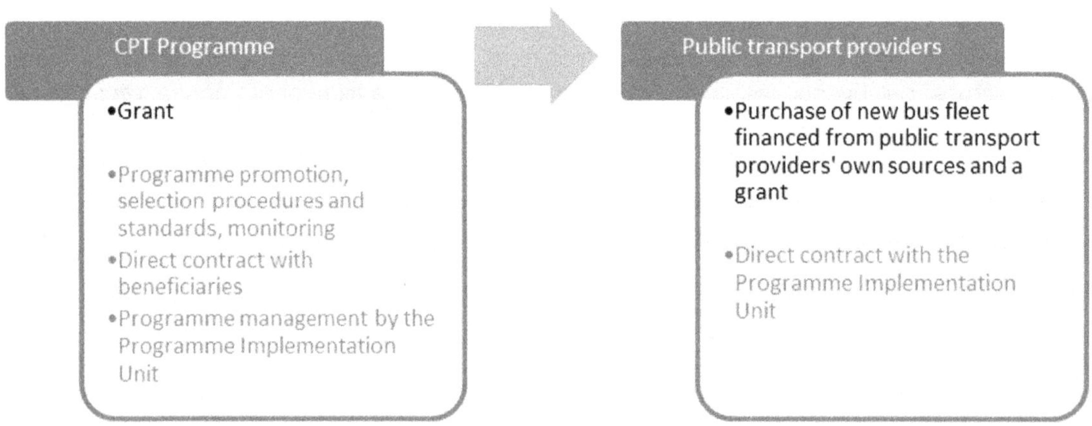

Figura 2.11 prezintă costurile globale ale programului TPE pentru investitori (adică companii de transport public private și municipale) și finanțatori din sectorul public (atât naționali, cât și internaționali) în etapa pilot și în cele două scenarii ale etapei de extindere. Opțiunea 1 este reprezentată în tabel ca „asistență publică minimă" (adică cel mai scăzut nivel de asistență publică), în timp ce Opțiunea 2 este cel mai înalt nivel de asistență publică (prezentată ca „asistență publică maximă"). În schimb, suma minimă necesară pentru investitor se referă la Opțiunea 2 (adică cel mai mare nivel de asistență publică), în timp ce suma maximă la Opțiunea 1 (adică asistență publică mai mică), în care investitorul își va acoperi parțial contribuția prin împrumuturi comerciale.

Figura 2.11. Prezentare generală a costurilor totale privind investițiile programului TPE

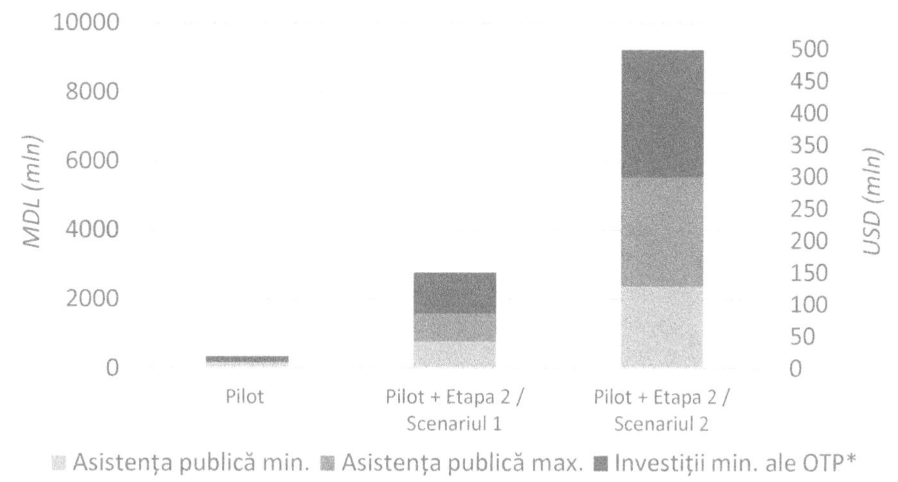

Notă: *OTP – operatori de transport public.
Sursa: Calculele OCDE, Modelul OPTIC.

Principala diferență între cele două scenarii este că Scenariul 1 prevede faptul că doar autobuzele din Chișinău și Bălți vor fi sprijinite financiar, prin intermediul programului de investiții (adică transport public urban și suburban), în timp ce în cadrul Scenariului 2, Programul TPE va sprijini și autobuzele de pe rutile interurbane (în alte orașe decât Chișinău și Bălți, transportul public urban *de jure* nu există și *de facto* este asigurat de transportul interurban). Costurile ambelor scenarii includ, de asemenea, costurile estimate pentru etapa pilot.

În Figura 2.12 sunt prezentate costurile de investiții ale finanțatorilor publici (naționali, precum și internaționali) și ale investitorilor (întreprinderi private și municipale), defalcate pe orașe pilot și alte regiuni.

Figura 2.12. Costurile totale privind investițiile programului TPE în Chișinău și Bălți

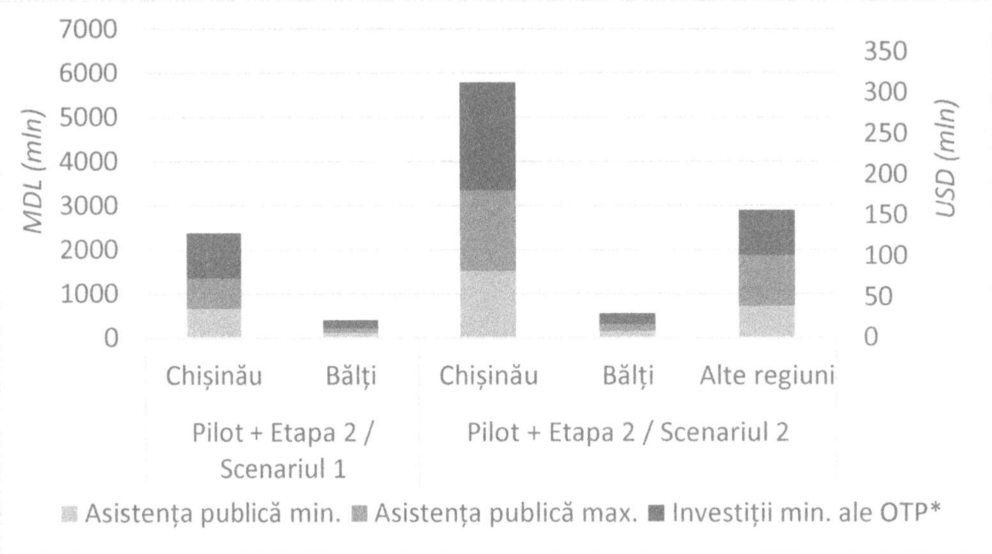

Notă: *OTP – operatori de transport public.
Sursa: Calculele OCDE, Modelul OPTIC.

În ceea ce privește investițiile totale (Etapa 1 și 2), Scenariul 1 presupune că aproape 400 milioane MDL (21.5 milioane USD) vor fi decontate anual din surse publice și private – calculând 2 779 milioane MDL împărțite la șapte ani (doi ani pentru etapa pilot și cinci ani pentru a doua etapă). Scenariul 2 presupune că Programul TPE va necesita o cheltuială anuală de 1 317 milioane MDL (71.2 milioane USD), adică în total 9 223 milioane MDL (498.6 milioane USD) împărțite la șapte ani.

Tabelul 2.7 de mai jos rezumă dimensiunea, rezultatele și costurile asociate programului TPE pe parcursul celor șapte ani, presupunând că acesta este implementat cu implicarea băncilor (Opțiunea 1 ca în Figura 2.9).

Tabelul 2.7. Sumarul costurilor programului TPE, în cadrul Opțiunii 1, Etapa 1 și 2 (MDL)

	Costuri generale	Cofinanțare publică								
		Total cofinanțare publică	Anul							
			1	2	3	4	5	6	7
	MDL milioane									
Scenariul 1										
Costuri de elaborare (inclusiv colectare de fonduri)	0.2	0.2	0.1	0.1					
Etapa pilot	353	176		176					
Unitate de implementare (costuri de operare)	0.6	0.6			0.1	0.1	0.1	0.1	0.1
Etapa a 2-a	2 427	607			121	121	121	121	121
Costuri de garanție (0.5% +5%)	33	33			7	7	7	7	7
Total Scenariul 1	**2 814**	**817**	**0**	**176**	**128**	**128**	**128**	**128**	**128**
Scenariul 2									
Costuri de elaborare (inclusiv colectare de fonduri)	0.2	0.2	0.1	0.1					
Etapa pilot	353	176		176					
Unitate de implementare (costuri de operare)	0.6	0.6			0.1	0.1	0.1	0.1	0.1
Etapa a 2-a	8 871	2 218			444	444	444	444	444
Costuri de garanție (0.5% +5%)	122	122			24	24	24	24	24
Total Scenariul 2	**9 436**	**2 517**	**0**	**176**	**468**	**468**	**468**	**468**	**468**

Sursa: Calculele OCDE, Modelul OPTIC.

Costurile de elaborare a programului TPE (inclusiv colectarea de fonduri) sunt estimate cu presupunerea că o persoană care va lucra în cadrul programului cu normă întreagă, în primul an și că munca acesteia va costa aproximativ 100 000 lei (5 400 USD), având un salariu mediu lunar pentru angajați administrativi de 6 144.2 MDL/persoană (conform Biroului Național de Statistică a Moldovei)[5] și cheltuieli generale de 50% (securitate socială și alte costuri administrative).

Tabelul 2.8 rezumă dimensiunea, rezultatele și costurile asociate ale Programului TPE, presupunând că programul este implementat direct de o unitate de implementare stabilită de guvern (Opțiunea 2, Figura 2.10). Sumele anuale sunt estimate prin împărțirea cofinanțării publice necesare pentru un scenariu dat (excluzând etapa pilot) la cei cinci ani de implementare a programului în a doua etapă.

Costurile de elaborare a programului TPE în această a doua opțiune de finanțare (inclusiv colectarea de fonduri) presupun că două persoane vor lucra în primul an și că această muncă va costa aproximativ 200 000 MDL (10 800 USD), având un salariu mediu lunar pentru angajații administrativi de 6 144.2 MDL/persoană (conform BNS) și 50% cheltuieli generale (securitate socială și alte costuri administrative). În plus, unitatea de implementare va fi formată din cinci persoane ale căror costuri, inclusiv cele pentru administrarea biroului, sunt estimate la 1.1 milioane MDL anual (59 500 USD).

Tabelul 2.8. Sumarul costurilor programului TPE, în cadrul Opțiunii 2, Etapa 1 și 2 (MDL)

	Costuri generale	Cofinanțare publică							
		Total cofinanțare publică	Anul						
			1	2	3	4	5	6	7
	MDL milioane								
Scenariul 1									
Costuri de elaborare (inclusiv colectare de fonduri)	0.4	0.4	0.2	0.2					
Etapa pilot	353	178		178					
Unitate de implementare (costuri de operare)	5.5	5.5			1.1	1.1	1.1	1.1	1.1
Etapa a 2-a	2 427	1 415			283	283	283	283	283
Costuri de garanție (0.5% +5%)	0	0			0	0	0	0	0
Total Scenariul 1	**2 785**	**1 599**	**0**	**178**	**284**	**284**	**284**	**284**	**284**
Scenariul 2									
Costuri de elaborare (inclusiv colectare de fonduri)	0.4	0.4	0.2	0.2					
Etapa pilot	353	178		178					
Unitate de implementare (costuri de operare)	5.5	5.5			1.1	1.1	1.1	1.1	1.1
Etapa a 2-a	8 871	5 365			1 073	1 073	1 073	1 073	1 073
Costuri de garanție (0.5% +5%)	0	0			0	0	0	0	0
Total Scenariul 2	**9 229**	**5 548**	**0**	**178**	**1 074**	**1 074**	**1 074**	**1 074**	**1 074**

Sursa: Calculele OCDE, Modelul OPTIC.

Tabelul 2.9 și Tabelul 2.10 oglindește Tabelul 2.7 și Tabelul 2.8, dar toate costurile sunt recalculate în dolari americani (USD).

Tabelul 2.9. Sumarul costurilor programului TPE în Opțiunea 1, Etapa 1 și 2 (USD)

	Costuri generale	Cofinanțare publică							
		Total	Anul						
			1	2	3	4	5	6	7
	Milioane USD								
Scenariul 1									
Costuri de elaborare (inclusiv colectare de fonduri)	0.01	0.01	0.01	0.01	0.00	0.00	0.00	0.00	0.00
Etapa pilot	19	10	0	10	0	0	0	0	0
Unitate de implementare (costuri de operare)	0.03	0.03	0.00	0.00	0.01	0.01	0.01	0.01	0.01
Etapa a 2-a	131	33	0	0	7	7	7	7	7
Costuri de garanție (0.5% +5%)	2	2	0	0	0	0	0	0	0
Total Scenariul 1	**152**	**44**	**0**	**10**	**7**	**7**	**7**	**7**	**7**
Scenariul 2									
Costuri de elaborare (inclusiv colectare de fonduri)	0.01	0.01	0.01	0.01	0.00	0.00	0.00	0.00	0.00
Etapa pilot	19	10	0	10	0	0	0	0	0
Unitate de implementare (costuri de operare)	0.03	0.03	0.00	0.00	0.01	0.01	0.01	0.01	0.01
Etapa a 2-a	480	120	0	0	24	24	24	24	24
Costuri de garanție (0.5% +5%)	7	7	0	0	1	1	1	1	1
Total Scenariul 2	**505**	**136**	**0**	**10**	**25**	**25**	**25**	**25**	**25**

Sursa: Calculele OCDE, Modelul OPTIC.

Tabelul 2.10. Sumarul costurilor programului TPE în Opțiunea 2, Etapa 1 și 2 (USD)

	Costuri generale	Cofinanțare publică							
		Total	Anul						
			1	2	3	4	5	6	7
	Milioane USD								
Scenariul 1									
Costuri de elaborare (inclusiv colectare de fonduri)	0.02	0.02	0.01	0.01	0.00	0.00	0.00	0.00	0.00
Etapa pilot	19	10	0	10	0	0	0	0	0
Unitate de implementare (costuri de operare)	0.30	0.30	0.00	0.00	0.06	0.06	0.06	0.06	0.06
Etapa a 2-a	131	76	0	0	15	15	15	15	15
Costuri de garanție (0.5% +5%)	0	0	0	0	0	0	0	0	0
Total Scenariul 1	151	86	0	10	15	15	15	15	15
Scenariul 2									
Costuri de elaborare (inclusiv colectare de fonduri)	0.02	0.02	0.01	0.01	0.00	0.00	0.00	0.00	0.00
Etapa pilot	19	10	0	10	0	0	0	0	0
Unitate de implementare (costuri de operare)	0.30	0.30	0.00	0.00	0.06	0.06	0.06	0.06	0.06
Etapa a 2-a	480	290	0	0	58	58	58	58	58
Costuri de garanție (0.5% +5%)	0	0	0	0	0	0	0	0	0
Total Scenariul 2	499	300	0	10	58	58	58	58	58

Sursa: Calculele OCDE, Modelul OPTIC.

Care este nivelul optim de cofinanțare?

Calculul nivelului optim de cofinanțare publică pentru achiziționarea vehiculelor noi, mai ecologice (curate), este un element important al analizei. Estimările noastre sugerează că nivelul fondurilor publice nu trebuie să depășească ratele prevăzute în Tabelul 2.11. Aceste rate, care reprezintă nivelul optim al subvenției per conductă de proiect, au fost calculate folosind modelul OPTIC, bazat pe valoarea actuală netă (VAN) a fiecărui tip de investiție.

Rata asistenței financiare (rata subvenției) ar trebui să fie stabilită pentru a se asigura că nu înlocuiește, dar în schimb este ca o pârghie pentru cheltuielile beneficiarilor. Importanța economică a acestui calcul este că subvenția va încuraja potențialii beneficiari să participe la programul TPE, fără să urmărească obținerea unui profit pe baza subvenției. Prin urmare, nivelul subvenției ar trebui menținut la minimum absolut, în special având în vedere deficitul de resurse publice. Acest minim optim poate fi definit ca rata de asistență care face viabile, din punct de vedere financiar, proiectele importante în domeniul ecologic și economic (a se vedea anexa B la prezentul raport).

Calculul ia în considerare prețurile tarifelor curente și distanțele zilnice acoperite de operatori (care nu sunt optime). Dacă Programul TPE este finanțat cu împrumuturi bancare și programul oferă o garanție pentru credit (adică Opțiunea 1), o parte din costuri va include acordarea acestor garanții. În plus, beneficiarii se vor bucura de facilități suplimentare datorită ratelor mai mici ale dobânzii asociate garanției de împrumut. Acesta este motivul pentru care se propune ca programul să acorde o rată medie a subvenției fixe, de 25% din costurile de achiziție a vehiculului (pentru a fi cât mai simplu, a fost utilizată o valoare unică) și subvenția să fie utilizată pentru a reduce rambursarea creditului (Tabelul 2.11).

Tabelul 2.11. Sumarul asistenței publice pentru programul TPE

Conducta programului	Cofinanțarea publiă estimată pentru Opțiunea 2	Cofinanțarea publiă estimată pentru Opțiunea 1
Troleibuze	50%	25% + garanția împrumutului
Autobuze și microbuze alimentate cu GNC	60%	25% + garanția împrumutului
Autobuze și microbuze alimentate cu GPL	55%	25% + garanția împrumutului
Autobuze și microbuze alimentate cu motorină modernă (Euro V sau Euro VI)	75%	25% + garanția împrumutului
Stații GNC	Furnizată de sectorul privat	
Stații GPL	Furnizată de sectorul privat	
Investiții asociate	Furnizată de orașe	

Notă: Valorile procentuale indică nivelul de asistență publică în costurile de achiziție a autobuzului.
Sursa: Calculele OCDE, Modelul OPTIC.

Trebuie să fie notate două aspecte cu privire la calcularea acestui nivel optim de subvenționare. În primul rând, odată ce un operator de transport public își modernizează parcul, operatorul nu va trebui să înlocuiască autobuzele pentru o perioadă de timp (în special, considerând că autobuzele, care au o vechime de peste 15 ani, ar trebui înlocuite în orice caz). Astfel, la calcularea nivelului de subvenționare, este luată în considerare numai diferența de preț dintre autobuzele moderne (cu emisii reduse) și autobuzele tradiționale.[6] În al doilea rând, unii combustibili vor fi mai ieftini decât motorina. De exemplu, GNC și GPL sunt mai ieftine decât motorina și rezultă în costuri de transport mai mici pe kilometru, chiar și atunci când se ia în considerare consumul crescut pe kilometru față de combustibilul petrolier (deoarece folosesc în mod similar motoare cu ardere internă). Aceste economii la costurile combustibilului pentru operatorii de transport public sunt, de asemenea, luate în considerare la calcularea nivelului de subvenționare.

Figura 2.13 și Figura 2.14 prezintă contrastul dintre prețul de achiziție și costul carburantului pentru diferitele tipuri de autobuze, ca ajutor în procesul de luare a deciziilor. Așa cum se vede în Figura 2.13, în timp ce prețul de achiziție (sau investiția inițială) a autobuzelor cu combustibili mai ecologici, este semnificativ mai mare decât în cazul unui autobuz cu motor diesel obișnuit, cu atât mai mici sunt costurile pentru combustibil pe parcursul duratei utile de viață a autobuzului mai curat, ceea ce permite economii suplimentare.

Figura 2.13. Relația dintre prețul de achiziție și costurile carburanților pentru autobuzele diesel și cele ecologice

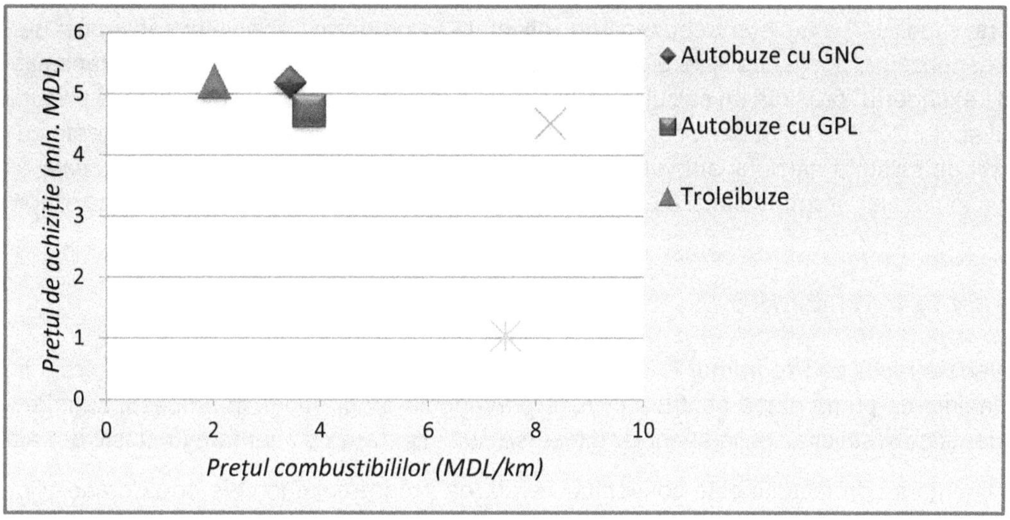

Sursa: Calculele OCDE, Modelul OPTIC.

În mod similar, Figura 2.14 arată că, combustibilul GNC este mai ieftin decât motorina, iar consumul autobuzelor pe bază de GNC la 100 de kilometri este mai mic decât la autobuzele diesel vechi (pentru valorile exacte ale consumului de combustibil, a se vedea anexa B). În timp ce consumul de energie electrică a troleibuzelor este foarte mare, costul unitar al energiei electrice este cel mai mic dintre toate costurile carburanților. Economiile potențiale obținute prin utilizarea bateriilor de stocare și nivelul scăzut de poluare de către transportul electric, fac ca troleibuzele să fie o opțiune deosebit de atractivă pentru investiții.

Figura 2.14. Relația dintre consumul și prețul la carburanți pentru autobuzele diesel și cele ecologice

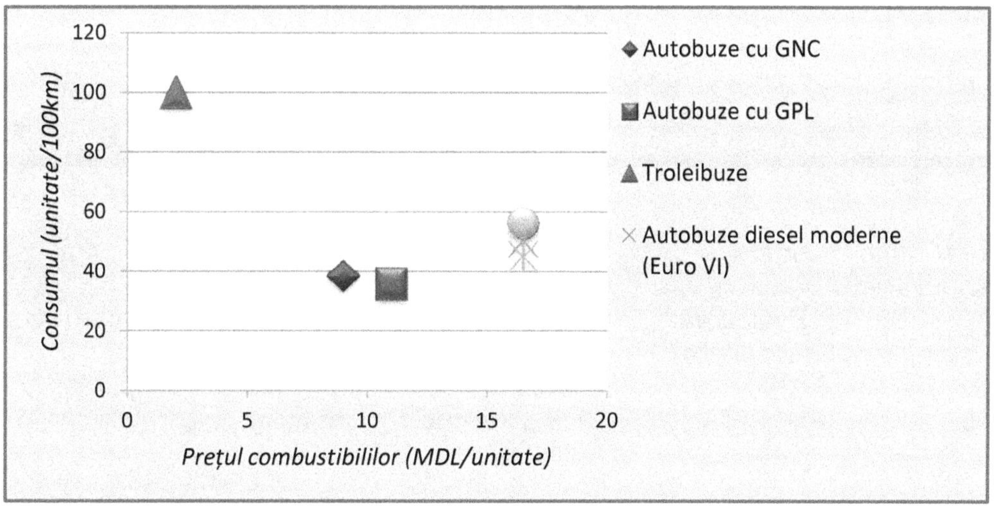

Sursa: Calculele OCDE, Modelul OPTIC.

Este esențial ca evoluțiile pieței să fie monitorizate în mod regulat (de exemplu, modificările prețurilor la autobuze/troleibuze și combustibil/electricitate, dezvoltarea pieței privind motoarele/tehnologiile noi și disponibilitatea altor surse de finanțare) precum și, modul în care acestea interacționează cu Programul TPE. Aceste modificări ale pieței trebuie să fie reflectate în program, iar nivelul subvenției de stat să fie ajustat corespunzător. Secțiunea Anexei B privind „Costul programului pentru Etapa 1 (etapa pilot) și Etapa 2 (etapa de extindere)" prezintă un calcul indicativ al nivelului optim al subvenției pe baza prețurilor actuale (la mijlocul anului 2017) a autobuzelor și combustibililor. Totuși, aceste informații sunt oferite ca o ilustrare a modalității de calcul a nivelului subvenției, și nu ca valori absolute. Modelul face posibilă ajustarea și optimizarea ipotezelor programului și efectelor acestuia, prin modificarea datelor de bază, după caz.

Cum va arăta calendarul?

Având în vedere faptul că Programul TPE va fi cofinanțat din fonduri publice, va fi necesară o perioadă de pregătire înainte de prima etapă pentru a include prevederile programului în procesul bugetării de stat și pentru a identifica și solicita sprijin financiar din surse suplimentare de finanțare (inclusiv donatori).

Odată ce finanțarea proiectului este convenită, derularea programului în cele două orașe-pilot selectate va fi relativ rapidă, deoarece implică achiziționarea a 62 de troleibuze și 15 microbuze și nici o construcție de infrastructură. Constrângerea majoră va fi legată de procedurile de achiziții. Etapa pilot ar putea dura până la un an. Implementarea celei de-a doua etape va dura aproximativ cinci ani (Figura 2.15).

În plus, ar trebui efectuate evaluări anuale ale programului TPE pentru a vedea dacă proiectele selectate și implementate ajută la realizarea obiectivelor guvernului și la revizuirea programului, dacă este necesar. Întrucât programul este conceput pentru a fi cofinanțat din bugetul de stat, orice actualizare ar trebui să fie coordonată cu bugetul multianual existent și cu cerințele acestuia. Pe această bază, ar trebui să fie pregătite planurile financiare anuale de finanțare din bugetul anual regulat.

Experiența altor țări cu investiții similare susținute public, sugerează că cele mai bine implementate programe, sunt cele pe termen mediu și lung (și anume, 5-10 ani) și legate de obiectivele guvernamentale. Rezultatele primei etape vor fi evaluate pentru a decide dacă se va continua cu a doua etapă. Dacă acesta este cazul, se propune ca a doua etapă a Programului TPE să fie realizată pe o perioadă de cinci ani și apoi revizuită în detaliu. Atunci se poate lua o decizie cu privire la extinderea sau la finalizarea acesteia, reflectând posibile noi obiective politice și obiective guvernamentale sau evoluții ale pieței.

Figura 2.15. Cronologie propusă (după ani)

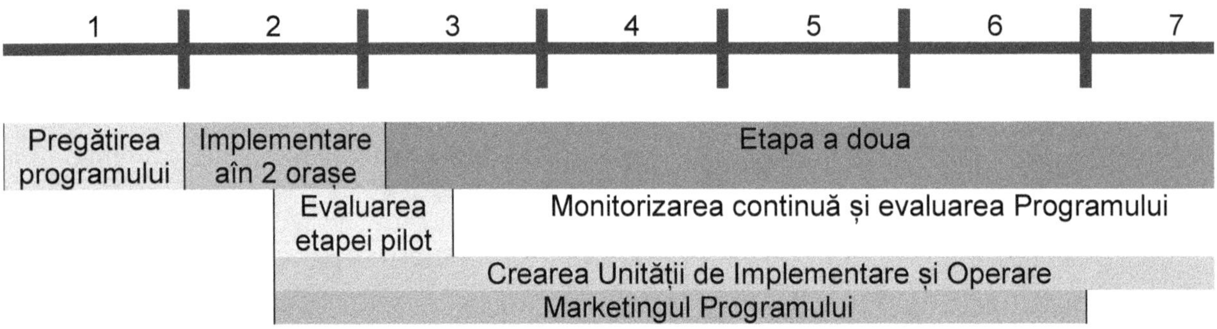

Care este configurarea propusă pentru implementare?

Implementarea programului va necesita aranjamente instituționale care să asigure un process de luare a deciziilor transparent și rentabil. Raportul analizează mai multe opțiuni instituționale. Configurația instituțională propusă în acest studiu include trei niveluri: i) entitate de programare, ii) unitate de implementare și iii) unitate de asistență tehnică. Rolul și responsabilitățile lor sunt prezentate detaliat în raport.

Analiza sugerează ca Ministerului Agriculturii, Dezvoltării Regionale și Mediului (MADRM) să îndeplinească rolul entității de programare (organ de supraveghere). Implementarea programului, care ar trebui să fie o funcție separată și distinctă de rolul de programare și ar putea fi efectuată de băncile locale, care semnează un acord de cooperare cu Ministerul MADRM, pe baza unei licitații publice de succes, pentru a presta acest serviciu. Indiferent de alegere, unitatea de implementare ar trebui să aibă un grad înalt de independență, pentru a se asigura că deciziile sunt luate, ținând cont de reguli și criterii, în conformitate cu obiectivele programului și nu sunt supuse influenței politice nejustificate.

Cooperarea interministerială este vitală pentru implementarea cu succes a programului. Un astfel de program poate contribui la creșterea profilului mediului și climei pe agenda politicii de transport. În tranziția către transportul public ecologic, Ministerul MADRM ar beneficia de o cooperare mai strânsă cu alte ministere, în special cu Ministerul Economiei și Infrastructurii și Ministerul Finanțelor, pentru a mobiliza fondurile existente și potențiale surse externe de finanțare, în scopul realizării mobilității, cu emisii reduse de carbon, în țară.

Concluzii

După cum au arătat calculele modelului OPTIC, costul total al implementării programului TPE va fi substanțial. Întrucât noile tehnologii sunt mai scumpe înainte de a ajunge la maturitatea pieței, va fi necesară asistența financiară publică, pentru a ajuta operatorii de transport public (atât municipali cât și privați) să treacă la o flotă modernă și ecologică.

Programul de investiții prevede subvenții publice, împrumuturi comerciale și preferențiale și garanții pentru împrumuturi publice, ca fiind cele mai vizate opțiuni de sprijin. Sursele de finanțare sunt disponibile și pot fi oferite de mai mulți actori - autorități publice naționale (subvenții și garanții pentru împrumut), bănci comerciale naționale (împrumuturi comerciale) sau instituții financiare internaționale / de dezvoltare (împrumuturi și subvenții preferențiale).

Atunci când se calculează nivelul optim de asistență publică (subvenții sub formă de granturi), analiza programului ia în considerare mai mulți factori contributivi - cum ar fi costurile de funcționare mai mici (deoarece combustibilii alternativi sunt mai puțin costisitori), costurile operaționale și de întreținere mai mici (datorită creșterii fiabilității vehiculelor noi) sau necesitatea generală de a înlocui vehiculele care au fost complet depreciate.

Din aceste motive, nu este necesar ca programul TPE să fie complet finanțat din subvenții. Programul este conceput pentru a crește investițiile operatorilor de transport public în parcul de vehicule, fără a face înlocuirea acestora prea profitabilă (sau susținerea achizițiilor care ar putea fi realizate fără asistența publică).

În orice caz, aplicarea unei metodologii solide - pentru estimarea costurilor programului de investiții, stabilirea nivelului optim de subvenționare și prognozarea beneficiilor de mediu - poate face programul TPE mai credibil, atât pentru finanțatorii publici naționali cât și internaționali.

În prezent, în Republica Moldova nu există o producție a autobuzelor ecologice, în mare parte, deoarece nu există cerere de autobuze noi. Așa cum a arătat proiectul BERD în Chișinău (discutat în capitolul 3), atunci când cererea este creată prin investiții publice, cum ar fi Programul TPE, acest lucru poate încuraja producția internă de vehicule în cooperare cu un producător mai mare sau cel puțin asamblarea locală a acestor fel de vehicule.

Referințe

Franco, V. et al. (2014), *Real-World Exhaust Emissions from Modern Diesel Cars, A Meta-Analysis of Pems Emissions Data from EU (Euro 6) and US (Tier 2 Bin 5/Ulev II) Diesel Passenger Cars*, International Council on Clean Transportation, Berlin, http://www.theicct.org/sites/default/files/publications/ICCT_PEMS-study_diesel-cars_20141010.pdf. [8]

GoM (2018), *Environmental Audit Report on Air Quality in the Republic of Moldova*, Government of Moldova, Chisinau, http://lex.justice.md/UserFiles/File/2018/mo18-26md/raport_65.doc. [6]

GoM (2018), *Programme on Promotion of Green Economy in the Republic of Moldova for 2018-2020*, Government of Moldova, Chisinau, https://gov.md/sites/default/files/document/attachments/intr05-1_0.pdf. [2]

GoM (2015), *Republic of Moldova's Intended National Determined Contribution*, Government of Moldova, Chisinau, https://www4.unfccc.int/sites/ndcstaging/PublishedDocuments/Republic%20of%20Moldova%20First/INDC_Republic_of_Moldova_25.09.2015.pdf. [3]

GoM (2014), *Environmental Strategy for the Years 2014-2023*, Government of Moldova, Chisinau, http://green.gov.md/download.php?file=cHVibGljL2ZpbGVzL0Vudmlyb25tZW50YWxTdHJhdGVneWZvcnRoZXllYXJzMjAxNC0yMDIzLTIwMTRNb2xkb3ZhRW52aXJvbm1lbnRhbFN0cmF0ZWd5MjAxNC0yMDI4MmNiMi5wZGY=. [1]

GoM (2013), *Energy Strategy of the Republic of Moldova until 2030*, Government of Moldova, Chisinau, http://www.serviciilocale.md/public/files/Energy_Strategy_2030_Final.pdf. [5]

GoM (2011), *National Energy Efficiency Programme 2011-2020*, Government of Moldova, Chisinau, http://lex.justice.md/index.php?action=view&view=doc&lang=1&id=340940. [4]

OECD (2017), *Promoting Clean Urban Public Transportation and Green Investment in Kazakhstan*, Green Finance and Investment, OECD Publishing, Paris, https://doi.org/10.1787/9789264279643-en. [7]

Legi și reglementări

(Listate conform celei mai recente date de adoptare – toate sunt în limba română/rusă)

Hotărârea Guvernului Nr. 160 din 21 februarie 2018 cu privire la aprobarea Programului de promovare a economiei „verzi" în Republica Moldova pentru anii 2018-2020 și a Planului de acțiuni pentru implementarea acestuia, Monitorul Oficial Nr. 68-76 din 2 martie 2018, Art. 208, http://lex.justice.md/viewdoc.php?action=view&view=doc&id=374523&lang=1.

Hotărârea Curții de Conturi Nr. 65 din 30 noiembrie 2017 cu privire la Raportul auditului de mediu privind calitatea aerului în Republica Moldova, Monitorul Oficial Nr. 18-26 din 19 ianuarie 2018, Art. 4, http://lex.justice.md/index.php?action=view&view=doc&lang=1&id=373833.

Hotărârea Guvernului Nr. 301 din 24 aprilie 2014 on the Approval of the Environmental Strategy for the years 2014-2023 and the Action Plan for its implementation, Monitorul Oficial Nr. 104-109 din 6 mai 2014, Art. 328, http://lex.justice.md/index.php?action=view&view=doc&lang=1&id=352740.

Hotărârea Guvernului Nr. 102 din 5 februarie 2013 cu privire la Strategia energetică a Republicii Moldova până în anul 2030, Monitorul Oficial Nr. 27-30 din 8 februarie 2013, Art. 146, http://lex.justice.md/md/346670.

Hotărârea Guvernului Nr. 833 din 10 noiembrie 2011 privind Aprobarea Programului Național pentru Eficiență Energetică 2011-2020, Monitorul Oficial Nr. 197-202 din 18 noiembrie 2011, Art. 914, http://lex.justice.md/index.php?action=view&view=doc&lang=1&id=340940.

Legea Nr. 160 din 12 iulie 2007 cu privire la Energia Regenerabilă, Monitorul Oficial Nr. 127-130 din 12 august 2007, Art. 550, http://lex.justice.md/md/324901.

Note

[1] A se vedea consumul de energie regenerabilă (% din consumul total final de energie) în Moldova la: https://data.worldbank.org/indicator/EG.FEC.RNEW.ZS?locations=MD; și producția de energie electrică regenerabilă (% din producția totală de energie electrică) în Moldova la: https://data.worldbank.org/indicator/EG.ELC.RNEW.ZS?locations=MD.

[2] În prezent nu există producție de autobuze (ecologice) în Moldova, deoarece nu există cerere pentru achiziționarea autobuzelor noi. Cu toate acestea, un proiect al Băncii Europene pentru Reconstrucție și Dezvoltare (BERD) la Chișinău (care a dus la realizarea unui proiect de asamblare licențiată a troleibuzelor din Belarus) a demonstrat că, crearea cererii prin programul TPE poate ajuta la inițierea producției interne în cooperare cu un producător mai mare sau cel puțin – ansamblare la nivel local.

[3] Datele de la 1 ianuarie 2018. A se consulta informația BNS privind populația rezidentă pe orașe și raioane la: http://statbank.statistica.md/PxWeb/pxweb/en/20%20Populatia%20si%20procesele%20demografice/20%20Populatia%20si%20procesele%20demografice__POP__POP010/POP010300reg.px/.

[4] Consiliul Internațional pentru Transportul Ecologic (https://theicct.org).

[5] Biroul Național de Statistică (https://statistica.gov.md).

[6] Având în vedere că majoritatea operatorilor de transport public ar cumpăra mai degrabă autovehicule uzate, prețul unui autobuz uzat a servit ca bază pentru calcul.

3 Analiza Economică a Programului Transport Public Ecologic

Acest capitol rezumă analiza economică realizată pentru a evalua viabilitatea programului propus cu privire la transportul public ecologic. Acesta începe cu o prezentare generală a tehnologiilor și combustibililor curați din sectorul transporturilor, precum și o revizuire specifică a pieței energiei din Moldova. Apoi descrie aspectele economice ale achiziționării și funcționării autobuzelor, inclusiv opțiunile pentru asamblarea la nivel local a troleibuzelor, ca alternative a importului acestora. În cele din urmă, evaluează sursele potențiale de finanțare guvernamentale disponibile pentru program.

La nivel global, sectorul transporturilor se bazează aproape în totalitate pe petrol, aproximativ 94% din combustibilii de transport fiind produse petroliere. Conform prognozelor, acestea vor domina transportul rutier cel puțin până în 2050 (deși amestecul de combustibil ar putea varia), chiar și în cel mai riguros scenariu de atenuare (Sims and Schaeffer, 2014[1]). De multe ori există un decalaj între momentul în care noile tehnologii apar pentru prima dată în țările OCDE și atunci când ajung în țările în curs de dezvoltare, care importă mai ales vehicule la mâna a doua. Poate dura cinci ani, sau mai mult, până când noile tehnologii ajung pe piețele vehiculelor second-hand într-o cantitate mai mare.

În acest context, a fost efectuată o analiză economică pentru a determina fezabilitatea Programului Transport Public Ecologic (TPE) și a potențialului său obiectiv și domeniu de aplicare. Acest capitol prezintă concluziile, care includ o evaluare a pieței tehnologiilor și combustibililor mai ecologici, precum și opțiunile pentru producția internă și importul de troleibuze, tarifele pentru transportul urban și cofinanțarea disponibilă pentru proiectele de investiții.

Pentru informații suplimentare, anexa A la prezentul raport, oferă o comparație detaliată a parametrilor cheie, precum și a avantajelor și dezavantajelor gazelor naturale comprimate (GNC)/gazului natural lichefiat (GNL), gazului petrolier lichefiat (GPL) și motorinei- ca și combustibili pentru transport, precum și electricitatea pentru alimentarea autobuzelor.

Prezentarea generală a tehnologiilor și carburanților ecologici în sectorul transportului cu autobuzul

Această secțiune oferă o prezentare generală a celor trei opțiuni de combustibili fosili mai ecologici, disponibili în Moldova:

- gaze naturale comprimate (GNC)
- gaz petrolier lichefiat (GPL)
- motorină Euro 5 combinată cu motoare Euro 6/VI.

De asemenea, electricitatea este descrisă ca furnizor de energie și poate fi produsă de combustibilii fosili mai ecologici sus menționați (gaze naturale) sau din resursele de energie regenerabilă (eoliană, solară, hidroenergetică).

Pentru o descriere detaliată a fiecărui tip de combustibil și a principalelor sale caracteristici, a avantajelor și a dezavantajelor comparative ale fiecărei tehnologii și a penetrării sale pe piață, a se vedea anexa A din acest raport. De exemplu, adoptarea GNC poate necesita, în unele orașe, infrastructură suplimentară.

Gaz natural comprimat (GNC)

GNC este utilizat de automobilele cu motoare tradiționale pe bază de benzină (motor cu ardere internă) care au fost modificate sau de vehiculele echipate din fabrică cu instalații GNC. Deși vehiculele pot utiliza gazul natural în formă de lichid (adică GNL) sau de gaz (adică GNC), majoritatea vehiculelor utilizează forma gazoasă. Pe lângă gazele fosile (GNC și GNL), vehiculele cu metan pot fi, de asemenea, alimentate cu biometan sau energie de metan (concept care transformă energia electrică în energie chimică folosind apă și dioxid de carbon), de asemenea, numită putere de gaz).

Arderea GNC produce mai puține gaze nedorite decât alți combustibili și este mai sigură în caz că se varsă, deoarece gazul natural este mai ușor decât aerul și se dispersează rapid atunci când este eliberat.

Eficiența energetică a conducerii, folosind GNC, este de obicei similară cu benzina sau motorina, dar cu o reducere de până la 25% a emisiilor de eșapament (CO_2/km) din cauza diferențelor în concentrație a carbonului. Analiza ciclului de viață a gazelor cu efect de seră (GES) sugerează reduceri nete mai mici, în intervalul 10-15%, pentru sistemele de gaze naturale. Acest lucru se datorează faptului că emisiile de metan sunt asociate în mare măsură cu scurgerile - adică scurgerea de metan ars în atmosferă - din producția de gaz natural și alimentarea vehiculelor cu GNC (în cantități mai mici, practic pe întregul lanț de aprovizionare, variind de la 0.2% la 10% (T&E, 2018[2]).

În cee ace privește mașinile, economiile de GES variază de la -7% la + 6% în funcție de motorină. În cazul vehiculelor de mare tonaj (VMT), intervalul este de la -2% la + 5%, în comparație cu camioanele diesel de cea mai bună clasă și în funcție de combustibil și tehnologia motorului. Prin urmare, vehiculele cu GNC au performanțe similare cu cele pe benzină și sunt doar puțin mai bune decât cele pe diesel (T&E, 2018[2]).

Pe de altă parte, vehiculele cu GNC necesită rezervoare mai mari decât cele convenționale pe benzină, iar costurile rezervoarelor de stocare a combustibilului reprezintă o barieră majoră pentru adaptare rapidă și pe scară largă a GNC ca și combustibil. Depozitarea mai mare poate fi realizată prin lichefierea gazelor naturale (GNL), care este folosită cu succes pentru transportul VMT de curse lungi și nave. Distanța medie indicativă între punctele de alimentare cu GNL pentru vehiculele de mare tonaj este de 400 km (T&E, 2018[2]).

Vehiculele cu GNC au fost introduse într-o mare varietate de activități comerciale, de la vehicule ușoare (<3.5 t) până la vehicule de greutate medie (<7.5 t) și chiar vehicule de mare tonaj (>7.5 t).

Gaz petrolier lichefiat (GPL)

Cunoscut și sub denumirea de propan-butan, GPL este un amestec inflamabil de gaze de hidrocarburi utilizate drept combustibil în aparate de încălzire, echipamente de gătit și vehicule. În unele țări, acesta a fost folosit din anii 1940 ca alternativă pentru benzină pentru motoarele cu aprindere prin scânteie.

GPL-ul are o densitate energetică mai mică pe litru decât benzina sau combustibilul, astfel încât consumul echivalent de carburant este mai mare de 10%. Multe guverne (inclusiv guvernul RM) stabilesc un impozit mai mic pe GPL decât pe benzină sau motorină, ceea ce contribuie la compensarea consumului mai mare de GPL.

GPL-ul arde mai curat decât benzina sau motorina - ceea ce provoacă o uzură mai mică a motoarelor - și este, în mod special, lipsit de particulele prezente în alți combustibili.

Motoare Euro Diesel V/VI

Motoarele diesel sunt una dintre cele mai comune alegeri dintre motoarele cu ardere internă, pentru autobuze și alte vehicule comerciale la nivel mondial. Deocamdată, autobuzele care circulă pe motorină și biodiesel – aduse pe piață în principal prin combinarea cu motorina convențională – constituie de departe cea mai mare parte a flotei de autobuze.

Un autobuz diesel urban standard produce mai puține emisii de carbon pe călător decât mașinile, prin urmare, se pot realiza emisii mai mici, prin încurajarea mai multor pasageri să călătorească cu transportul public (a se vedea anexa A). Începând cu anii 90, standardele de emisii euro - care definesc limitele acceptabile ale oxizilor de azot (NO_x), hidrocarburilor totale (HCT), hidrocarburilor netanane (HCN), monoxidului de carbon (CO) și particulelor mici (PM) - au redus considerabil emisiile poluante ale vehiculelor noi vândute în Uniunea Europeană (UE) și în statele membre ale Spațiului Economic European (SEE).

Marea majoritate a flotei de microbuze din Moldova este alcătuită din vehicule diesel comerciale ușoare și și greutate mijlocie. După cum se poate deduce din Figura 3.1, la aceste tipuri de vehicule, cele mai mari reduceri, în termeni absoluți, au fost obținute în emisiile de CO (un vehicul Euro 6 emite 6.2 grame pe kilometru, mai puțin decât un vehicul Euro 1), pe când, în termeni relativi, cea mai mare îmbunătățire poate fi observată în emisiile de PM (reducerea cu 98%).

Figura 3.1. Impactul standardelor Euro asupra poluării aerului provenite de la vehiculele diesel comerciale ușoare

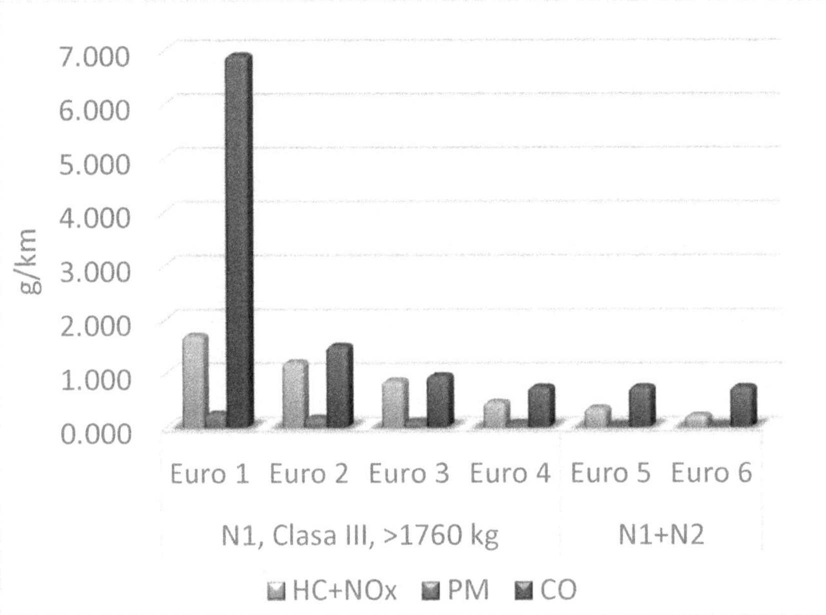

Notă: N1: vehicul comercial care nu depășește 3.5t (camionul ușor); N2: vehicul comercial care depășește 3.5t, dar nu 12t (camion).
Sursa: DieselNet (www.dieselnet.com).

Pe de altă parte, trecerea de la motoarele Euro V la motoarele Euro VI pentru vehiculele de mare tonaj, va necesita investiții considerabile din partea producătorilor și agențiilor de transport public și va implica o cheltuială majoră pentru producătorii de autobuze. Asemănător vehiculelor ușoare prezentate în Figura 3.1, trecerea la motoarele Euro VI va avea, de asemenea, un impact semnificativ asupra mediului, sub formă de emisii reduse a particulelor evacuate de motor (în special, comparativ cu categoriile Euro I-IV).

Utilizarea amestecurilor de biocombustibili (cum ar fi etanolul, pentru motoarele cu ardere internă și biodiesel pentru motoarele cu aprindere prin scânteie) cu combustibili obișnuiți (de exemplu benzină și motorină), oferă un potențial mare pentru reducerile suplimentare de emisii CO_2, datorită concentrației lor mai scăzute de carbon (CO_2/megajoule); cu toate acestea, evaluarea impactului asupra GES este destul de complexă.

Totuși, sprijinul pentru vehiculele pe bază de motorină, necesită consolidarea măsurilor de reglementare pentru a asigura impactul negativ asupra mediului înconjurător al acestor vehicule.

Energie electrică

Datorită limitelor curente ale capacității bateriei și a distanței de parcurs (în general, 100-200 de kilometri pentru o mașină mica și medie), vehiculele electrice sunt în prezent cele mai potrivite pentru utilizare în transportul urban și suburban. Un autobuz urban poate avea o autonomie de 200 de kilometri cu bateriile încărcate, însă electrificarea completă a bateriilor vehiculelor grele și a flotei de autocare și autobuze de curse lungi, nu este probabil o opțiune realistă pentru viitorul apropiat. Pe de altă parte, în prezent, pentru reducerea emisiilor, troleibuzele sunt o alternativă mai viabilă față de un vehicul alimentat electric.

În plus, troleibuzele pot fi conduce „autonom" pe unele porțiuni ale rutei lor, stocând electricitate în baterii suplimentare. Aceasta se aplică în prezent pe două rute din Chișinău, inclusiv din centrul orașului până la aeroport (Vlas, 2017[3]).

Principalele variabile economice în transportul public din Moldova

Piața energiei în Republica Moldova

Această secțiune examinează succint modelele de furnizare și consum de energie în Moldova și evaluează implicațiile acestora în cadrul Programului TPE. Îngrijorările cu privire la schimbările climatice din Moldova, sunt legate în special de securitatea energetică. De fapt, Moldova importă aproximativ 96% din necesarul său de energie.[1] Moldova a produs 5 000 de tone de produse petroliere în 2017, ceea ce a fost suficient pentru a acoperi doar 0.5% din consumul intern brut al acestor produse (NBS, 2018[4]).

Moldova obține, în principal, petrolul rafinat din România (73%), iar ceilalți furnizori principali fiind: Federația Rusă (16%), Bulgaria (4.2%) și Belarus (3.7%). Aceasta importă tot gazul său natural, principalii furnizori fiind Federația Rusă (54%), România (37%) și Kazahstan (6.3%), și mai puțin din Belarus și Bulgaria (Simoes, A. and Hidalgo, C., 2011[5]).

Tabelul 3.1 și Tabelul 3.2 prezintă stocurile, intrările și consumul de produse petroliere și respectiv gaz natural, în Moldova.

Tabelul 3.1. Stocuri, intrări și consumul de produse petroliere în Moldova, 2015-2017

	2015	2016	2017*
		Tone	
Producție	12 396	15 232	13 972
Import	797 730	902 785	871 288
Variația stocurilor	8 587	-718	-8 166
Export	18 518	15 176	31 085
Consumul intern brut	783 020	903 559	862 342
Rafinării	6 189	8 357	17 806
Consumul final	776 831	895 202	844 536

Notă: *11 luni.
Sursa: Biroul Național de Statistică (https://statistica.gov.md/).

Tabelul 3.2. Stocuri, intrări și consumul de gaze natural în Moldova Moldova, 2015-2017

	2015	2016	2017*
		Mii de m^3	
Producție	0	-	-
Import	1 008 519	1 020 660	881 195
Variația stocurilor	-1 025	1 569	73
Export	-	-	-
Consumul intern brut	1 009 545	1 019 091	881 122

Notă: *11 luni.
Sursa: Biroul Național de Statistică https://statistica.gov.md/).

Tabelul 3.3 prezintă prețurile de vânzare cu amănuntul pentru diverși combustibili în Moldova. Prețurile gazelor naturale pentru utilizatorul final, sunt reglementate de autoritatea națională – Agenția Națională pentru Reglementare în Energetică a Republicii Moldova (ANRE). Prețurile de vânzare cu amănuntul al

GNC sunt cu 40-45% mai mici decât în Bulgaria și țara vecină- România, în timp ce prețurile GPL sunt mai apropiate de intervalul 90-110% (la mijlocul anului 2017).[2]

Tabelul 3.3. Prețurile cu amănuntul la carburanți în Moldova, 2017*

Nr.		Unitate	Prețul cu amănuntul, MDL (EUR)
1	Prețul maxim pentru motorină Euro 5, conform ANRE	Litru	16.51 (~0.80)
2	Prețul maxim pentru benzină 95, conform ANRE	Litru	18.47 (~0.90)
3	Motorină Euro 6 diesel (presupunere)	Litru	16.51 (~0.80)
4	GPL	Litru	10.60 (~0.50)
5	GNC	Kg	8.90 (~0.43)
6	Energie electrică	Kwh	2 (~0.14)

Notă: *Iulie 2017.
Sursa: ANRE (www.anre.md), Lukoil-Moldova (www.lukoil.md), Bemol (https://bemol.md).

Asamblarea la nivel local a troleibuzelor

Datorită gradului ridicat de uzură, Programul TPE intenționează să sprijine achiziționarea vehiculelor noi (autobuze/microbuze și troleibuze), mai degrabă decât modernizarea vehiculelor existente în flota de transport public. Programele susținute de BERD la Chișinău și Bălți au arătat că, o eventuală cerere din partea unui finanțator public poate încuraja lansarea producției interne în cooperare cu un producător mai mare (sau cel puțin o asamblare locală), deoarece acest lucru reprezintă un avantaj distinct al costurilor de achiziție față de cel al importului de autobuze.

Până nu demult, Moldova nu avea o industrie a automobilelor și nu producea autobuze. Totuși, în prezent, în orașul Chișinău se asamblează troleibuze, la întreprinderea municipală Regia Transport Electric Chișinău (RTEC). Planul din 2018 presupunea asamblarea a 20 de troleibuze noi, inclusiv cinci autobuze cu un sistem de propulsie autonom (cu baterie).[3]

Capacitatea de asamblare a troleibuzelor a apărut ca urmare a unui acord în 2010 cu BERD, privind sprijinirea reînnoirea flotei de troleibuze din Chișinău. La final, proiectul a fost susținut și de Banca Europeană de Investiții (BEI) și de Fondul de Investiții pentru Vecinătate al Uniunii Europene (UE).[4] Costul total a fost estimat la 13 milioane EUR, dintre care 5 milioane EUR urmau să fie finanțate de BERD, 5 milioane EUR de BEI și 3 milioane EUR de FIV sub formă de grant (proiectul transport public Chișinău).

Licitația publică a fost câștigată de compania belarusă Belcommunmash, care în 2010, a livrat 102 troleibuze cu podea joasă, model AKSM-321, împreună cu stații de întreținere și echipamentul necesar. În 2012, ca proiect de continuare, orașul Chișinău a sprijinit asamblarea troleibuzelor AKSM-321 achiziționate de la Belcommunmash pentru Chișinău, la întreprinderea municipală RTEC.[5] Piesele și componentele pentru asamblare au fost scutite de accize și taxe vamale. Scopul acestui proiect a fost eliminarea treptată a tuturor troleibuzelor amortizate (mai vechi de 15 ani) până în 2020. Cu toate acestea, nu a fost asigurată o finanțare suficientă pentru a realizarea acestui lucru.

Proiectul a creat mai mult de 20 de locuri de muncă și a contribuit la reducerea prețului troleibuzelor. Costurile raportate ale unui troleibuz asamblat la Chișinău sunt de aproximativ 135 000 EUR, reprezentând economii de 10 000 EUR per troleibuz în comparație cu prețul de cumpărare a acestuia, deja asamblat în Belarus. Între 2012 și 2016, 88 de troleibuze noi au fost asamblate și puse în funcțiune. Împreună cu cele 102 vehicule livrate ca parte a proiectului anterior, în 2010, au fost furnizate 190 de troleibuze cu podea joasă, în perioada 2010 și 2016.

Întreprinderea municipală RTEC a subliniat următoarele beneficii ale proiectului de înlocuire a troleibuzelor:

- timpul mediu redus de călătorie, datorită utilizării troleibuzelor cu podea joasă, ceea ce reduce timpul de îmbarcare a pasagerilor
- grad mai înalt de confort (design modern, acces pentru pasagerii cu dizabilități)
- venituri medii mai mari (cu 12% mai mari pentru AKSM-321) comparativ cu celelalte modele utilizate
- timp redus pentru reparații tehnice (comparativ cu anul 2010 decțiunile s-au redus de 10 ori)
- cheltuieli de întreținere reduse
- consumul de energie electrică redus (20-30% mai mic față de modelele vechi).[6]

După reînnoirea întregii flote de troleibuze din Chişinău, se planifică furnizarea troleibuzelor asamblate, către localităţi precum, Tighina, Tiraspol și Bălți, iar apoi spre export.

Prețuri și tarife la autobuze pe piața internă

În afară de troleibuzele asamblate în Moldova, sub licență, țara nu produce vehicule private sau comerciale. Prin urmare, operatorii de transport public din Moldova trebuie să achiziționeze vehicule, noi sau uzate, la prețuri de nivel global. Tabelul 3.4 prezintă prețurile autobuzelor achiziționate de Republica Moldova în ultimii ani.

Tabelul 3 4. Prețul actual de achiziție a autobuzelor, 2010-2018

#	Oraș	Anul achiziției	Model de autobuz	Tara de origine	Tipul motorului (diesel, CNG, LPG)	Preț pe unitate, mii EUR	Unități achiz.	Note
1	Chişinău	2010-2011; 2012-2016	AKSM-321	Belarus	Electric	135–150	10	102 (achiziționate); 88 (asamblate)
2	Chişinău	2017	nu se cunoaște	China	Electric	200 (est.)	4	Achiziții publice
3	Bălți	2014	Troleibuz	-	Electric	200	23	Achiziții publice
4	Bălți	Diferiți	20-locuri	Diferite	Diesel	15	1-2	Achiziționat direct de un operator privat (nu e achiziție publică); autobuz interurban. Autobuze vechi achiziționate (10–15 ani vechime)
5	Cahul	Diferiți	Mercedes, 20 locuri; Etalon, 21 locuri; PAZ, 28 locuri	Diferite	Diesel	6–11	3	Achiziții publice; uzate (cel puțin 5 ani vechime)
6	Chişinău	Diferiți	Mercedes Sprinter (mini)	Diferite	Diesel	8.5	1-2, după caz	Achiziționat direct de un operator privat (nu e achiziție publică); uzat, tipic 5–10 ani vechime
7	Chişinău	Diferiți	Mercedes, sprinter (mini)	Diferite	Diesel	15–18	1–2, după caz	Achiziționat direct de un operator privat (nu e achiziție publică); uzat, tipic 7–9 ani vechime
8	Chişinău	Diferiți	MAN LS 233 E3, 26 locuri, 206 kwt;	Ungaria, Germania , Rusia,	Diesel	250	După caz	Achiziții publice
			MAZ 230069 E5, 28 locuri, 210 kwt	Belarus		165		
9	Chişinău	Diferiți	MAZ 230069 E5, 28 locuri, 210 kwt	Belarus	Diesel	165	După caz	Achiziționat direct de un operator privat (nu e achiziție publică); uzat, 5–10 ani vechime
10	Edineț	Diferiți	Mercedes 412, 18 locuri, 412 kwt	Germania	Diesel	8–12	După caz	Achiziții publice, tipic 5–10 ani vechime

Sursă: Date colectate de OCDE de la transportatorii individuali.

Ca parte a proiectului Programului TPE, prețurile medii și de referință pentru autobuzele noi și folosite au fost definite pe baza datelor de piață din achizițiile reale în Moldova (Tabelul 3.4), precum și a prețurilor de referință.

În proiectarea programului TPE au fost asumate următoarele prețuri unitare:

- troleibuz (asamblat intern): 135 000 EUR/ 2.8 mln. MDL
- troleibuz nou (cu capacitate „autonomă"), preț de referință (importat): 255 000 EUR/ 5.2 mln. MDL[7]
- autobuz nou cu GNC, preț de referință (importat): 255 000 EUR/ 5.2 mln. MDL
- autobuz nou GPL, preț de referință (importat): 232 000 EUR/ 4.73 mln. MDL
- autobuz de tip nou cu motorină Euro VI, preț de referință (importat): 222 000 EUR/ 4.52 mln. MDL
- microbuz nou Euro 6, preț de referință (importat): 99 000 EUR/ 2.02 mln. MDL
- microbuz nou cu GPL, preț de referință (importat): 99 000 EUR/ 2.02 mln. MDL.

Programul TPE nu va include microbuzele uzate.

Tarifele pentru pasageri (aparte sau în combinație cu o subvenție operațională) ar trebui stabilite la un nivel care să asigure rentabilitatea operatorilor privați de autobuze (deoarece acestea nu sunt subvenționate, spre deosebire de operatorii municipali). În prezent, un singur bilet de călătorie este la prețul de 0.11 USD în ambele orașe pilot, adesea combinat cu alte reduceri (vezi listele de mai jos). Ultimele ajustări tarifare au avut loc în 2009 la Chișinău (pentru operatorii privați înca în 2007) și în 2013 la Bălți.

Următoarele tarife pentru călătoriile unice, se aplică în orașele pilot și pot fi utilizate pentru estimarea programelor cu privire la tariff, în alte orașe (cifre din 2018):

Chişinău - în baza Deciziei Consiliului Municipal nr. 8/8 din 15 septembrie 2009:[8]

- troleibuz standard: 2 MDL (0.11 USD)
- autobuz diesel standard: 3 MDL (0.16 USD)
- abonament lunar: 180 MDL (9.73 USD)
- abonament lunar cu preț redus (ex.: pentru studenți): 70 MDL (3.78 USD)
- abonament lunar cu preț redus (ex.: familii social-vulnerabile): 50 MDL (2.7 USD)
- microbuz: 3 MDL (0.16 USD)
- diverse scutiri (veterani ai celui de-al doilea război mondial și a conflictului transnistrean, pensionari, polițiști, membri ai consiliului municipal): gratuit.

Bălți – în baza Deciziei Consiliului Municipal nr. 2/4 din 28 martie 2013:

- troleibuz standard: 2 MDL (0.11 USD)
- autobuz diesel standard: 3 MDL (0.16 USD)
- abonament lunar pentru (ex. studenți): 100 MDL (5.4 USD)
- abonament lunar cu preț redus (ex.: familii vulnerabile): 70 MDL (3.78 USD)
- microbuz: 3 MDL (0.16 USD)
- diverse scutiri (veterani ai celui de-al doilea război mondial și a conflictului transnistrean, pensionari, polițiști, membri ai consiliului municipal): gratis.

Ce cofinanțare este disponibilă pentru proiectele de investiții?

Programele de investiții pe scară largă în domeniul transportului public în Moldova, au fost finanțate de instituțiile financiare internaționale (IFI), donatori, bani publici și investițiile private. Această secțiune analizează unele dintre potențialele surse de finanțare ale programului TPE.

Fondul rutier

Prin Legea Nr. 720 din 2 februarie 1996 a fost constituit Fondul rutier, în scopul finanțării activităților din domeniul drumurilor, inclusiv întreținerea și repararea drumurilor publice din Republica Moldova. Deși Fondul rutier **nu poate fi utilizat pentru a înlocui flotele de vehicule**, acesta poate fi utilizat pentru a crește siguranța rutieră și a traficului. Aceasta poate include măsuri de însoțire, cum ar fi benzile dedicate autobuzelor.

Fondul rutier are o destinație specială pentru reparația și întreținerea drumurilor publice naționale și locale incluse în „Listele drumurilor publice naționale și locale", aprobate prin Hotărârea Guvernului Nr. 1468 din 30 decembrie 2016. Modificările aprobate prin Legea Nr. 24 din 4 martie 2016 au permis transferul mijloacelor financiare de 50% din taxa pentru folosirea drumurilor (achitată de către deținătorii autovehiculelor înmatriculate în Republica Moldova), pentru reparația drumurilor.

Aceste fonduri pot fi utilizate de administrațiile publice locale (în funcție de numărul de locuitori din unitatea administrativ-teritorială respectivă) pentru a menține și repara drumurile și străzile publice pe care le administrează (se aplică la ambele niveluri ale administrațiilor publice: locale și raionale).

Conform Legii bugetului de stat pentru anul 2016, nr. 154 din 1 iulie 2016, cu modificările și completările ulterioare, volumul Fondului rutier a fost stabilit de 1 000 milioane MDL (54.1 milioane USD). Conform prevederilor Strategiei Transport și Logistică pentru anii 2013-2022, aprobată prin Hotărârea Guvernului nr. 827 din 28 decembrie 2013, volumul Fondului rutier în 2016 a fost planificat să fie de 1 650 milioane MDL (89.2 milioane USD) (GoM, 2013[6]). De fapt, în cursul anului 2016, fondul rutier a fost stability de 1 837 milioane MDL (99.4 milioane USD). În 2018, însă, fondul rutier a fost planificat la 972 milioane MDL (52.5 milioane USD) (GoM, 2018[7]).

Conform Legii cu privire la fondul rutier, sursele de venituri ale Fondului Rutier sunt următoarele:

- accize la benzină și motorină (cel puțin 80% din total)
- taxă rutieră pentru vehiculele neînmatriculate în Moldova
- taxă rutieră percepută de proprietarii de vehicule înmatriculate în Moldova
- taxe pentru importul de mașini vechi (mai vechi de 10 ani)
- comisioane pentru utilizarea gazelor naturale ca și combustibil pentru mașini
- taxe pentru eliberarea autorizațiilor pentru transport internațional
- amenzi pentru încălcări ale transportului de călători, prejudicii aduse drumurilor etc.

Fondul Ecologic Național

Raportul auditului de mediu privind calitatea aerului în Republica Moldova subliniază faptul că în perioada 2014–2016 (Tabelul 3.5) **nu au fost alocate mijloace financiare** pentru proiectele care abordează probleme de poluare a mediului, deși Fondul Ecologic Național a încasat peste 786.1 mln. MDL (42.5 milioane USD) în aceeași perioadă (GoM, 2018[8]).

Pentru anul 2018, fondul a aprobat proiecte în valoare totală de 382.8 milioane MDL (20.69 milioane USD), în mare parte în domeniile aprovizionării cu apă și canalizare, gestionării deșeurilor și protecției mediului și a biodiversității.[9]

Tabelul 3.5. Veniturile Fondului Ecologic Național, 2014-2016
(milioane MDL)

	2014	2015	2016	Total
Venituri totale, dintre care:	250.8	233.8	301.5	786.1
- plata pentru poluarea aerului din surse mobile (1%)*	32.5	25.2	15.4	73.1
- plata pentru poluarea mediului*	-	-	241.6	241.6
- transferuri de 30% din amenzile pentru poluara mediului	2.8	3.6	-	6.4
- plăți pentru importul de mărfuri (inclusiv automobile)	215.5	205.0	-	420.5
- finanțări de la bugetul de stat	-	-	43.2	43.2
- alte plăți pentru poluarea mediului	-	-	1.3	1.3

Notă: * Taxele pentru poluarea aerului din surse mobile sunt calculate ca procent din combustibilul vândut, în timp ce taxele de poluare a mediului (staționare) se bazează pe emisiile reale.
Sursa: (GoM, 2018[8]), Raportul Auditului de Mediu privind Calitatea Aerului în Republica Moldova, http://lex.justice.md/UserFiles/File/2018/mo18-26md/raport_65.doc, bazat pe informații furnizate de Ministerul Mediului al Republicii Moldova.

Fondul Național pentru Dezvoltare Regională

Fondul Național pentru Dezvoltare Regională (FNDR) constituie sursa principală de finanțare pentru Agențiile de Dezvoltare Regională (ADR) în implementarea proiectelor legate de promovarea dezvoltării regionale. Conform legii, FNDR are o linie desemnată în bugetul de stat pentru finanțarea sa (1% din veniturile bugetului).

Operațiunile financiare pentru proiectele de investiții sunt administrate de ADR-uri prin intermediul unităților teritoriale ale trezoreriei; ADR-urile au rolul de secretariate pentru Consiliile Regionale pentru Dezvoltare (CRD), care sunt, ele însele, organe consultative privind politica de dezvoltare regională. Toate proiectele aprobate sunt incluse într-un program unificat (generic) actualizat anual. Proiectele de infrastructură rutieră nu includ modernizarea parcului auto (Tabelul 3.6). Prin urmare, nici acest fond nu poate fi utilizat pentru a finanța proiecte similare.

Tabelul 3.6. Cheltuielile Fondului Național pentru Dezvoltare Regională pe sectoare, 2013-2015

Nr.	Sector	2013		2014		2015	
		mln MDL	%	mln MDL	%	mln MDL	%
1	Infrastructură rutieră	99.92	54.2	121.79	64.6	102.4	69.7
2	Aprovizionarea cu apă și canalizare	40.15	21.8	17.2	9.0	17.9	12.2
3	Îmbunătățiri de mediu	19.13	10.4	2.4	1.3	0	0.0
4	Turism	22.38	12.0	22.74	12.1	9.0	6.1
5	Suport pentru afaceri	2.92	1.6	24.43	13.0	17.6	12.0
6	Total	184.5	100.0	188.38	100.0	146.9	100.0

Notă: *Acestea includ în principal poluarea aerului, gestionarea deșeurilor solide și măsuri de conservare a naturii
Sursa : (MRDC, 2016[9]), Raportul asupra Implementării Strategiei Naționale pentru Dezvoltare Regională pentru 2013-2015: http://madrm.gov.md/sites/default/files/Raport%20privind%20implementarea%20SNDR%20pentru%20anii%202013-2015.pdf.

Instituții financiare internaționale

După cum s-a menționat anterior, Banca Europeană pentru Reconstrucție și Dezvoltare (BERD) a fost implicată în finanțarea sectorului transportului public din Moldova prin următoarele proiecte:[10]

- **Direcția de troleibuze Bălți** (2013-2015): Parteneriat de Twinning în transport și Proiectul de modernizare a transportului public în Bălți. Aceste proiecte au implicat achiziționarea a 23 de troleibuze noi, folosind un împrumut de 3 milioane EUR de la BERD către companie, sub garanție municipală și un grant de 1.6 milioane EUR de la Fondul de Investiții pentru Vecinătate al UE (FIV).

Proiectele au implicat, de asemenea, susținerea companiei pentru pregătirea unui plan de dezvoltare corporativă și finalizarea unui contract de servicii publice între oraș și companie. Nu au fost utilizate fonduri de la bugetul de stat pentru finanțarea acestor proiecte.[11]

- **Municipiul Chișinău** (2010-2013): Proiectul Transport Public Chișinău. Acest proiect a presupus achiziționarea a până la 102 troleibuze noi (90 au fost livrate) folosind un împrumut de 5 milioane EUR de la BERD, sub garanție municipală. Investiția a fost cofinanțată printr-un credit de 5 milioane EUR de la Banca Europeană de Investiții (BEI) și un grant de 3 milioane EUR de la FIV-ul UE. Proiectul a implicat și pregătirea unui contract de servicii publice între oraș și companie. Nu au fost utilizate fonduri de la bugetul de stat pentru finanțarea acestor proiecte (TTK and Metroul, 2016[10]).[12]

Alte tipuri de finanțare

Alte tipuri de finanțare care ar trebui luate în considerare sunt:

- **Băncile locale**: băncile locale pot acorda împrumuturi ca parte a mixului de finanțare. Mai mult, aceste bănci pot gestiona ciclul proiectului ca unitate de implementare.
- **Garanții de împrumut**: Ministerul Finanțelor poate oferi garanții de împrumut întreprinderilor de transport public (OTP) private și municipale, iar municipalitățile pot oferi garanții de împrumut OTP-urilor private.
- **Subvenții pentru rata dobânzii**: banii publici pot fi folosiți pentru a acoperi diferența dintre rata dobânzii, pe care o bancă comercială ar trebui să o perceapă pentru a fi implicată într-un proiect dat și rata dobânzii pe care debitorul are capacitatea de a o plăti.

Concluzii pentru Programul TPE

Având în vedere că majoritatea autobuzelor - cu excepția noilor troleibuze achiziționate în cadrul proiectelor BERD la Chișinău și Bălți - sunt vechi și alimentate cu motorină, este justificat un program de sprijin destinat înlocuirii flotei transportului public învechit. Programul TPE s-ar putea baza pe proiectele anterioare din acest sector și, prin abordarea sa de programare, ar putea facilita îmbinarea finanțării publice cu cea privată. Întrucât Chișinăul și Bălți au deja experiență în ceea ce privește înlocuirea flotei de troleibuze în cadrul proiectelor cofinanțate de BERD, înlocuirea acestora cu noi modele ar trebui să continue.

În afară de întreprinderea municipală din Chișinău, care montează troleibuze belaruse, nu există altă producție internă de autobuze. Totuși, asamblarea acestora reprezintă un avantaj al costurilor de achiziție distincte față de importul autobuzelor gata asamblate. Prețurile de referință ale vehiculelor noi, precum și avantajele socio-economice legate de asamblarea vehiculelor în Moldova, oferă un argument pentru producția internă (asamblarea) vehiculelor de transport public ca opțiune preferată față de importarea acestora. Cu toate acestea, capacitatea Moldovei de asamblare a troleibuzelor trebuie extinsă.

Analiza de piață a analizat diverse opțiuni de înlocuire a flotei transportului public. Aceasta demonstrează că autobuzele cu motoare diesel, GNC sau GPL moderne sunt un înlocuitor adecvat pentru modelele diesel demodate și complet depreciate, care funcționează în prezent în Moldova. Noile modele de autobuze diesel, GNC sau GPL au costuri de exploatare mai mici decât modelele vechi cu motorină, din cauza costurilor de întreținere mai mici și a prețurilor la combustibil.

În cazul în care GNC și GPL nu sunt disponibile, combustibilii diesel îmbunătățiți, precum Euro 5 și 6, oferă alternative viabile. Cu toate acestea, Moldova trebuie să introducă standarde europene pentru combustibilii diesel. În prezent, singura cerință este ca autobuzele și camioanele noi să fie conforme cu Euro 0 sau Euro I până în 2020. De asemenea, este important să subliniem faptul că autobuzele diesel au nevoie de echipamente speciale pentru a asigura reducerea emisiilor. Echipamentul respectiv crește costurile de operare, determinând unii operatori să îl demonteze. Această practică trebuie descurajată și evitată.

Deoarece Moldova nu are rezerve de gaze naturale, utilizarea energiei electrice în transportul urban, ar trebui luată în considerare alături de utilizarea autobuzelor mai ecologice (curate).

Având în vedere costurile de achiziție ale autobuzelor pe bază de GNC și GPL, care sunt mai mari decât cele ale autobuzelor noi cu motor diesel, programul ar trebui să ofere suficientă asistență pentru ca proiectul să devină profitabil. Aceasta este definită ca punctul în care valoarea actuală netă (VAN) a investiției este egală cu zero, din punctul de vedere al entității investitoare. Această abordare oferă o oportunitate de asistență directă furnizorului de servicii (de exemplu, sub formă de grant) împreună cu un împrumut, de exemplu de la BERD sau de la o bancă/bănci locale.

Analiza a relevat, de asemenea, că în Moldova există mecanisme de finanțare publică care ar putea fi utilizate pentru finanțarea Programului TPE. În trecut, IFI-urile și donatorii au jucat roluri cheie în modernizarea flotei transportului public în Moldova. Finanțarea din bugetul de stat, fie direct din buget sau din fonduri speciale - cum ar fi Fondul Ecologic Național - nu a fost utilizată. Garanțiile municipale au fost acordate operatorilor de transport public pentru a-și asigura bonitatea.

Dacă sursele de finanțare interne revizuite - cum ar fi Fondul Ecologic Național, Fondul Național de Dezvoltare Regională și Fondul Rutier - nu pot fi utilizate direct pentru a acorda subvenții de achiziție (granturi) pentru vehicule noi de transport public, ar putea, probabil, să finanțeze măsurile necesare de însoțire (de exemplu, infrastructura și asistență tehnică).

Referințe

GoM (2018), *Environmental Audit Report on Air Quality in the Republic of Moldova*, Government of Moldova, Chisinau, http://lex.justice.md/UserFiles/File/2018/mo18-26md/raport_65.doc. [8]

GoM (2018), *Programme of Means Allocation of the Road Fund for National Public Roads in 2018 and the Programme for the Regular Repair of National Public Roads (within Localities), Local, Communal Roads and Streets*, Government of Moldova, Chisinau, https://gov.md/sites/default/files/document/attachments/intr18_120.pdf. [7]

GoM (2013), *Transport and Logistics Strategy 2013-2022*, Government of Moldova, Chisinau, http://www.serviciilocale.md/public/files/drumuri/STL_2013-2022_eng.doc. [6]

MRDC (2016), *Report on the Implementation of the National Strategy for Regional Development for 2013-2015*, Ministry of Regional Development and Construction of Moldova, Chisinau, http://madrm.gov.md/sites/default/files/Raport%20privind%20implementarea%20SNDR%20pentru%20anii%202013-2015.pdf. [9]

NBS (2018), *Statistical Yearbook of the Republic of Moldova*, National Bureaus of Statistics of Moldova, Chisinau, http://statistica.gov.md/public/files/publicatii_electronice/Anuar_Statistic/2018/Anuar_statistic_2018.pdf. [4]

Simoes, A. and Hidalgo, C. (2011), *The economic complexity observatory: An analytical tool for understanding the dynamics of economic development*, Scalable Integration of Analytics and Visualization: Papers from the 2011 AAAI Workshop (WS-11-17), Association for the Advancement of Artificial Intelligence, Cambridge, MA, https://pdfs.semanticscholar.org/7733/68ce1faa36d9ac833b3c3412d136033b91c1.pdf. [5]

Sims and Schaeffer (2014), ""Transport" In: IPCC, 2014:", *Climate Change 2014: Mitigation of Climate Change. Contribution of Working Group III to the Fifth Assessment Report of the Intergovernmental Panel on Climate Change* [Edenhofer, O. et al. (eds.)], Cambridge and New York, pp. 599-670, http://www.ipcc.ch/site/assets/uploads/2018/02/ipcc_wg3_ar5_chapter8.pdf. [1]

T&E (2018), *CNG and LNG for vehicles and ships – the facts*, European Federation for Transport and Environment, Brussels, http://www.transportenvironment.org/sites/te/files/publications/2018_10_TE_CNG_and_LNG_for_vehicles_and_ships_the_facts_EN.pdf. [2]

TTK and Metroul (2016), *Chisinau Public Transport Project, Regulatory and Regulatory Consultancy Programme for Restructuring of Public Transport, Chisinau Municipality Transport Strategy*, Transport Technologie Consult Karslruhe GmbH and Metroul S.A., Karslruhe and Bucharest, http://www.chisinau.md/public/files/anul_2014/strategii/strategie_transport_chisinau_2014.pdf. [10]

Vlas, C. (2017), "New (wireless) trolleybus route from Chisinau Centre to Chisinau International Airport for only 2 lei" news portal Moldova.org, 29 June, http://www.moldova.org/en/new-wireless-trolleybus-route-chisinau-centre-chisinau-international-airport-2-lei (accessed 18 July 2017). [3]

Legi și reglementări

(Listate conform celei mai recente date de adoptare – toate sunt în limba română/rusă)

Hotărârea Guvernului Nr. 225 din 12 martie 2018 pentru aprobarea Programului privind repartizarea mijloacelor fondului rutier pentru drumurile publice naționale pe anul 2018 și a Programului de reparație periodică a drumurilor publice naționale (în limitele localităților), locale, comunale și a străzilor, Monitorul Oficial Nr. 84-93 din 16 martie 2018, art. 253, http://lex.justice.md/index.php?action=view&view=doc&lang=1&id=374689.

Curtea de conturi, Hotărâre Nr. 65 din 30 noiembrie 2017 privind Raportul auditului de mediu privind calitatea aerului în Republica Moldova, Monitorul Oficial Nr. 18-26 din 19 ianuarie 2018, art. 4, http://lex.justice.md/index.php?action=view&view=doc&lang=1&id=373833.

Hotărârea Guvernului Nr. 1468 din 30 decembrie 2016 privind aprobarea listelor drumurilor publice naţionale şi locale din Republica Moldova, Monitorul Oficial Nr. 60-66 din 24 februarie 2017, art. 133, http://lex.justice.md/md/369028.

Legea bugetului de stat pentru 2016 Nr. 154 din 1 iulie 2016, Monitorul Oficial Nr. 230-231, din 26 iulie 2016, art. 486, http://lex.justice.md/md/365958.

Legea Nr. 24 din 4 martie 2016 pentru modificarea şi completarea unor acte legislative, Monitorul Oficial Nr. 100-105 din 15 aprilie 2016, art. 192, http://lex.justice.md/md/364216.

Hotărârea Guvernului Nr. 827 din 28 octombrie 2013 cu privire la aprobarea Strategiei de transport şi logistică pe anii 2013-2022, Monitorul Oficial Nr.243-247 din 1 noiembrie 2013, art. 933, http://lex.justice.md/index.php?action=view&view=doc&lang=1&id=350111.

Decizia Consiliului Municipal Bălți Nr. 2/4 din 28 martie 2013 cu privire la aprobarea tarifelor de călătorie în transportul municipal de pasageri, http://balti.md/wp-content/uploads/2017/12/decizia-2.4-tarife-md.pdf.

Decizia Consiliului Municipal Chișinău nr. 8/8 din 15 septembrie 2009 privind Stabilirea tarifelor transportului public în cadrul municipiului Chișinău, https://chisinau.md/download.php?file=cHVibGljL3B1YmxpY2F0aW9ucy85OTk0MDhfbWRfOF9fXzgucGRm.

Legea Nr. 720 din 2 februarie 1996 privind Fondul Rutier, Monitorul Oficial Nr. 247-251 din 17 decembrie 2010, Art. 753, http://lex.justice.md/md/336995.

Note

[1] Mixul energetic al Moldovei este dominat de gaze naturale importate - furnizate integral de Gazpromul din Federația Rusă și, eventual, de OMV Petrol din România.

[2] Pentru stabilirea prețurilor de vânzare cu amănuntul la GNC, consultați: http://cngeurope.com; pentru stabilirea prețurilor de vânzare cu amănuntul la GPL, consultați: www.mylpg.eu.

[3] Pentru planul de producție al municipiului Chișinău pentru 2018, a se vedea: www.chisinau.md/libview.php?l=ro&idc=403&id=20915&t=/Presa/Comunicate-de-presa/Asamblarea-troleibuzelor-la-Chisinau-in-anul-2018/%20.

[4] Banca Europeană de Investiții (www.eib.org), Fondul de Investiții pentru Vecinătate (https://ec.europa.eu/neighbourhood-enlargement/neighbourhood/neighbourhood-wide/neighbourhood-investment-platform_en).

[5] A se vedea Proiectul „Renovarea transportului electric de pasageri în Republica Moldova": www.rtec.md/116-proiect-transport-public-chiinu.html.

[6] Regia Transport Electric Chișinău (http://rtec.md).

[7] Troleibuzele autonome care deservesc aeroportul din centrul orașului au fost importate din China și au inclus un ansamblu de baterii.

[8] În 2018 au avut loc discuții cu privire la majorarea acestor rate.

[9] Fondul Ecologic Național al Republicii Moldova (www.madrm.gov.md/ro/content/fondul-ecologic-na%C8%9Bional; în limba română).

[10] A se vedea Platforma de gestionare a ajutoarelor din Cancelaria de Stat a Guvernului Republicii Moldova: http://amp.gov.md.

[11] A se vedea proiectul „Direcția de trileibuze Bălți – Parteneriat de Twinning în transportul public": http://amp.gov.md/aim/viewActivityPreview.do~public=true~pageId=2~activityId=6094~language=ro.

[12] A se vedea proiectul „Actualizarea transportului urban Chișinău": www.ebrd.com/news/2012/a-transport-revolution-in-the-moldovan-capital.html.

4 Aranjamente instituționale și bariere în procesul de implementare

Acest capitol propune câteva aranjamente instituționale pentru gestionarea Programului Transport Public Ecologic, ca program de investiții. Capitolul începe prin evidențierea bunelor practici în crearea de cadre instituționale pentru programe mari de investiții în sfera de mediu. Mai apoi propune o structură instituțională pe trei niveluri, pentru gestionarea programului, care cuprinde: "1) o entitate de programare; 2) o unitate de implementare; și 3) o unitate de asistență tehnică. Capitolul sugerează o posibilă împărțire a responsabilităților între aceste trei entități și descrie reglementările minime de funcționare necesare pentru gestionarea programului. Acestal examinează, de asemenea, barierele în procesul de implementare sub formă de reglementări și denaturări politice și propune modalități de abordare a acestora.

Bune practice de aranjamente instituționale pentru gestionarea programelor de investiții publice

Există o serie de forme instituționale de bună practică pentru gestionarea cheltuielilor publice de mediu. Programele cu cheltuieli simple (de exemplu, finanțarea cercetării sau a educației, achiziționarea de echipamente simple sau servicii standard) pot fi gestionate direct prin atribuirea unor responsabilități suplimentare instituțiilor guvernamentale existente la diverse niveluri, folosind personalul lor obișnuit și procesele bugetare de rutină. Pentru programe orientate la scară mai mare, în special, programe care implică finanțarea investițiilor de capital, cum ar fi Programul Transport Public Ecologic (TPE) – sunt recomandate acorduri instituționale speciale. Aceste aranjamente speciale pot adopta multe forme instituționale și pot implica diferite tipuri de unități de implementare (OECD, 2007[1]).

Decizia cu privire la cea mai potrivită variantă va depinde, în general, de o serie de factori ce țin de sursele de finanțare, tipurile de plăți și de cultura juridică și politică a guvernării într-o anumită țară. Indiferent de forma instituțională, gestionarea cheltuielilor publice de mediu ar trebui să implice structuri și proceduri instituționale care să promoveze eficacitatea ecologică, să incorporeze prudența fiscală și să utilizeze eficient resursele financiare și umane.

Experiența demonstrează că aceste aranjamente pot lua trei forme instituționale de bază:

- unități guvernamentale de implementare
- fonduri de mediu sau o instituție de finanțare publică similară
- creditul direcționat sau linia de credit pentru intermediarii financiari (cum ar fi băncile, în cadrul opțiunii 1)
- outsourcing (externalizare).

Unitățile de implementare ale guvernului sunt cele mai obișnuite aranjamente și includ următoarele forme instituționale:

- departamentele guvernamentale care au responsabilitatea de procurare a bunurilor și serviciilor sau finanțare a proiectelor specifice în cadrul bugetului de stat
- unități de implementare a proiectului create în cadrul unui departament guvernamental pentru a implementa proiecte în cadrul unui program specific de cheltuieli publice inclus în buget
- unități guvernamentale autonome / descentralizate finanțate din buget, dar create pentru a separa prestarea serviciilor sau sarcinilor administrative de formulare a politicilor.

Unitățile de implementare guvernamentală gestionează în principal resursele bugetului guvernamental, deși unitățile de implementare a proiectului pot gestiona, de asemenea, resurse multilaterale sau bilaterale de finanțare. Indiferent de tipul unității de implementare guvernamentale alese, derularea unui program până la finalizare necesită capacitate de selecție, implementare și monitorizare a proiectului. Aceasta înseamnă angajarea personalului calificat și instruit, cu o atenție specială asupra programului. Programele de mediu de 50 de milioane EUR (57 milioane USD) anual și aproximativ 200 de contracte pe an, implementate în Europa Centrală și de Est au, în general, nevoie de personal de peste 20 de persoane. În cazul programului abordat în acest studiu, având în vedere numărul relativ mic de contracte și tipuri omogene de investiții necesare, vor fi necesare doar 5 persoane.

În majoritatea cazurilor, aranjamentul instituțional pentru programe la scară largă (investiții) include atât o unitate de management (implementare), cât și un organism de supraveghere. Conducerea și personalul unității de implementare sunt responsabili pentru activitățile cotidiene ale ciclului proiectului (identificarea, selecția, evaluarea și monitorizarea proiectelor), elaborarea planului anual de cheltuieli și buget, precum și monitorizarea și pregătirea rapoartelor. Organismul de supraveghere se concentrează, de obicei, pe luarea deciziilor strategice și aprobarea procedurilor și regulilor de funcționare interne (inclusiv criteriile de eligibilitate și evaluare pentru ghidarea selectării proiectului). Această împărțire a responsabilităților oferă un sistem de verificări și solduri, dar îmbunătățește și gradul de responsabilitate a programului. Organul de supraveghere păstrează autoritatea decizională finală pentru aprobarea finanțării proiectelor individuale recomandate de personalul tehnic al unității de implementare, după procesul de evaluare. În cazul Programului TPE, supravegherea va fi efectuată de către entitatea de programare.

Externalizarea (outsourcing-ul) sau contractarea este o altă opțiune în cazul în care departamentul guvernamental nu are capacitățile necesare pentru îndeplinirea atribuțiilor ca unitate de implementare. Acest lucru permite unității de implementare să încheie un contract cu un furnizor extern pentru prestarea de bunuri și servicii oferite de obicei în interior. Dacă se alege această opțiune, bunele practici impun ca externalizarea să fie efectuată prin licitație competitivă.

Pentru a lua exemplu, începând cu anul 1993, Ministerul Austriac pentru Dezvoltare Durabilă și Turism – BMNT[1] a delegat gestionarea schemelor de granturi pentru Fondul austriac de gestionare a mediului și a apei, unei companii private de consultanță, Compania de Consultări Publice Kommunalkredit – KPC GmbH. De asemenea, KPC este responsabil de implementarea Programului austriac Implementare în Comun (JI) / Mecanismul de Dezvoltare Curată (MDC) și este unul dintre cei patru conducători a noului Fond pentru Climă și Energie. KPC gestionează anual mai mult de 3 000 de proiecte. Rolul său este de a oferi servicii de consultanță Ministerului pe parcursul etapei de dezvoltare a programului și la elaborarea programelor de sprijin, precum și să ofere o evaluare tehnică, economică și juridică pentru proiectele de sprijin și de consultanță. KPC oferă, de asemenea, consultanță organelor de decizie ale acestor instituții- în acest caz BMNT, cu privire la elaborarea contractelor, monitorizarea implementării proiectelor și gestionarea plăților. Este important de menționat, că în 1993, atunci când conducerea Fondului de gestionare a mediului și a apei a fost externalizată către KPC, cheltuielile administrative au scăzut imediat cu mai mult de jumătate, în anul 2000 fiind cu 20% mai mici ca cele din 1993.

Figura 4.1. Schema de management a programului austriac comun de implementare / Mecanismul de Dezvoltare Curată

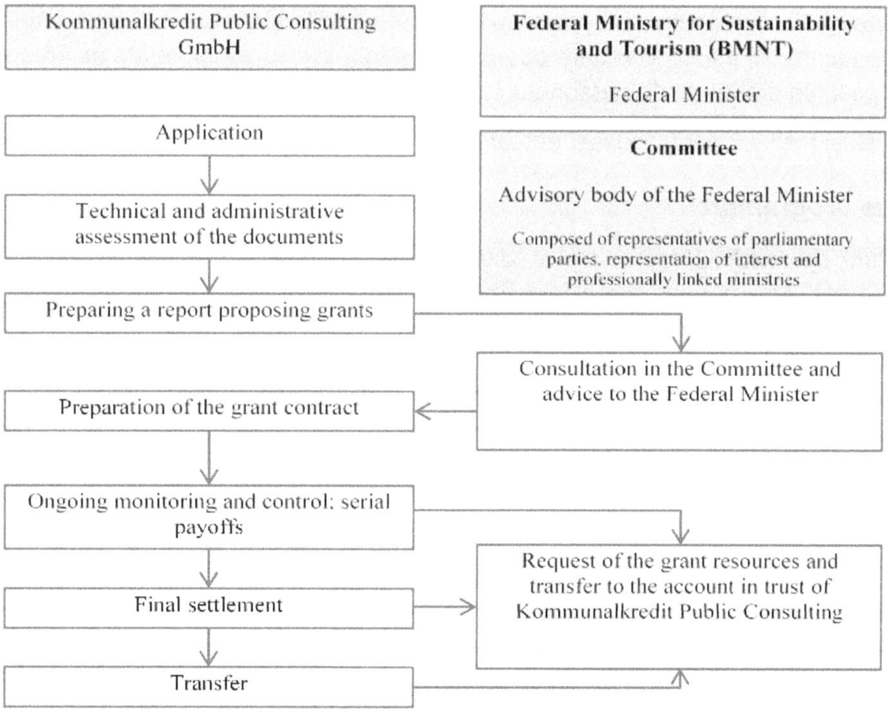

Sursa: Informație oferită de KPC către OCDE

Cadrul instituțional propus pentru Programul TPE

În pregătirea oricărui program de investiții publice, finanțatorul public trebuie să se asigure că elementele individuale esențiale ale programului sunt proiectate cu grijă și la locul lor, înainte de lansarea programului. Secțiunea dată sintetizează aceste elemente pentru programul de investiții publice ecologice din Moldova, propus ca parte a acestui studiu și explică cum și de ce a ajuns echipa de proiect la aceste soluții.

Implementarea eficientă a programului necesită următoarele elemente:

- surse de finanțare ale programului stabile și previzibile
- aranjamente instituționale pentru gestionarea cheltuielilor programului, cu resurse suficiente, personal calificat și instrumente pentru îndeplinirea obiectivelor acestora
- principii, reguli și proceduri de operare bine documentate pentru managementul ciclului de proiect (MCP)
- criterii clar definite și solide pentru evaluarea, selecția și finanțarea proiectelor de investiții
- reguli de achiziție definite în mod clar.

Pentru a facilita implementarea acestui program de investiții, prezentul capitol, precum și următorul (capitolul 5) oferă informații detaliate privind următoarele aranjamente:

- o propunere de aranjamente instituționale cuprinzând trei niveluri: 1) entitate de programare (EP); 2) unitate de implementare (UI); și 3) unitate de asistență tehnică (UAT)
- o propunere de proceduri pentru MCP, inclusiv criterii de eligibilitate, criterii de evaluare a proiectului, proceduri de clasare a proiectelor și norme de finanțare (capitolul 5).

Cadrul instituțional trebuie să fie asigurat că sunt alocate resurse suficiente pentru a îndeplini obiectivele programului și că personalul și instrumentele calificate pentru implementarea programului sunt puse la dispoziție. În general, programarea și evaluarea proiectului ar trebui să fie strict separate. Programarea este responsabilitatea entității de programare din agenția guvernamentală desemnată să gestioneze programul de investiții. Evaluarea proiectului este un proces tehnic realizat de personal tehnic competent, recrutat pe bază de merit, competitiv și responsabil pentru deciziile luate. Unitatea de implementare ar trebui să fie independentă din punct de vedere operațional și tehnic și să fie protejată de presiunile politice prin regulile și procedurile elaborate de personalul tehnic al programului.

Important este că UI și UAT nu pot fi aceeași entitate.

Rolul entității de programare

Ministerul Agriculturii, Dezvoltării Regionale și Mediului (MADRM) este cel mai potrivit pentru a acționa ca entitate de programare. Acesta și-ar putea folosi personalul și resursele disponibile pentru a-și asuma sarcinile de programare, consultând în același timp și alte agenții guvernamentale relevante, asociații profesionale, municipalități locale și organizații neguvernamentale. În plus, reprezentanții acestor organizații pot fi invitați să participe și să aibă un rol consultativ în cadrul consiliului de supraveghere al programului.

Entitatea de programare este responsabilă de proiectarea programului, cu includerea următoarelor sarcini (adaptate (OECD, 2007[1]):

- Definirea obiectivelor prioritare de mediu pentru programul de investiții care sunt specifice, măsurabile, realiste și delimitate în timp.
- Elaborarea unui program de investiții care să răspundă obiectivelor comune legate de mediu și climă. Acest program trebuie să includă obiective specifice, estimări ale costurilor, descrierea tipurilor de proiecte și beneficiarii eligibili, termenii de finanțare, procedurile, principiile și criteriile

de evaluare și selecție a proiectelor, reguli de achiziții, termenii de implementare a programului și indicatorii de performanță.

- Determinarea surselor fondurilor și dimensiunii pachetului financiar al programului de investiții.
- Selectarea celui mai bun aranjament instituțional pentru gestionarea programului de investiții, în particular să fie decis dacă programul poate fi gestionat direct de către instituții guvernamentale existente de diferite nivele sau dacă sunt necesare aranjamente instituționale speciale.
- Selectarea, contractarea și monitorizarea unitatății de implementare pentru a gestiona programul de investiții.
- Selectarea și monitorizarea unităților de asistență tehnică necesare implementării programului.

Decizia privind unitatea de implementare

Unitatea de implementare (UI) este responsabilă de elaborarea regulamentelor de operare a programului. UI trebuie să se consulte cu unitatea/unitățile de asistență tehnică (vedeți mai jos) cu privire la elaborarea și utilizarea regulamentelor sale de funcționare. Întrucât programarea este un proces politic, este important ca responsabilitățile pentru programare și managementul ciclului de proiect să fie separate și distincte. UI desfășoară activități de marketing pentru program, identifică beneficiarii și evaluează propunerile de eligibilitate ale beneficiarilor. De asemenea, ar putea oferi MADRM informații despre numărul planificat al beneficiarilor și nevoile financiare ale programului. UI comunică MADRM informații cu privire la nevoile de împrumut și de finanțare ale beneficiarilor, pentru ca MADRM să poată monitoriza bugetul programului pentru anul respectiv (sau ciclul de programare) și tipurile de proiecte („coșuri” de proiect).

Rolul UI ar putea fi îndeplinit de o bancă locală sau de bănci selectate prin licitație publică și care ar semna un acord de cooperare cu MADRM. Agenția pentru Protecția Mediului nou înființată, este o altă potențială unitate de implementare (deși la momentul scrierii aceasta a fost doar la nivel de concept).

Numirea unei unități de asistență tehnică

Unitatea de asistență tehnică (UAT) ar oferi asistență specializată, consultanță și expertiză în domeniile eficienței energetice și a combustibilului, gaze naturale comprimate (GNC), gaz petrolier lichefiat (GPL), autobuze diesel / troleibuze moderne, precum și poluarea aerului și reducerea emisiilor de gaze cu efect de seră (GES). Agenția Națională Transport Auto (ANTA)[2] din cadrul Ministerului Economiei și Infrastructurii (anterior, Ministerul Transporturilor și Infrastructurii Rutiere) – ar putea îndeplini acest rol. Alte UAT pot fi definite după cum se consideră necesar și prudent.

Reglementări de operare fundamentale

Implementarea efectivă a programului necesită ca unitatea de implementare (UI) să definească și să facă publice regulile și reglementările sale operaționale. Cel puțin, elementele de bază ale acestor reguli ar trebui să includă:

- definiții
- dispoziții generale
- definirea proiectelor eligibile
- reguli de acordare a granturilor
- reguli pentru modificarea sau rezilierea unui contract de grant
- proceduri de revizuire a programului.

Acordul de grant cu beneficiarul ar trebui să includă următorii termeni și condiții:

- valoarea grantului acordat (ca valoare absolută sau ca pondere din costul total al investiției proiectului)
- datele de începere și de încheiere a proiectului ce urmează a fi finanțat, precum și efectele prevăzute asupra mediului
- data la care grantul sau tranșele acestuia vor fi transferate destinatarului
- drepturile unității de implementare să controleze grantul acordat, precum și metoda de rambursare a grantului, în cazul în care proiectul eșuează în atingerea obiectivele stabilite
- obligațiile specifice ale beneficiarului care rezultă din contractul cu unitatea de implementare a programului
- condițiile în care contractul își pierde valabilitatea
- consecințele rezilierii contractului.

În mod normal, valoarea maximă a grantului pentru un proiect nu trebuie să depășească 50% din fondurile alocate acestui tip de proiect, în planul financiar anual al UI. Acest lucru este creat pentru utilizarea resurselor din alte surse și pentru asigurarea angajamentului destinatarilor să implementeze proiectul folosind resurse proprii.[3]

Având în vedere natura investițiilor care trebuie finanțate în cadrul programului TPE, se propune ca programul să fie finanțat din bugetul de stat în cadrul procesului de cheltuieli pe termen mediu (PCTM). Sprijinul financiar ar trebui acordat sub formă de grant și garanții bancare.

Există și alte reguli procedurale ce trebuie luate în considerare, cum ar fi:

- Grantul poate fi transferat către aplicant integral sau în rate (tranșe).
- O parte a grantului poate fi transferată în avans (până la 20% din valoarea totală a proiectului), doar în cazurile în care demararea proiectului ar fi imposibilă fără finanțare în avans.
- Beneficiarul care a primit în avans o tranșă din grant este obligat să returneze UI orice venit din dobânzi rezultat prin deținerea grantului în contul său bancar (sau suma ar putea fi reținută din tranșele viitoare).
- Dățile de efectuare a transferurilor de granturi sunt stabilite de UI în baza fondurilor disponibile și ca urmare a examinării propunerii solicitantului, în modul în care este menționat în cererea de aplicare.
- Resursele financiare din cadrul grantului sunt transferate exclusiv în scopul îndeplinirii plăților solicitate de beneficiar. Beneficiarul ar trebui să acorde UI accesul deplin la facturile în original eliberate de contractanți sau furnizori.

Manualul OCDE cu privire la evaluarea proiectelor de mediu finanțate din fonduri publice include o prezentare detaliată a tuturor normelor relevante ce trebuie luate în considerare pentru definirea procedurilor unității de implementare a programului. Acesta ar putea fi util în definirea ulterioară a normelor procedurale pentru programul TPE (OECD, 2007[1]).

Promovarea programului

Promovarea este esențială pentru succesul programului și este responsabilitatea UI. Pachetul de promovare poate include următoarele elemente:

- Trimiterea informațiilor despre program către administrațiile locale și potențialii beneficiari.
- Distribuirea regulilor programului către administrațiile locale și potențialii beneficiari.
- Menținerea site-ului web al UI cu informații despre regulile de acordare a granturilor și formularelor de cerere.

- Emiterea comunicatelor de presă.

Costurile de promovare a programului ar trebui incluse în pachetul de costuri al programului.

Eliminarea distorsiunilor politice

Diverse bariere de reglementare pot complica implementarea chiar și a unui program de investiții bine conceput. Este important ca înainte de elaborarea și finanțarea unui program, Guvernul Republicii Moldova să examineze baza de reglementare relevantă și să elimine barierele, în măsura posibilităților. Combinarea acestor îmbunătățiri de reglementare cu sprijinul financiar din partea statului este mai probabil să conducă la modernizarea flotei de autobuze în Moldova și să ducă la reduceri semnificative ale poluării aerului și emisiilor de GES.

Unul dintre cele mai mari obstacole pentru un program de investiții în sectorul transportului public din Moldova este credibilitatea foarte limitată a operatorilor de autobuze. Există mai multe motive pentru aceasta, inclusiv semnale de prețuri scăzute pentru noile tehnologii și combustibili (care favorizează în cele din urmă vechiul tip de autobuze), sistemul de tarife pentru transportul public urban, care nu permite acoperirea costului de capital al autobuzelor noi și sistemul de licitații, care favorizează contractele pe termen scurt și face dificilă investiția într-o nouă flotă de autobuze.

Aceste politici denaturate explică motivul pentru care piața operatorilor de autobuze este fragmentată și dominată de companii mici care nu au bonitate de credit și care nu sunt atractive pentru instituțiile financiare internaționale (IFI), cum ar fi Banca Europeană pentru Reconstrucție și Dezvoltare (BERD). Eliminarea acestor bariere este esențială pentru succesul programului; cu toate acestea, nu toate trebuie abordate în același timp, iar unele posibil de modificat. De exemplu, un sistem tarifar mai bun și contractele pe termen lung, vor contribui la creșterea bonității de credit, dar acest lucru poate fi obținut și prin garanții de împrumut sau un nivel mai mare de sprijin public oferit de Programul TPE.

Unele dintre acțiunile cheie necesare pentru eliminarea barierelor de implementare sunt prezentate mai jos.

Consolidarea reglementărilor tehnice în transport

Multe dintre barierele politice și de reglementare identificate de acest studiu sunt comparabile cu provocările întâmpinate în alte țări. Pentru a asigura implementarea cu succes a programului, guvernul va trebui să:

- **Să consolideze normele de poluare a motoarelor (diesel) și să le apropie de standardele europene.** Republica Moldova încă nu a adoptat norme moderne de emisii pentru autoturisme, camioane și autobuze. Echivalentul standardului de emisii Euro IV, introdus în Uniunea Europeană (UE) în 2005, nu a fost încă adoptat în Moldova. În 2014, Comisia Europeană (CE) a adoptat standardele de emisii pentru vehicule Euro 6/VI. Moldova a introdus cerințe ca autobuzele și autocarele să îndeplinească normele Euro I începând cu 1 ianuarie 2020. Cu toate acestea, Programul privind promovarea economiei verzi în Republica Moldova pentru 2018-2020, sugerează o restricție a circulației tuturor vehiculelor mai vechi de 15 ani și interdicția de a importa vehicule mai vechi de șapte ani, precum și sub standardul Euro 5 (GoM, 2018[2]).
- **Să consolideze standardele combustibililor (diesel).** Ultimele norme privind emisiile motorului diesel nu pot fi introduse dacă combustibilul disponibil nu respectă anumite standarde. Motoarele moderne includ echipamente sensibile la combustibilul de calitate scăzută și emisiile de dioxid de sulf (SO_2) depind direct de conținutul de sulf al combustibilului. Deși combustibilul diesel disponibil în Moldova respectă standardele Euro 5 (și pare a fi suficient pentru o modernizare a flotei la nivelul

întregii țări), cerințele legale se bazează pe standarde post-sovietice, care sunt incompatibile cu standardele UE.

- **Să consolideze standardele de inspecție tehnică.** Deși autobuzele și microbuzele din Moldova trebuie să treacă inspecții tehnice, aceste inspecții nu sunt stricte în privința emisiilor. Inspecțiile tehnice au devenit o simplă formalitate, rata de detectare a defecțiilor fiind cuprinsă între 4 și 8% în 2013-17, comparativ cu 30-40% pentru mașinile mai vechi de nouă ani în Germania sau Marea Britanie. În Moldova, însă, peste 50% din vehiculele înmatriculate au peste 20 de ani (Ghiletchi, 2018[3]).[4] Sistemul de inspecție slab denotă faptul că operatorii de transport public nu au niciun stimulent să respecte standardele de emisii. Standardele existente pentru inspecția tehnică necesită a fi aplicate mai bine.

Introducerea semnalelor financiare si de preț adecvate

Indiferent de modul în care Programul TPE este cofinanțat, bonitatea limitată semnifică faptul că proprietarii de autobuze vor trebui să utilizeze credite sau leasing pentru cofinanțarea lor. Orașele – care sunt și proprietarii flotei de transport public (adică Chișinău și Bălți) – au finanțat deja achizițiile de autobuze prin intermediul creditelor, iar bonitatea acestora este limitată. O soluție este ca Programul TPE să ofere garanții bancare (capitolul 2).

Analiza a arătat că prețul mediu al combustibililor GNC și GPL este mult mai mic decât prețul mediu al benzinei și motorinei (capitolul 3), care este, de asemenea, supus unei accize suplimentare. Având în vedere faptul că trebuie să se obțină câștiguri semnificative, în ceea ce privește eficiența înlocuirii vehiculelor învechite și ineficiente pe motorină și energie electrică, programul ar trebui să ofere stimulente financiare pentru a atrage investiții în sectorul respectiv.[5]

Deși combustibilii GNC și GPL sunt mai ieftini decât motorina, autobuzele cu combustibil GNC și GPL sunt mai scumpe (deoarece necesită instalarea echipamentelor suplimentare). Operatorii de autobuz nu au primit semnale clare pentru a trece la combustibili mai curați (fie din resurse regenerabile, fie din combustibili fosili mai curați). Astfel, guvernul ar putea lua în considerare introducerea scutirilor de impozitare (inclusiv taxa pe valoarea adăugată și taxele de import) pentru vehiculele cu GNC/GPL dar și pentru proprietarii stațiilor de alimentare.

Experiența țărilor UE arată că utilizarea gazelor fosile în transport este cea mai ridicată în țările cu cele mai mici rate de impozitare, adică în cazul în care GNC sau GPL beneficiază de impozite sub minimul UE. În unele țări (cum ar fi Italia), acestea pot constitui jumătate din prețul motorinei. Acest sprijin a continuat în pofida scăderii producției interne de gaze fosile a UE și a dependenței crescânde – similar Moldovei – față de importurile de energie din Rusia[6] (T&E, 2018[4]).

Guvernul Republicii Moldova a dobândit deja experiență considerabilă cu astfel de instrumente fiscale.[7] Programul de promovare a economiei verzi în Republica Moldova pentru anii 2018-2020 prevede utilizarea stimulentelor fiscale pentru importul de vehicule cu motor electric și hibrid, precum și dezvoltarea infrastructurii naționale pentru mașini electrice (GoM, 2018[2]). Până la realizarea masei critice (pentru ca sistemul să devină profitabil), astfel de măsuri fiscale ar putea completa mecanisme de sprijin din partea statului, precum granturi, împrumuturi sau garanții de împrumut.

Ajustarea tarifelor pentru transportul public urban

Tarifele ar trebui să fie aliniate la bune practici internaționale și concepute pentru a maximiza bunăstarea socială atât a pasagerilor, cât și a prestatorilor de transport public (sub rezerva restricțiilor bugetare și de capacitate).

Beneficiul prestatorilor de servicii de transport public poate fi definit ca venituri minus costuri. Beneficiul pentru utilizatorul acestor servicii poate fi exprimat în condițiile în care prețul generalizat pe care cetățenii sunt dispuși să-l plătească înainte de a trece la alternative de transport nonpublic, minus prețul generalizat efectiv al biletului. Într-o anumită măsură, beneficiul producătorului și beneficiul utilizatorului pot fi corelate negativ.

Având în vedere situația economică și financiară a prestatorilor de transport public din Moldova, accentul ar trebui să fie pus pe beneficiul furnizorilor. Beneficiile utilizatorilor ar trebui să fie minimizate pe cât de mult posibil (posibil aproape de zero).

În afară de tarifele unice, ar putea fi luate în considerare și tarifele la abonamente. Această opțiune este de obicei preferată de pasagerii care nu dețin o mașină și, prin urmare, sunt sensibili față de prețurile mai mici. Pe de altă parte, în țările în curs de dezvoltare, persoanele care nu dețin o mașină, aparțin de obicei grupurilor cu venituri mai mici decât în țările dezvoltate.[8]

În cazul Republicii Moldova, aproape toți operatorii de transport public sunt privați – cu excepția a trei operatori municipali (unul la Bălți- de autobuze și troleibuze și doi la Chișinău, separat pentru autobuze și troleibuze). Operatorii privați lucrează pentru profit, iar tarifele pentru pasageri trebuie să acopere costurile de capital și operare. În același timp, tarifele pentru transportul public sunt mici în Moldova (a se vedea mai jos). În consecință, calitatea serviciilor furnizate de operatorii privați este destul de scăzută, operatorii folosind autobuze foarte vechi pentru a le permite să minimizeze costurile de capital (și deprecierea).

Având în vedere faptul că programul TPE poate fi finanțat prin împrumuturi sau prin utilizarea garanțiilor bancare, este evident necesară o creștere a tarifului (Căsuța 4.1). Tarifele curente pentru o singură călătorie de 2 MDL (0.11" USD) cu autobuzul / troleibuzul și de "3 MDL (0.16" USD) pentru călătoria cu microbuzul, sunt extrem de mici. Acestea nu garantează că operatorii de transport își pot rambursa împrumuturile (conform informațiilor de la antreprenorii privați din transportul public, 70% din venituri acoperă doar costurile de exploatare și întreținere). Astfel, dacă tarifele sunt păstrate la nivelul lor actual, bugetul programului și cel public va fi expus riscului că operatorii vor trebui să consume garanția, ceea ce implică costuri semnificative pentru program.

Căsuța 4.1. Analiza sensibilității

Teoretic, creșterea tarifelor pentru transport ar putea fi folosită pentru cofinanțarea Programului TPE. Efectuarea unei analize a sensibilității cu privire la câte autobuze / troleibuze noi ar putea fi cumpărate prin creșterea tarifelor pentru o singură călătorie cu "2 MDL (0.11" USD), de exemplu, ar putea oferi multă informație. În general, analiza sensibilității ar trebui să țină seama de faptul că o creștere a prețului la biletele de călătorie poate descuraja oamenii să folosească transportul public și îi poate face să treacă la utilizarea mașinilor private, ceea ce duce la un nivel mai ridicat de poluare a aerului. În limbajul economic, creșterea tarifelor în transportul public, duce la o relație acțiune- răspuns cu o elasticitate ridicată a prețului cererii - adică creștere prețurilor duce la scăderea cererii pentru un serviciu dat. Analiza depinde și de circumstanțele locale, inclusiv de lungimea rutelor și de numărul de pasageri. Toate aceste probleme fac ca efectuarea unei analize de sensibilitate să fie un exercițiu destul de complex, care ar trebui efectuat ca parte a unui studiu separat, deoarece necesită colectare suplimentară de date și discuții cu guvernul și autoritățile municipale.

Modificarea licitațiilor publice pentru prestarea serviciilor de transport public în centrele urbane

Transportul public este asigurat de către operatorii orășenești și cei privați în baza contractelor pe termen scurt (de la unu până la trei ani). Această abordare încurajează o perspectivă pe termen scurt și încurajează operatorii să-și minimizeze cheltuielile și să-și ramburseze rapid investiția. Drept urmare, operatorii privați tind să utilizeze microbuzele mai ieftine, mai vechi și astfel mai poluante.

Utilizarea contractelor pe termen mediu- până pe termen lung (cel puţin “10 ani) ar încuraja operatorii să investească într-o flotă de microbuze moderne, în special atunci când sunt susţinuţi de un sistem tarifar ajustat, reglementări îmbunătăţite şi asistenţă financiară din partea statului.

Revizuirea sistemului de transport public urban ca parte a acestui studiu a arătat că există 32 de prestatori de servicii care operează cu transportul public urban la Chişinău şi Bălţi; 29 dintre aceştia sunt entităţi private, în timp ce celelalte 3 sunt companii cu capital municipal. În 2016, antreprenorii privaţi au transportat 36% din totalul pasagerilor care folosesc transportul public. Acest lucru indică faptul că majoritatea necesităţilor financiare ale programului vor trebui adaptate sectorului privat sau cel puţin parteneriatelor publice-private (PPP).

Încurajarea eficienţei (energetice)în transportul public

Transportul public în Moldova este dominat de microbuze, care sunt, în general, mai puţin eficiente din punct de vedere energetic (în termeni de megajoule/km-pasageri) decât autobuzele obişnuite. Cu toate acestea, în prezent autobuzele obişnuite deservesc doar un număr mic de rute urbane şi interurbane în Moldova.

Planul de reducere a numărului de operatori şi de introducere a autobuzelor mai mari în centrele urbane (care pot transporta până la de cinci ori mai mulţi pasageri) - prezentat în Promovarea Economiei Verzi în Republica Moldova pentru 2018-2020 (GoM, 2018[2]) – nu este comunicat în mod clar tuturor părţilor interesate (inclusiv informaţii despre posibilele rute viitoare, mijloacele de transport utilizate, numărul de autobuze necesare, numărul autobuzelor implicate de către operatorii orăşeneşti etc).

Din punct de vedere economic, nu are sens să investeşti în transportul public dacă străzile sunt aglomerate de trafic. Mai exact, dacă ar exista mai multe finanţe provenite din biletele cu o singură călătorie, decât biletele din abonament vândute în Moldova, nu ar fi viabil din punct de vedere financiar pentru operatorii de transport public. Programul pentru promovarea economiei verzi în Republica Moldova pentru anii 2018-2020, sugerează reglementarea intrării autovehiculelor în oraşe şi în centrul oraşelor pentru a reduce blocajele de trafic şi poluarea aerului.

Economiile de timp ale călătoriei (şi combustibilul aferent) pot fi obţinute în continuare prin creşterea eficienţei de funcţionare a transportului public. De exemplu, benzile dedicate circulaţiei autobuzelor ar putea reduce nevoia de a utiliza o frânare mecanică ineficientă. În Moldova, acest lucru este aplicabil în principal în Chişinău şi Bălţi (de exemplu, benzile de troleibuz sunt adesea blocate de maşinile în aşteptare sau chiar parcate). Conducerea ecologică - o tehnică de conştientizare a conducerii, care poate reduce consumul de combustibil - ar putea fi predate şoferilor stagiari de autobuze.

O iniţiativă recentă este introducerea unei linii „autonome” de troleibuz (care poate funcţiona independent de reţeaua electrică pentru perioade/distanţe scurte) din centrul oraşului Chişinău până la Aeroportul Internaţional Chişinău în vara lui 2017. În timp ce serviciul de transport cu autobuzul către aeroport a atras cea mai mare atenţie - întrucât serviciile de transfer spre aeroport au fost asigurate până acum exclusiv de microbuze - oraşul a introdus şi o altă rută de troleibuz fără fir din suburbia Vatra până în centrul oraşului (Vlas, 2017[5]). Tariful rămâne acelaşi ca pentru toate autobuzele şi troleibuzele, adică 2 MDL de persoană (0.11” USD) şi călătorie (fără transfer).

Concluzii pentru programul TPE

Deşi există mai multe setări instituţionale posibile pentru gestionarea programului, configurarea instituţională optimă ar trebui să fie selectată numai după clarificarea tuturor elementelor programului şi după ce a fost atins consensul asupra priorităţilor sale.

Indiferent de tipul cadrului instituțional, managementul programului ar trebui să implice o structură instituțională și proceduri care să promoveze eficiența mediului, să includă prudența fiscală și să utilizeze eficient resursele financiare și umane. Ulterior, guvernul trebuie să se asigure că resursele, personalul calificat și instrumentele sunt suficiente pentru implementarea programului.

Nu în ultimul rând, este recomandabil ca programele mai mari (de investiții) – cum ar fi Programul TPE – să numească, de asemenea, un organism de supraveghere care să adopte documente strategice și să ia decizii strategice, precum și să supravegheze capacitatea de implementare a managementului în ceea ce privește selecția proiectului, implementare și monitorizare (EU, 2009[6]) (managementul ciclului de proiect).

Este important ca, atât organul de conducere, cât și cel de supraveghere să fie protejate de presiunile politice prin adoptarea regulilor și procedurilor de funcționare. De asemenea, Guvernul Republicii Moldova ar trebui să urmărească eliminarea politicilor și a barierelor de reglementare care ar putea împiedica implementarea Programului TPE. Reflecția asupra experienței altor țări ar putea oferi o listă de control indicativă a măsurilor și abordărilor pentru rezolvarea acestor probleme.

Creșterea tarifelor, însoțită de introducerea benzilor separate pentru autobuze și a semafoarelor inteligente, ar putea îmbunătăți managementul general al sectorului transportului public rutier în Moldova.

Referințe

EC (2018), *EU Energy in Figures: Statistical Pocketbook 2018*, European Commission, Brussels, https://publications.europa.eu/en/publication-detail/-/publication/99fc30eb-c06d-11e8-9893-01aa75ed71a1/language-en/format-PDF/source-79929745. [8]

EU (2009), "Directive 2009/40/EC of the European Parliament and of the Council of 6 May 2009 on roadworthiness tests for motor vehicles and their trailers (Recast)", *Official Journal of the European Union* L 141/12, pp. 12-28, https://eur-lex.europa.eu/eli/dir/2009/40/oj. [6]

Ghiletchi, S. (2018), "Cars in Moldova: Safer than in the EU?", (in Romanian), http://ipre.md/2018/08/20/inspectia-tehnica-in-moldova-a-devenit-o-formalitate-si-nu-raspunde-adecvat-obiectivelor-de-siguranta-rutiera-si-protectia-mediului-inconjurator (accessed on 24 June 2019). [3]

GoM (2018), *Programme on Promotion of Green Economy in the Republic of Moldova for 2018-2020*, Government of Moldova, Chisinau, https://gov.md/sites/default/files/document/attachments/intr05-1_0.pdf. [2]

OECD (2018), *Inventory of Energy Subsidies in the EU's Eastern Partnership Countries*, Green Finance and Investment, OECD Publishing, Paris, https://dx.doi.org/10.1787/9789264284319-en. [7]

OECD (2007), *Handbook for Appraisal of Environmental Projects Financed from Public Funds*, OECD Environmental Finance Series, OECD Publishing, Paris, http://www.oecd.org/env/outreach/38786197.pdf. [1]

T&E (2018), *CNG and LNG for vehicles and ships – the facts*, European Federation for Transport and Environment, Brussels, http://www.transportenvironment.org/sites/te/files/publications/2018_10_TE_CNG_and_LNG_for_vehicles_and_ships_the_facts_EN.pdf. [4]

Vlas, C. (2017), "New (wireless) trolleybus route from Chisinau Centre to Chisinau International Airport for only 2 lei", (accessed 18 July 2017), http://www.moldova.org/en/new-wireless-trolleybus-route-chisinau-centre-chisinau-international-airport-2-lei. [5]

Note

[1] Cunoscut sub numele de Ministerul Federal al Agriculturii, Silviculturii, Mediului și Gestionării Apelor (MFASMGA) până în ianuarie 2018. Site-ul său este: www.bmnt.gv.at.

[2] Agenția Națională Transport Auto (https://anta.gov.md).

[3] Având în vedere natura proiectelor finanțate, subvenția ar trebui determinată la un nivel la care valoarea actuală netă (VAN) pentru proiect să fie egală cu zero.

[4] Un nou regulament privind inspecțiile tehnice periodice conforme cu cerințele impuse de Acordul de asociere cu UE (Directiva 2009/40 / CE) este încă în procesul de coordonare interministerială (EU, 2009[6]). Acest lucru ar interzice, printre altele, eliminarea filtrului de particule diesel (FPD). A se consulta: http://autoblog.md/moldova-vrea-sa-treaca-la-normele-de-poluare-europene-masinile-vor-fi-verificate-cat-de-mult-polueaza-mediul (în limba română).

[5] Spre deosebire de acești combustibili fosili (mai ecologici), vehiculele electrice au avantajul unei electricități ieftine (OECD, 2018[7]).

[6] În 2016, UE a importat 86.7% din produsele sale petroliere și 70.4% din gazele sale naturale, deci dependența energetică de gaz natural nu este semnificativ mai mică decât cea de petrol, în special având în vedere ponderea mai mare a importurilor de gaze naturale provenite din Rusia (39.9%) decât uleiul (31.6"%) (EC, 2018[8]).

[7] Spre deosebire de celelalte țări din Parteneriatul Estic al UE (EaP), cea mai mare parte a sprijinului guvernamental (în special în sectorul energetic) în Moldova, este rezultatul impozitelor reduse și al scutirilor de impozite (OECD, 2018[7]).

[8] De obicei, un sistem de tarife unice sau lunare este considerat mai acceptabil pentru operatori, iar un sistem tarifar dependent de distanță, mai orientat către client (și mai exigent din punct de vedere tehnic pentru operator). Un sistem de tarife unice sau lunare este în general mai atractiv pentru pasagerii care călătoresc pe distanțe mai lungi, iar un sistem tarifar dependent de distanță este mai atractiv pentru pasagerii care călătoresc pe distanțe mai scurte. În cele din urmă, cu un sistem tarifar dependent de distanță, operatorul poate strânge informații atât despre numărul de călătorii pe ruta pe o perioadă definită, cât și pe durata medie a traseului pe care un călător îl parcurge într-o anumită perioadă. Aceste informații pot fi utile pentru luarea unor decizii de gestionare mai bune.

5 Proceduri sugerate pentru managementul ciclului de proiect

Acest capitol prezintă o imagine de ansamblu asupra procedurilor de gestionare a ciclului de proiect dezvoltate pentru fiecare conductă de proiect, identificată ca parte a acestui program de investiții publice ecologice. În esență, unitatea de implementare ar trebui să aibă siguranța că programul este executat în conformitate cu procedurile adoptate. Un proces bine conceput – care este responsabilitatea entității de programare – ar trebui să garanteze că doar proiectele eligibile concurează pentru sprijinul public și că sunt selectate pentru finanțare și implementare doar cele mai eficiente dintre ele.

Managementul ciclului de proiect (MCP) cuprinde mai multe etape distincte: 1) identificarea și evaluarea proiectelor pentru eligibilitate; 2) pregătirea programelor; 3) dezvoltarea proiectului; 4) finanțarea proiectelor; 5) implementarea proiectelor; și 6) controlul și monitorizarea impactului proiectului. Fiecare dintre aceste etape este descrisă detaliat în secțiunile de mai jos.

Identificarea, evaluarea și dezvoltarea proiectelor

Primul pas în procesul MCP este identificarea proiectelor eligibile care răspund la obiectivele strategice și specifice ale politicii naționale de mediu/climă și energie, precum și obiectivele definite în programul TPE. Proiectele eligibile ar implica următoarele activități:

- Înlocuirea autobuzelor folosite în transportul public urban (Etapa 1), suburban (Etapa 2, Scenariul 1) și, de asemenea- interurban (Etapa 2, Scenariul 2) cu modele acceptabile pentru mediu, echipate cu motoare diesel, GNC sau GPL, ori cu energie electrică.
- Investiții în activități de asistență (studii, construcția stațiilor de alimentare cu GNC, înființarea unui atelier de întreținere pentru autobuzele noi și investiții suplimentare care îmbunătățesc serviciile de transport public) relevante pentru înlocuirea autobuzelor în cele trei conducte (GNC/GPL, motorină, energie electrică).

În cadrul acestui program, sunt eligibile pentru finanțare, doar proiectele de investiții (adică cele care implică cheltuieli de capital). Lista proiectelor eligibile va fi revizuită anual de către unitatea de implementare, pentru a se asigura că proiectele din listă respectă încă obiectivele naționale de mediu/climă și politică energetică.

Un alt pas crucial definește modul de dezvoltare a proiectelor. În cadrul opțiunii 1, băncile vor promova activ Programul TPE, distribuind informații despre acesta. În cadrul opțiunii 2, promovarea va fi făcută de unitatea de implementare. Aceasta va implica publicarea pliantelor care pot fi distribuite potențialilor beneficiary și care definesc proiectele eligibile și beneficiarii eligibili, criteriile de eligibilitate și tipul de finanțare.

Criterii de eligibilitate a proiectului

Specificarea clară a criteriilor de eligibilitate (în ceea ce privește tipurile de proiecte, beneficiarii și costurile proiectului care vor fi suportate de program) și stabilirea unor criterii solide de evaluare a proiectului, va duce la o implementare a programului mai transparentă și mai eficientă. De asemenea, va face ca programul să fie credibil pentru finanțatori – fie că sunt publici sau privați, locali sau străini.

Această secțiune listează și descrie criteriile minime de eligibilitate. Acestea sunt „criterii de eliminare", adică neîndeplinirea chiar și a unuia dintre aceste criterii, la această etapă, are ca rezultat respingerea proiectului (deși poate fi luată în considerare opțiunea de reproiectare a propunerii de proiect). Proiectele care trec prin evaluarea eligibilității, dar care nu conțin suficiente informații, pot fi returnate solicitantului, fiind însoțite de o cerere de clarificare. Anexa D conține un model al formularului de evaluare a eligibilității care ar putea fi adaptat pentru selectarea proiectelor.

Criteriile includ tipurile de **proiecte** eligibile, **costurile** eligibile și **beneficiarii** eligibili (proprietarii proiectelor) pentru selectarea proiectelor individuale care solicită asistență publică. Scopul criteriilor de eligibilitate este de a efectua o evaluare inițială și simplă a acelor proiecte care par să abordeze toate obiectivele legate de Programul TPE și care pot beneficia de finanțare.

În procesul de selectare a proiectelor, pot fi utilizate următoarele criterii de eligibilitate (listele detaliate ar trebui să fie pregătite de MADRM înainte de lansarea programului):

1. Locația proiectului: limitată la centrele urbane și zonele suburbane (pentru Scenariul 1) și conexiunile interurbane (Scenariul 2).

2. Criterii legate de tipul proiectelor eligibile:
    a. tipul proiectului trebuie identificat în lista proiectelor eligibile
    b. toate costurile propuse ale proiectului ar trebui să poată fi identificate în lista costurilor eligibile
    c. înlocuirea vehiculelor de transport public care au o vechime de peste 10 ani și echipate cu motoare sub nivelul Euro V.
3. Criterii legate de tipurile beneficiarilor eligibili. Pentru a primi sprijin din cadrul Programului „Transport public ecologic" (TPE), ar fi eligibili următorii:
    a. operatorii private de transport public, care în prezent prestează servicii în centrele urbane eligibile (Etapa 1) și în zonele suburbane ale orașelor pilot (Etapa 2, Scenariul 1), precum și conexiuni interurbane (Etapa 2, Scenariul 2)
    b. operatorii municipali de transport public, care în prezent prestează servicii în centrele urbane eligibile (Etapa 1) și în zonele suburbane ale orașelor pilot (Etapa 2, Scenariul 1)
    c. administrațiile orașelor pilot (pentru pregătirea studiilor necesare și pentru sprijinirea investițiilor).
4. Alte criterii de eligibilitate: planuri existente ale orașelor, pentru investiții suplimentare (asistență) pentru îmbunătățirea sistemului de transport public urban.

Dacă un proiect nu îndeplinește criteriile de eligibilitate (adică dacă primește un răspuns negativ la oricare dintre întrebările de evaluare a eligibilității), acesta este respins și solicitantului îi este trimisă o explicație în scris. Proiectul poate fi reevaluat după modificarea și retrimiterea propunerii.

În cadrul opțiunii 1, băncile vor selecta angajații care vor examina și evalua proiectele, iar unitatea de implementare va selecta/atribui angajați. Angajații trebuie să aibă o înțelegere minimă a programului, prin participarea la instruirea condusă de MADRM. După instruire, angajații băncii vor fi capabili să efectueze evaluarea proiectului și să decidă dacă un proiect îndeplinește obiectivele Programului TPE și respectă criteriile de eligibilitate.

O listă a modelelor de vehicule eligibile pe piață ar putea fi pregătită pentru a simplifica procedura și evaluare a eligibilității, de către bănci. Lista ar putea fi actualizată ulterior, atunci când pe piață vor fi disponibile noi modele.

Dacă tipul de vehicul propus pentru cumpărare se află pe lista mijloacelor de transport aprobate, banca continuă să lucreze la proiect fără a contacta MADRM. Dacă vehiculul nu se află pe listă, documentele proiectului, în special specificațiile tehnice (care trebuie depuse de solicitant, producătorul autobuzului sau importatorul, la cerere) ale vehiculului sunt trimise către MADRM (adică unitatea de implementare) pentru evaluare (cu suportul, după necesitate, a unitatății de asistență tehnică).

MADRM evaluează dacă vehiculul propus îndeplinește obiectivele programului. Dacă se constată că respectă, acesta este adăugat în listă. În caz contrar, MADRM informează banca despre respingere. În acest caz, solicitantul este informat și proiectul poate fi reevaluat, după acordul solicitantului de a lua în considerare un alt tip de vehicul.

Pentru acele proiecte care au trecut de evaluarea eligibilității (adică acele proiecte care au primit un răspuns „da" la **toate** întrebările din lista criteriilor de eligibilitate), este efectuată o examinare suplimentară a bonității, conform procedurilor băncii.

Criterii de evaluare a proiectului

Un proiect care îndeplinește criteriile de eligibilitate trebuie apoi evaluat pentru a se vedea dacă merită finanțat. Evaluarea se face și pe baza unor criterii clar specificate și riguroase. Acestea permit managerilor de programe să compare, să clasifice și să selecteze pentru finanțare cele mai rentabile proiecte. Atunci când aceste criterii sunt aplicate în mod uniform pentru toate proiectele (similare), acestea pot contribui, de asemenea, la reducerea favoritismului în selectarea proiectelor individuale pentru finanțare.

Experiența arată că un sistem de evaluare bine conceput este fundamental pentru selectarea celor mai rentabile proiecte de investiții pentru finanțare din resurse publice. Cu toate acestea, opțiunea 1 din acest program – care implică finanțare din împrumuturi comerciale – presupune că toate proiectele care îndeplinesc criteriile de eligibilitate de bază sunt acceptate (mai ales dacă procesul de selecție a proiectului este realizat de către bănci fără expertiză în sectorul transportului public și care nu au primit o instruire vizată, de exemplu, prin intermediul autorităților publice).

În cadrul opțiunii 2 – în cazul în care operatorii își acoperă finanțarea de sine stătător, împreună cu o subvenție publică – toate proiectele care trec prin selecția de eligibilitate ar trebui evaluate și clasificate în funcție de criteriile de evaluare și clasament enumerate mai jos și notate folosind un tabel de evaluare (a se vedea anexa E). Proiectele cu cele mai mari scor ar oferi cea mai mare contribuție la obiectivele Programului TPE și, prin urmare, ar trebui să fie primii selectați pentru cofinanțare. Aceștia sunt apoi contactați de către bancă în scris, pentru a-i informa că proiectul lor a fost selectat pentru finanțare. Procesul de selecție a proiectelor pentru finanțare și execuție se încheie atunci când bugetul alocat tipului de proiecte sau Programului TPE în ansamblu (oricare ar fi primul) este epuizat pentru perioada dată.

Sunt propuse următoarele criterii de evaluare:

1. Elaborarea proiectului:
   a. plan de afaceri elaborat sau plan strategic pentru implementarea transportului public urban ecologic.
2. Locația proiectului:
   a. autobuzele care vor fi înlocuite operează în sectoarele poluate ale orașelor (lista sectoarelor poluate)
   b. autobuzele care vor fi înlocuite circulă numai în centrul orașului eligibil
   c. autobuzele care vor fi înlocuite operează în centrul și periferia/suburbiile orașului eligibil
   d. autobuzele care vor fi înlocuite operează în oraș și în zonele rurale conexe aflate în afara orașului eligibil.
3. Tipul proiectului:
   b. autobuzele au o mai mare prioritate ca microbuzele
   a. autobuzele cu gaz natural comprimat (GNC) au o prioritate mai înaltă autobuzele cu gaz petrolier lichefiat (GPL)
   b. autobuzelor diesel moderne le sunt atribuite o prioritate mai mică.
4. Dimensiunea proiectului:
   a. înlocuirea a 20 de autobuze și mai mult
   b. înlocuirea între 10 și 20 de autobuze
   c. înlocuirea a mai puțin de 10 autobuze.[1]
5. Sistem propus de îmbunătățiri a sistemului de transport public urban din oraș:
   a. lungimea benzilor noi de autobuz
   b. numărul de semafoare cu prioritate pentru transportul public

c. numărul de stații de autobuz recent echipate cu sisteme de informații online pentru pasageri

d. numărul stațiilor noi de autobuz.

6. Eficiența de mediu: costul pentru reducerea unei unitării de pulberi în suspensie – $PM_{2.5}$.

Pentru implementarea etapei pilot la Chișinău și Bălți, se recomandă ca procedura de selecție să se bazeze pe negocieri între administrația orașului și potențialii beneficiari (operatori publici și privați ai sistemului de transport public). Ministerul Agriculturii, Dezvoltării Regionale și Mediului (MADRM, în cooperare cu Ministerul Economiei și Infrastructurii, responsabil pentru supravegherea generală a programului, ar trebui să ofere indicații clare administrațiilor locale, în special cu privire la:

- suma fondurilor alocate în etapa pilot pentru fiecare oraș
- ponderea maximă a cofinanțării din fonduri publice
- criteriile pe care trebuie să le îndeplinească proiectele pilot pentru a fi eligibile pentru finanțare (a se vedea anexa D la prezentul raport).

Pregătirea programelor

Pregătirile programelor în cadrul opțiunii 1 vor consta în negocieri cu băncile, semnarea acordurilor și proiectarea procedurilor și formularelor care vor fi utilizate de bănci. În cadrul opțiunii 2, pregătirile programelor vor consta în stabilirea procedurilor interne, formularelor și instrucțiunilor pentru solicitanții și beneficiarii de succes (fie de către MADRM, fie de către UI).

Semnarea acordului cu băncile în cadrul opțiunii 1 ar trebui să se bazeze pe negocieri care acoperă următoarele criterii. Procesul de selecție al băncii ar putea fi organizat sub forma unei licitații care îndeplinește aceste criterii:

- accesibil pentru beneficiari (de exemplu, sucursalele din orașele în care este implementat Programul TPE)
- experiență anterioară de lucru cu întreprinderi mici și mijlocii (IMM-uri)
- experiență anterioară de finanțare a sectorului transporturilor
- experiență anterioară de lucru cu IFI
- experiență anterioară de acordare a împrumuturilor în valută
- marjă mică a dobânzilor și taxelor bancare
- condiții clare referitor la împrumuturi pentru IMM-uri, în special perioada de rambursare a împrumuturilor
- disponibilitatea diferitelor forme de finanțare a programelor, de ex. împrumuturi și leasing
- flexibilitate și costuri reduse pentru garanțiile de împrumut.

În plus, acordul de împrumut ar trebui să oblige băncile să întreprindă următoarele:

- să marketeze programul potențialilor beneficiari
- să identifice, să evalueze și să selecteze proiectele și beneficiarii eligibili, să pregătească și să semneze împrumuturi conform programului și să efectueze verificarea proiectului
- să asigure că operațiunile respectă programul, în special aplicând procedurile și criteriile stabilite de MADRM pentru selectarea beneficiarilor și a proiectelor acestora
- să raporteze către MADRM și Ministerul Finanțelor (MF) cu privire la implementarea financiară și fizică a proiectelor, în mod regulat (la fiecare trei luni)
- să raporteze implicarea financiară prognozată în următoarea perioadă de raportare.

Finanțarea proiectelor

După ce proiectele prioritare au fost selectate pentru finanțare, trebuie elaborată schema de finanțare propusă pentru proiect. Aceasta implică determinarea dimensiunii subvenției necesare pentru ca proiectul să fie viabil.

Când s-a definit programul de finanțare propus, banca invită solicitantul la negocieri și să semneze contractul de împrumut. Contractul ar trebui să detalieze drepturile și responsabilitățile fiecărei părți la acord, măsurile care trebuie luate în cazul nerespectării de către beneficiar a termenilor și condițiilor contractului, precum și un plan de achitare a sprijinului financiar.

În timpul implementării proiectului, plata contractorilor este o problemă practică importantă. Sunt sugerate două scheme de efectuare a plăților pentru contractanții:

- **Schema 1:** Banca transferă fondurile către beneficiar (adică operator de transport public), care plătește contractantului/furnizorului (vehiculelor de transport public) la facturare.
- **Schema 2:** Banca stabilește suma finanțării cu beneficiarul, dar plătește contractantului/furnizorului direct, după prezentarea unei copii a facturii.

În conformitate cu Schema 1, la sfârșitul perioadei de timp convenite (de exemplu lunar), MADRM primește de la bancă lista beneficiarilor asistați, numărul și tipurile de autovehicule achiziționate, costul achiziției și informații cu privire la valoarea împrumutului acordat beneficiarilor. Pe baza acestor informații, MADRM plătește băncii partea de finanțare (calculată ca procent fix din costul de achiziție). În general, Schema 1 este utilizată pe scară mai largă decât Schema 2 (care are beneficii în circumstanțe speciale, cum ar fi lipsa de încredere).

După primirea plății de la MADRM, banca reduce capitalul creditului respectiv și informează beneficiarul despre subvenția care a fost primită împreună cu noul program de rambursare a împrumutului, care ține cont de capitalul mai mic de rambursat.

În conformitate cu Schema 2, unitatea de implementare plătește subvenția individual pentru fiecare beneficiar.

Aceste două scheme sunt prezentate schematic în Figura 5.1 și în Figura 5.2 pentru opțiunea 1. În cazul opțiunii 2, această schemă este similară, doar ca nu sunt implicate bănci/împrumuturi. În ambele opțiuni, dacă furnizorul de autobuze nu a fost deja selectat, beneficiarul inițiază o procedură de licitație (în conformitate cu legea achizițiilor publice, în cazul în care achizițiile acestui beneficiar intră sub incidența prezentei legi).

Sprijinul public este transferat beneficiarului, care organizează o ofertă pentru a selecta un contractant, contractantul este plătit la livrarea serviciului și la prezentarea facturii (Figura 5.1).

Figura 5.1. Schema de plată 1: Beneficiarul primește fonduri publice

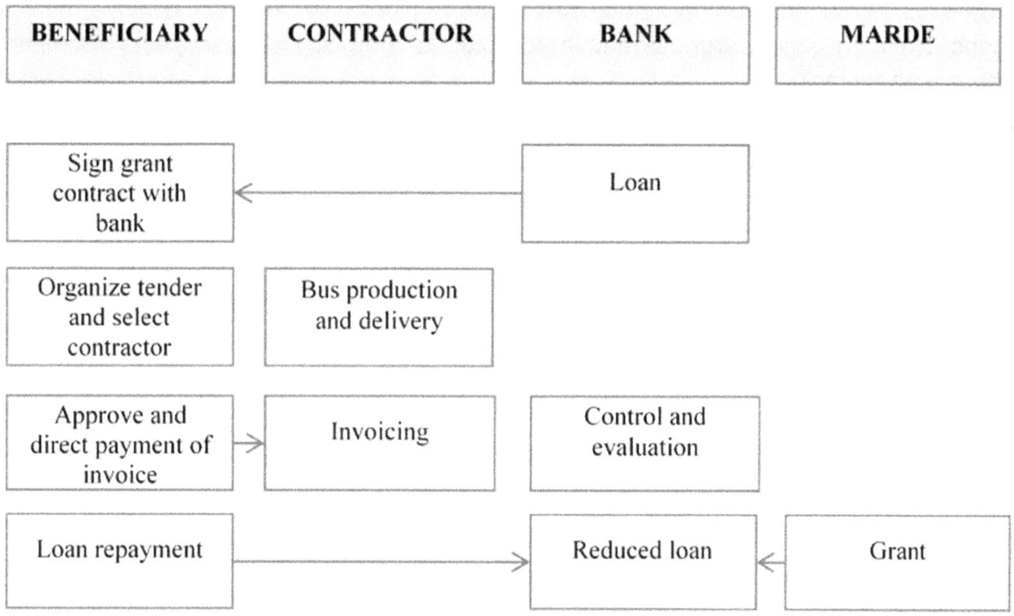

Figura 5.2. Schema de plată 2: Contractantul este plătit direct

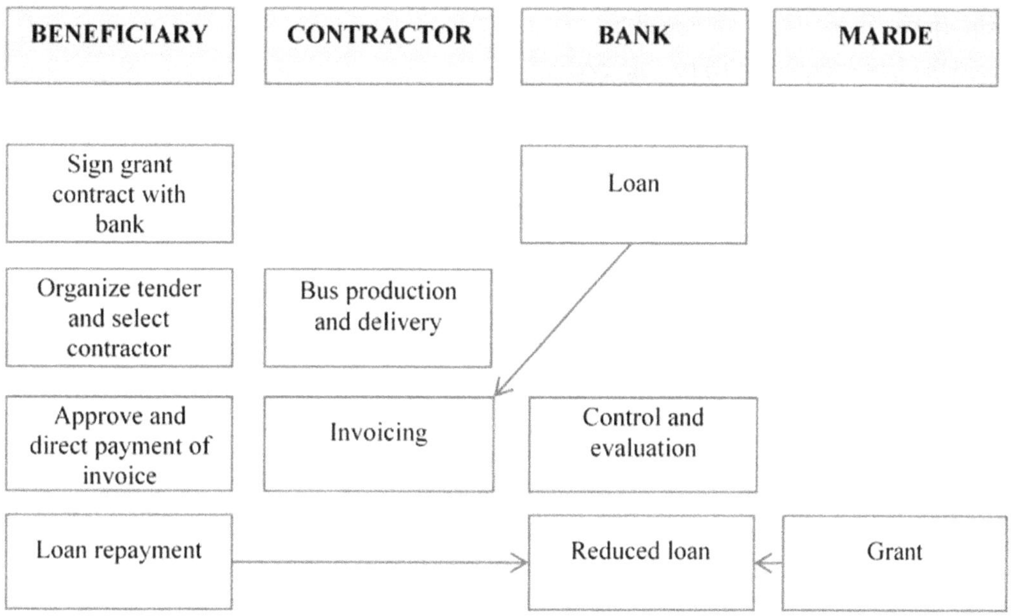

Este important să subliniem încă o dată că rata de asistență financiară (rata subvenției) ar trebui să fie stabilită pentru a se asigura că nu înlocuiește, ci susține, cheltuielile beneficiarului. Astfel, resursele publice ar trebui privite ca o ultimă soluție pentru acoperirea lacunelor de finanțare în proiectele prioritare ecologice (urmând principiul suplimentarității). Din acest motiv, nivelul subvenției ar trebui menținut la minimum. Acest minim optim poate fi definit ca rata de asistență care face proiectele importante din punct de vedere ecologic și economic să fie financiar viabile.

Controlul și monitorizarea impactului proiectului

După începerea implementării, banca (în funcție de opțiunea 1) sau alta UI (în conformitate cu opțiunea 2), conform contractului cu beneficiarul, își menține dreptul de a monitoriza și inspecta implementarea proiectului. Aceasta poate include:

- compararea efectivă a rezultatelor planificate în termeni fizici (de exemplu, numărul de autobuze, tipul autobuzelor etc.)
- determinarea dacă autobuzele sunt utilizate pentru asigurarea transportului public în centrele urbane/suburban
- monitorizarea implementării investițiilor însoțitoare (de exemplu, benzile dedicate circulației autobuzelor, stațiile de autobuz îmbunătățite).

Indicatori de performanță

Următorii indicatori de performanță ar putea fi utilizați de instituția care administrează programul de cheltuieli:

- numărul autobuzelor înlocuite, cu o vechime de 15 ani sau mai mult, inclusiv microbuze
- numărul autobuzelor înlocuite, cu o vechime de 10 ani sau mai mult, inclusiv microbuze
- numărul autobuzelor alimentate cu GPL care înlocuiesc autobuzele învechite
- număr autobuzelor alimentate cu GNC care înlocuiesc autobuzele învechite
- numărul troleibuzelor noi
- numărul autobuzelor alimentate cu motorină (normă Euro V sau mai bune) care înlocuiesc autobuzele învechite
- kilometri de benzi destinate autobuzelor
- tone de dioxid de carbon (CO_2) reduse anual
- tone de particule – PM_{10} - reduse anual
- tone de pulbere în suspensie - $PM_{2.5}$ - reduse anual.

Evaluarea impactului

Spre deosebire de procedurile de control și monitorizare în timpul implementării proiectului descrise mai sus, controlul și monitorizarea post-implementare (evaluare *ex- post*) implică determinarea faptului dacă proiectul și-a îndeplinit obiectivele declarate. Aceasta este responsabilitatea principală a băncii (în funcție de opțiunea 1) sau a altei unități de operare (în conformitate cu opțiunea 2), care raportează rezultatele către MADRM (managerul programului TPE).

Deoarece măsurarea directă și imediată a rezultatelor proiectului, în ceea ce privește reducerea poluării aerului și a consumului de combustibil, este foarte dificilă, se propune să fie monitorizate doar rezultatele fizice ale proiectului, și anume:

- numărul de autobuze în funcție de tipul motorului și dacă autobuzele sunt utilizate pentru a presta servicii de transport public în centrele urbane
- verificarea dacă echipamentele de reducere a emisiilor rămân instalate pe motoarele diesel
- implementarea investițiilor însoțitoare.
- Dacă obiectivele nu au fost îndeplinite, beneficiarul poate fi impus să restituie o parte sau tot sprijinul financiar oferit în cadrul programului. Contractul trebuie să acopere în mod clar o astfel de posibilitate.

Menținerea unei baze de date cu impactul proiectelor și programelor

Un element final al MCP este crearea și menținerea unei baze de date privind impactul proiectelor și programelor. MADRM ar trebui să determine cel mai bun format pentru baza de date, cum ar fi un sistem bazat pe Excel sau un software pentru baza de date. Aceasta trebuie să includă și să mențină următorii parametri:

Program:

- cheltuieli pe an pentru fiecare tip de proiect
- cheltuieli actuale comparate cu cele înscrise în buget
- reduceri de emisii calculate pe an.

Proiecte:

- numărul de proiecte pe tipul lor, pe ani
- rezultate fizice pe an: numărul de autobuze pe tip de motor
- reduceri de emisii calculate pe an (estimate pe baza autobuzelor înlocuite)
- eficiența raportată la costul proiectului: costul pe unitate de reducere a emisiilor.

Baza de date ar trebui utilizată pentru a informa viitorii solicitanți și beneficiari cu scopul de a ajusta criteriile de eligibilitate și evaluare, după cum este necesar și pentru a asigura relevanța acestora.

Concluzii pentru programul TPE

Scopul principal al sprijinului public din cadrul acestui program este de a oferi stimulente comunităților și întreprinderilor locale să întreprindă investiții ecologice și să cheltuiască mai multe resurse proprii pentru produse și tehnologii ecologice.

Câteva puncte suplimentare au apărut în urma discuțiilor privind programarea și managementul ciclului de proiect, după cum urmează:

- **Programarea este un proces politic**, axat pe definirea priorităților și obiectivelor, precum și stabilirii regulilor pentru ciclul proiectului (de exemplu, MADRM). Evaluarea – însă simplificată – este efectuată de un personal tehnic calificat (de exemplu, banca), care trebuie să răspundă pentru acțiunile sale. Responsabilitățile pentru programare și managementul ciclului de proiect ar trebui delimitate.
- **Transparența este cheia**. Informațiile (privind procedurile ciclului de proiect, criteriile de eligibilitate, rezultatele și beneficiile obținute) ar trebui diseminate pe scară largă. Toți aplicanții potențiali ar trebui să fie tratați în mod egal; deciziile trebuie explicate la timp; părțile interesate ar trebui invitate să participe.
- Deși se preferă un proces de evaluare în două etape, datorită implicării băncilor și a mai multor întreprinderi mici, **procesul de evaluare ar trebui simplificat după cum urmează**: MADRM aprobă lista autobuzelor care sunt eligibile pentru finanțare, ceea ce face simplă aprobarea băncilor pentru proiectele de finanțare. Dacă un tip de autobuz nu se află pe lista aprobată, acesta nu va fi finanțat și nu este necesară o evaluare suplimentară.. Sunt prioritare mijloacele de transport achiziționate care se regăsesc în lista aprobată (de MADRM).
- **Procesul nu se finalizează odată ce decizia de a finanța un proiect a fost luată**: contractarea, monitorizarea implementării proiectului și evaluarea rezultatelor proiectului sunt la fel esențiale, întrucât managerii de program vor învăța din această experiență.

- **Atragerea și menținerea personalului calificat este importantă**: capacitatea de a atrage proprietarii de proiecte și de a gestiona procesul complex de evaluare a proiectelor necesită experiență în domeniu.

Notă

[1] Sistemul de evaluare ar trebui să acorde mai puține puncte proiectelor care implică autobuze GNC, în cazul în care benzinăriile GNC nu sunt rentabile din punct de vedere comercial (mai puțin de 100 de autobuze GNC) sau nici nu există în oraș.

6 Prezentarea macroeconomică și de mediu

Acest capitol descrie pe scurt principalele probleme demografice, macroeconomice și de mediu din Moldova, relevante pentru sectorul transporturilor. Prezintă o imagine de ansamblu asupra sistemului de transport public din țară, precum și nivelul emisiilor de gaze cu efect de seră și poluarea aerului în principalele sale centre urbane. De asemenea, analizează riscurile majore pentru sănătate asociate cu principalii poluanți ai aerului. Această revizuire face parte din justificarea necesității de sprijin public pentru investiții în sectorul transporturilor.

Situația demografică și macroeconomică

Amplasarea geografică și diviziunea teritorială

Republica Moldova se află în sud-estul Europei, în nord-estul Balcanilor, ocupând o suprafață de 33 843 km². La vest, are frontieră comună cu România, iar la nord, est și sud- cu Ucraina (Figura 6.1). Lungimea totală a hotarelor naționale este de 1 389 km, inclusiv 939 km cu Ucraina și 450 km cu România.[1] Conform datelor Biroului Național de Statistică (BNS), populația Republicii Moldova, la 1 ianuarie 2018 era de 3.55 milioane.[2]

Organizația administrativ-teritorială a Republicii Moldova implică două niveluri ale administrației locale:[3] 1) APL 1 (administrația publică locală): sate (comune) și orășele/ orașe (municipii); și 2) APL 2: raioane și două municipii de nivel secund (Chișinău și Bălți). În prezent, Republica Moldova este împărțită în 32 de raioane, 13 municipii și 2 regiuni cu statut special: 1) Unitatea Teritorială Autonomă Găgăuzia; și 2) unități administrativ-teritoriale de pe malul stâng al Nistrului. Au fost create șase regiuni de dezvoltare, care vizează atragerea de fonduri și investiții și asigurarea dezvoltării durabile.[4]

Figura 6.1. Repartizarea populației pe localități

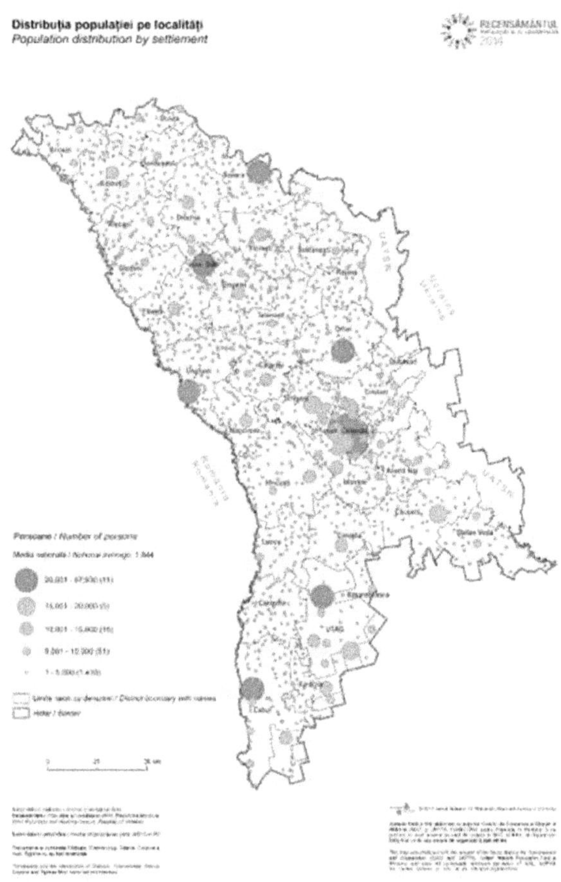

Sursa: Biroul Național de Statistică (https://statistica.gov.md/).

Dezvoltarea demografică și socio-economică

Procesul de urbanizare se petrece foarte încet și chiar se inversează, începând cu anul 1989, după cum arată datele recensământului (Tabelul 6.1).[5] Urbanizarea, în special în orașe și orășele, a încetinit în anii

90, fie ca urmare a competitivității scăzute a industriei în stil vechi, în condiții de piață liberă (combinate cu gestionarea greșită în timpul procesului de tranziție) sau modificări administrative (un număr semnificativ de sate mari au primit statutul de așezare urbană). De asemenea, declinul populației (contrar creșterii 1950-1990) și emigrarea după 1990 au reprezentat provocări pentru urbanizare, ceea ce a dus la o scădere a ofertei de servicii publice, în special în orașe și orășele (GoM, 2016[1]). După cum arată Tabelul 6.1, nivelul de urbanizare în 2014 se aseamănă cu cel din 1970.

Tabelul 6.1. Rezultatele recensământului în Moldova, 1970-2014

Recensământ	Urban	Rural	Total	Urban	Rural
		mln persoane		procentaj	procentaj
1970	1.13	2.44	3.57	31.7%	68.3%
1979	1.53	2.42	3.95	38.8%	61.2%
1989	2.02	2.32	4.34	46.6%	53.4%
2004	1.31	2.08	3.38	38.6%	61.4%
2014	0.95	1.85	2.81	33.9%	66.1%

Notă: Informațiile din 2004 și 2014 nu includ date despre raioanele de pe malul stâng al Nistrului sau al municipiului Bender.
Sursă: Biroul Național de Statistică (https://statistica.gov.md/).

În 2018, din populația totală de 3.55 milioane de persoane, 51.9% erau femei, în timp ce în mediul urban raportul a fost de 53.2%.[6] Din totalul populației, 83.1% dintre bărbați sunt în vârstă aptă de muncă (16-61 ani), în timp ce raportul pentru femei este de 59.0% (16-56 ani). Proporția pensionarilor este foarte similară pentru zonele urbane și rurale: 19.4%, respectiv 18.7%.[7] Moldova este una dintre țările din Europa de Est, Caucaz și Asia Centrală (EECAC) a căror populație este în scădere (Figura 6.2). Față de cifrele din 1991, în 2018 Moldova avea 441 000 mai puține femei și 376 000 mai puțini bărbați.[8]

Figura 6.2.Creșterea naturală a populației în țările EECAC selectate, 2000-2013

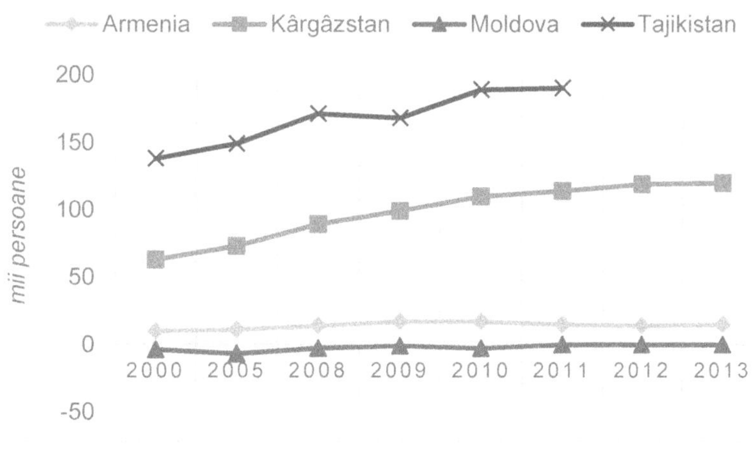

Notă: Datele din 2012 și 2013 pentru Tadjikistan nu sunt disponibile.
Sursa: (CIS, 2014[2]), Comunitatea *Sattelor Independente în 2013 – Anuarul Statistic.*

Conform unui sondaj al gospodăriilor, efectuat în anul 2013 (bazat pe un eșantion de 20 850 de gospodării), în anul precedent, 12.4% dintre membrii gospodăriilor s-au aflat peste hotarele țării mai mult de 12 luni, 68.4% dintre aceștia provenind din mediul rural (Nexus, 2013[3]). În total, 271 600 de persoane locuiau în străinătate pentru o perioadă mai lungă (un an sau mai mult), în timp ce populația străină care locuia în Moldova a ajuns la doar 21 700 de persoane (la sfârșitul anului 2014). În 2014, 26.4% din gospodăriile rurale și 20.6% din gospodăriile urbane au beneficiat de remitențe. În termeni relativi, gospodăriile rurale au beneficiat mai mult de remitențe, deoarece acestea reprezentau 61.6% din venitul lor total disponibil, comparativ cu 50.2% pentru gospodăriile urbane (IOM, 2017[4]).

Venitul mediu disponibil al gospodăriei în 2017 s-a situat la 2 245 MDL (121 USD) lunar pe cap de locuitor. Această cifră este compusă din 2 671 MDL (144 USD) pe cap de locuitor în zonele urbane și 1 917 de lei (104 USD) pe cap de locuitor în zonele rurale. În zonele urbane, 55% din acest venit provine de la locul de muncă, 22% din plăți sociale și 11% din remitențele din străinătate. În mediul rural, ocuparea forței de muncă a reprezentat doar 30%, activități independente în agricultură 15%, plățile pentru protecție socială 25%, iar remitențele 22%. În ansamblu pe țară, 43% provin din ocuparea forței de muncă, 23% din plățile de protecție socială și 16.5% din remitențele.[9]

În anul 2016, angajarea în câmpul muncii a fost, în principal, în domeniul agriculturii (33.7%); administrația publică, asistența medicală, educația și serviciile sociale (18.3%); comerț (16.4%); și industrie (12.1%). În zonele urbane, angajarea în câmpul muncii este în principal în comerț (26.8%); administrația publică, asistența medicală, educația și serviciile sociale (20.9%); și industrie (17.3%). Pe de altă parte, în zonele rurale, ocuparea forței de muncă este dominate de domenii precum agricultura (58.2%), urmată de administrația publică, îngrijirea sănătății, educația și serviciile sociale (16.1%). În zonele rurale, în niciun alt sector nu se înregistrează angajarea în câmpul munii care să depășească 8%.[10]

În 2016, rata șomajului anuală a fost de 4.2%. În general, bărbații au înregistrat o rată mai mare a șomajului (5.5%), incluzând o rată de 8% în zonele urbane și 3.2% în zonele rurale. În schimb, femeile au înregistrat în general rate de șomaj de 2.9%, cu 4% în zonele urbane și 1.9% în zonele rurale.[11]

PIB-ul și intensitatea energetică

În general, legătura dintre PIB-ul în creștere și transport a fost un motiv major pentru creșterea emisiilor de gaze cu efect de seră (GES), datorită circulației mai mari de bunuri și oameni. Emisiile pe cap de locuitor din transport se corelează puternic cu veniturile anuale (Sims and Schaeffer, 2014[5]).

PIB-ul estimat al țării, în anul 2016, a fost de 18.9 miliarde USD, măsurat în funcție de paritatea puterii de cumpărare și a crescut cu o rată medie anuală de 5.3% față de anul 2002. După cum se arată în Figura 6.3, PIB-ul Republicii Moldova a crescut cu mai mult de patru ori în perioada 2003-13 (în funcție de paritatea puterii de cumpărare, aproape că s-a dublat de la 2 393 la 4 700 USD, curs internațional actual).[12]

Figura 6.3. PIB-ul Moldovei pe cap de locuitor, 1995-2017

(USD curent)

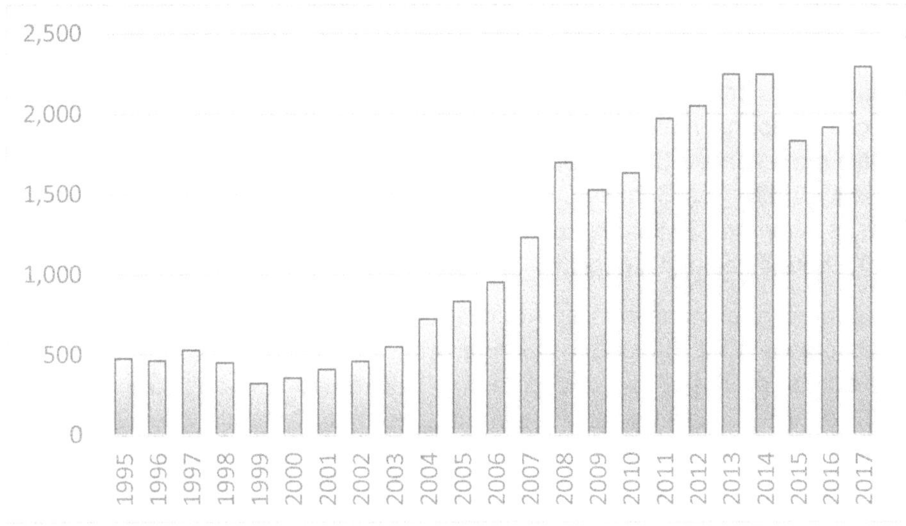

Sursa: Banca Mondială (https://data.worldbank.org).

PIB-ul este generat cel mai mult de comerț (15.2%), urmat de minerit și producție (12.0%), agricultură (11.6%) și sectorul public (11.6%) (NBS, 2018[6]). Țara nu are producție de cărbune sau gaze naturale și este dependentă de importuri. Moldova a produs 5 000 de tone de produse petroliere în 2017, ceea ce a fost suficient pentru a acoperi doar 0.5% din consumul intern brut al acestor produse (NBS, 2018[6]).

În ciuda faptului că Moldova contribuie relativ puțin la schimbările climatice – în timp ce țara a reprezentat 0.05% din populația lumii în 2012, a fost responsabilă pentru 0.02% din emisiile globale de GES[13] – economia sa este atât energetică, cât și consumatoare de carbon. Consumul energetic al Moldovei este mult mai mare decât mediile pentru Uniunea Europeană (UE), OCDE și pentru lumea întreagă. În 2014, consumul de energie al Moldovei s-a situat la aproximativ 195 de kilograme de echivalent petrol (koe) la 1 000 USD PIB de paritate a puterii de cumpărare (PPC), folosind prețurile pentru 2011, comparativ cu aproximativ 88 pentru UE, 110 pentru țările OCDE și 126 pentru lumea în ansamblu.[14]

În timp ce, în termeni absoluti, emisiile de dioxid de carbon din Moldova (CO_2) au scăzut semnificativ de-a lungul anilor, intensitatea carbonului în economia Moldovei (sau „Emisiile de CO_2 per PIB") este încă foarte mare (0.276 kg CO_2 per PIB PPC USD 2014) comparativ cu țările UE (0.17 kg) și OCDE (0.239 kg).[15]

Sectorul financiar

Sectorul financiar al Republicii Moldova este dominat de bănci. Sectorul bancar cuprinde Banca Națională a Moldovei (BNM) și 11 bănci comerciale (BC Moldova Agroindbank SA, BC Comertbank SA, BC EuroCreditBank SA, BC Energbank SA, BC Eximbank SA, FinComBank SA, BC Mobiasbanca – Groupe Société Générale SA, BC Moldindconbank SA, BC ProCredit Bank SA, BCR Chișinău SA, BC Victoriabank SA).

Licențele BNM, supraveghează și reglementează activitatea instituțiilor financiare care operează în Moldova. Acționarii sectorului bancar din Moldova sunt în mare parte din străinătate, deoarece investitorii străini dețin 86.1% din capitalul social al băncilor.[16] Patru bănci moldovenești au capital străin complet (adică sunt sucursale ale băncilor străine sau ale grupurilor financiare străine).

În prezent, băncile din Moldova nu joacă un rol semnificativ în dezvoltarea economică și în activitatea de afaceri a țării. Riscul de credit suveran ridicat al Moldovei, combinat cu rate ridicate ale inflației (până în 2016) au dus la o dobândă ridicată și la disponibilitatea limitată a împrumuturilor bancare accesibile și pe termen lung. Lipsa fondurilor pentru direcții mai lungi este o problemă deosebit de persistentă în sistemul bancar din țară.

Unul dintre factorii care au contribuit la această situație a fost frauda bancară neobișnuită, descoperită în noiembrie 2014, când a apărut informația că peste 1 miliard de USD – echivalent cu 15% din PIB-ul anual al țării sau jumătate din rezervele BNM – dispăruse din trei dintre cele mai importante bănci din Moldova (Banca de Economii[17], Unibank și Banca Sociala).[18] Salvarea rezultată a acestor instituții financiare (brusc falimentate) a costat autoritățile naționale aproape jumătate din bugetul anual al Moldovei și a determinat o "curățare" cu întârziere a sectorului bancar.

Aceasta a dus la o „prăbușire" monetară (dintr-o perspectivă europeană) și a introdus economia națională în a treia sa scădere anuală a PIB-ului într-o perioadă de numai șase ani (după 2009 și 2012). Cu toate acestea, această a treia „prăbușire" s-a dovedit a nu fi la fel de abruptă ca prima.[19] Între noiembrie 2014 și noiembrie 2015, moneda moldovenească a pierdut aproximativ 18% din valoarea sa față de Euro,[20] tot din cauza unei rulări a leului moldovenesc cauzat de „miliarde" lipsă. Aceasta a dus la o creștere generală a prețurilor (de exemplu, electricitatea casnică, care a crescut cu 30%),[21] în timp ce salariile și pensiile au rămas înghețate. Banca Mondială, Fondul Monetar Internațional al Uniunea Europeană a suspendat ajutorul financiar pentru țară.

De atunci, încrederea în sectorul bancar al țării a fost, în mare măsură, restabilită, deși corupția rămâne încă o problemă. În octombrie 2016, BNM a luat măsuri pentru creșterea transparenței proprietății: unitatea nou-înființată a Unității de Transparență a Acționarilor (UTA) a întreprins acțiuni de supraveghere în conformitate cu noua Lege privind redresarea și rezoluție băncilor (nr. 232 din 3 octombrie 2016), a blocat și a anulat definitiv 43 % din acțiunile de la Moldova Agroindbank – cea mai mare bancă din Moldova, care deține aproape o treime din toate depozitele de retail din țară și una dintre cele mai vechi bănci ale acesteia[22] – și aproape 64% la Moldindconbank – a doua bancă ca mărime.[23]

Motivul principal din spatele acestei mișcări a fost nevoia de a îmbunătăți transparența în sectorul bancar, mai degrabă decât de a îmbunătăți solvabilitatea. Legea instituțiilor financiare (nr. 550 din 21 iulie 1995) impune acum ca acțiunile bancare să nu fie achiziționate fără acordul scris prealabil al BNM (IMF, 2016[7]); (NBM, 2016[8]). În octombrie 2018, Banca Europeană pentru Reconstrucție și Dezvoltare (BERD) și două companii cu capital privat au cumpărat o participație de 41% (23 milioane EUR) la Agroindbank (Foy, 2018[9]).Din aprilie 2018, BNM încearcă să vândă pachetul majoritar al Moldindconbank (Banila, 2019[10]).

În noiembrie 2016, Banca Transilvania SA (a doua cea mai mare bancă din totalul activelor din România) împreună cu BERD (un investitor de frunte în Moldova și anterior un creditor major în sistemul bancar din țară) și-a anunțat intenția de a achiziționa 39.2% din acțiuni ale Victoriabank (Al treilea cel mai mare creditor din Moldova). Acordul a fost încheiat în ianuarie 2018 – cu cota minoritară a BERD de 27.5%. Cele două bănci străine dețin acum o miză de control de 66.7% și au demonstrat că sectorul bancar în Moldova, care a fost lovit de fraudă, s-a stabilizat (achizițiile bancare străine anterioare au avut loc în 2007).[24] De asemenea, acționarii Victoriabank intenționează să-și diversifice produsele financiare și să ofere, printre altele, IMM-urilor opțiuni de creditare pe termen lung.[25] Banca Transilvania (în care BERD deține, de asemenea, 8.6% din acțiuni) vede oportunități în sectoarele IMM-urilor, întreprinderilor micro și retail, din țară și este de așteptat să aducă experiența necesară acumulată pe piața de creditare din România (Fitzgeorge-Parker, 2017[11]).

Concentrația sectorului bancar este destul de mare în Moldova – cele mai mari cinci bănci reprezintă 79% din capital și 84% din totalul activelor. Totuși, această concentrare nu este un obstacol major. Pe lângă problemele de transparență menționate mai sus, activele totale ale sectorului bancar din Moldova constituie mai puțin de 40% din PIB-ul țării.[26] De asemenea, economiile intern brute au fost în cifre negative începând cu anul 2000, având o valoare anuală medie de -10.1% din PIB până în 2016.[27]

Raportul împrumut-depozit a scăzut de la 80% (septembrie 2015) la actualul 58% (martie 2019), arătând că băncile au devenit mai prudente în operațiunile de creditare după criza bancară și păstrează o parte mai mare de depozite în rezervă.[28] Aceste cerințe limitează împrumuturile bancare, iar rolul sectorului bancar din Moldova, ca contribuitor la creșterea economiei naționale, rămâne limitat. Deoarece băncile nu funcționează corect ca intermediari financiari, accesul la credite pentru IMM-uri și antreprenori privați este complicat. În schimb, băncile se confruntă cu provocări în diversificarea clienților lor, precum și în canalizarea bazei lor mari de depozite în credite sănătoase (Wrobel, 2019[12]). Aceste provocări sunt amplificate, printre altele, de lipsa unor proiecte bancare bune și de alte probleme (structurale), precum recuperarea împrumuturilor.

Pe o notă pozitivă, ponderea creditelor neperformante în portofoliul total de credite a scăzut de la 18.4% la 12.5% între 2017 și 2018 (sfârșitul anului).[29] Rata medie a inflației s-a stabilizat în 2016 la 6.5% (de la 9.7% în 2015) și a fost de 3.1% în 2018.[30] Această scădere a inflației a permis ca rata dobânzii de bază stabilită de BNM să fie redusă la 6.5% începând cu sfârșitul anului 2017, de la 19.5% în septembrie 2015.[31] Ratele dobânzilor curente cu o singură cifră ar putea contribui la majorarea creditelor și la rambursarea generală a acestora.

În 2018, rata medie a dobânzii la creditele pe termen lung (peste cinci ani) pentru întreprinderi a fost de 9.76% p.a. (în moneda națională) și 4.60% p.a. (în valută; Figura 6.4). În ceea ce privește volumele de credit, împrumuturile pe termen lung au totalizat 598.13 milioane MDL din totalul de 10 763.4 milioane MDL acordate întreprinderilor (în monedă națională) și 1 293.82 milioane MDL din totalul 10 015.14 MDL (în valută). Această cerere mai mare din partea sectorului de afaceri pentru credit pe termen lung, exprimat în valută, se datorează în mare măsură faptului că împrumuturile în valută străină vin cu scadențe mai mari.

Figura 6.4. Ratele dobânzilor la împrumuturi noi și credite overnight (peste noapte), 2014-2019*

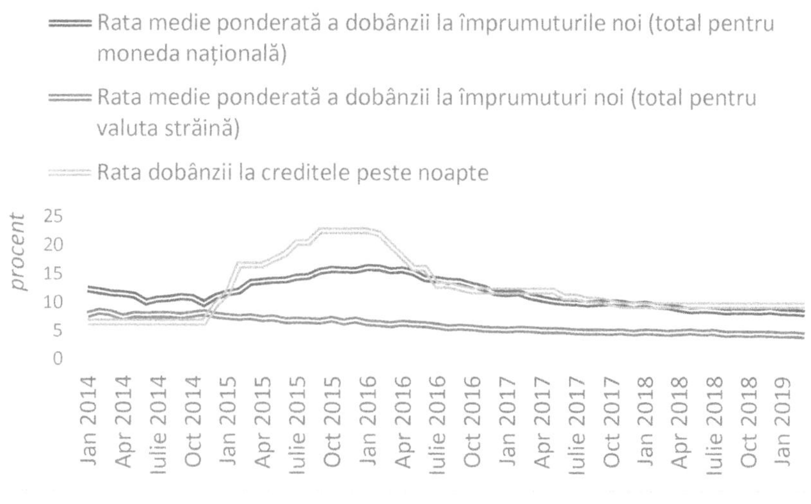

Notă: *Informația până la 03/2019.
Sursa: Banca Națională a Moldovei (www.bnm.md).

Volumul total al creditelor în 2018 a fost de 18 544.69 milioane MDL (în monedă națională) și 10 260.99 milioane MDL (în valută). Împrumuturile acordate întreprinderilor au constituit 58% din toate împrumuturile în monedă națională și 98% din toate împrumuturile în valută. Astfel, împrumuturile pe termen lung în valută pot fi considerate mai interesante pentru finanțarea Programului TPE.[32] Cu toate acestea, riscul potențial al valutei[33] semnifică că guvernul sau un donator ar putea dori să instituie o facilitate pentru a acoperi acest risc pentru companiile care aleg să împrumute în valută. Rata rezervelor necesare pentru pasive în monedă națională a fost crescută la 42.5%, iar raportul de rezerve al fondurilor atrase în valută străină a fost menținut la 14%.[34]

În noiembrie 2018, serviciul pentru investitori Moody a afirmat ratingul B3 al Guvernului Republicii Moldova (perspective stabile), luând în considerare, pe de o parte, progresul țării în stabilitatea financiară și persistența slăbiciunilor și imprevizibilitatea mediului politic intern (care implică și riscuri fiscale) printer altele. Cu toate acestea, povara datoriei Moldovei este relativ scăzută (de asemenea, datorită deficitelor bugetare mici),[35] cu un raport datorie- PIB de 31.5% la sfârșitul lui 2017 (adică mult sub medianul nominal B de 56% din PIB). Pe lângă accesibilitatea ridicată a datoriei, ponderea mare a acesteia în monedă străină este în prezent echilibrată de leul moldovenesc apreciat în mod semnificativ în 2017, pe baza fondului remitențelor și intrărilor de capital mai puternice.[36]

Infrastructura drumurilor și transporturilor în Moldova

Moldova se situează jos în clasamentul țărilor EECAC în ceea ce privește numărul de pasageri care utilizează transportul public (atât în volum total, cât și în procente ale populație). Moldova s-a clasat pe locul doi după Federația Rusă în cee ace privește scăderea numărului de pasageri transportați (27.5%, respectiv 56.3%) în perioada 2000-2013 (CIS, 2014[2]).[37]

Moldova a fost singura țară dintre cele similar ei, care a înregistrat o scădere a transportului de pasageri (Figura 6.5), care a scăzut la același nivel cu Armenia în 2013 (ambele țări sunt comparabile în ceea ce privește dimensiunea populației). Cea mai recentă evoluție (2014-2016) arată însă o tendință în creștere (Tabelul 6.11).

Figura 6.5. Transportarea pasagerilor de către întreprinderile de transport în anumite țări EECAC, 2000-2013

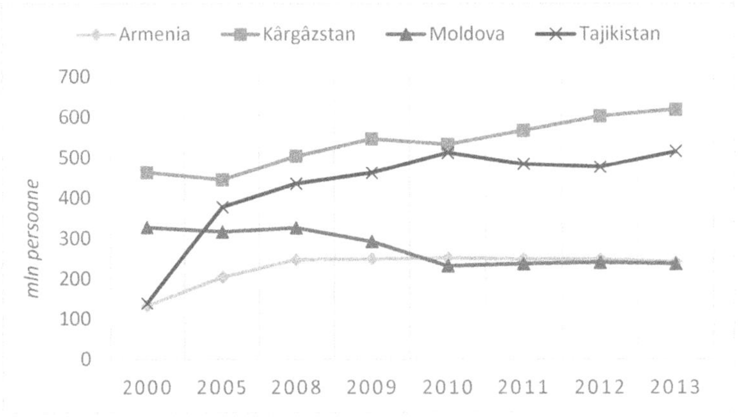

Sursa: (CIS, 2014[2]).

Pe de altă parte, cantitatea de mărfuri transportate a crescut în Moldova de la 28.9 milioane de tone în 2000 la 36.9 milioane de tone în 2016.

În ianuarie 2017, lungimea totală a drumurilor publice din Republica Moldova a fost de 9 352 km,[38] cuprinzând 3 336 km de drumuri naționale și 6 016 km de drumuri locale (Tabelul 6.2). Densitatea rutieră rezultată este ridicată pentru o țară cu dimensiunea și populația Moldovei. Administrația de Stat a Drumurilor – o întreprindere de stat din fostul Minister al Transporturilor și Infrastructurii Drumurilor (care acum face parte din Ministerul Economiei și Infrastructurii)[39] – gestionează drumurile naționale și controlează o mare parte din finanțarea întreținerii rutiere locale.

Tabelul 6.2. Lungimea drumurilor publice, 2010-2016

(sfârșit de an, km)

	2010	2011	2012	2013	2014	2015	2016
Drumuri publice – total	9 344	9 352	9 352	9 352	9 360	9 373	9 386
dintre care, suprafață dură	8 811	8 827	8 835	8 836	8 861	8 879	8 894
Drumuri naționale - total	3 336	3 336	3 336	3 336	3 339	3 339	3 346
dintre care, suprafață dură	3 336	3 336	3 336	3 336	3 339	3 339	3 346
Drumuri locale – total	6 008	6 016	6 016	6 016	6 021	6 034	6 040
dintre care, suprafață dură	5 475	5 491	5 499	5 500	5 522	5 539	5 547

Notă: Informații din iulie 2017.
Sursă: Biroul Național de Statistică (https://statistica.gov.md/).

Tabelul 6.2 arată că densitatea drumurilor publice în perioada de referință nu a suferit modificări majore. Structura rețelei de drumuri publice la 1 ianuarie 2017 este prezentată în Tabelul 6.3.

Tabelul 6.3. Structura rețelei drumurilor publice

Suprafața		Total Drumuri publice	Naționale			Locale
			Total	Inclusiv		
				Autostrăzi	Republicane	
Lungimea totală, km		9 386	3 346	820	2 526	6 040
Dintre care:						
Strat înnoit (strat modernizat)	km	5 476	2 983	799	2 184	2 493
	%	58.3	89.1	97.4	86.5	41.3
Strat subțire bituminos	km	459	117	18	99	342
	%	4.9	3.5	2.2	3.9	5.7
Drumuri pietruite	km	2 959	246	3	243	2 713
	%	31.5	7.4	0.4	9.6	44.9
Drumuri cu pământ	km	492	-	-	-	492
	%	5.3	-	-	-	8.1

Notă: Iulie 2017.
Sursa: Administrația de Stat a Drumurilor (www.asd.md).

Potrivit Agenției Nționale a Turismului din Moldova, există 20 de rute turistice înregistrate în țară. În prezent, se dezvoltă agroturismul, implicând organizarea festivalurilor și târgurilor, precum și rute vinicole. Estimările agenției arată că peste 25% dintre locuitorii Moldovei călătoresc în toată țara cu propriile mașini. Regimul liberalizat al vizelor cu UE și Comunitatea Statelor Independente (CSI) a sporit turismul străin.[40]

Flota de vehicule a Moldovei

Această analiză oferă o scurtă trecere în revistă a situației actuale a stocului de autobuze existent în Moldova (în ceea ce privește statutul de proprietate, vârsta vehiculului, normele privind emisiile, tipul de combustibil etc.).

Potrivit Întreprinderii de Stat „Centrul Resurselor Informaționale de Stat – Registru", la 1 iulie 2017, 924 122 de mijloace de transport au fost înregistrate în țară, inclusiv 281 349 unități de transport la Chișinău și 43 739 unități de transport la Bălți (Tabelul 6.4).[41]

Tabelul 6.4. Structura flotei vehiculelor (după tipul de transport)

Nr	Tipul unității de transport	Nr. unități de transport	Ponderea din total, %
1	Autoturisme	573 265	62.00
2	Camioane	179 554	19.42
3	Remorci	51 681	5.60
4	Tractoare	40 638	4.40
5	Motociclete	38 623	4.20
6	Autobuze	20 910	2.26
7	Semiremorci	16 493	1.80
8	Altele	2 958	0.32
Total		**924 122**	**100**

Notă: Iulie 2017.
Sursa: Centrului Resurselor Informaționale de Stat „Registru" (www.registru.md), din 1 iulie 2017; acum se află în subordinea Agenției de Servicii Publice (www.asp.gov.md/en/date-statistice).

În timp ce alte statistici oficiale prezintă date ușor diferite (Tabelul 6.5), cifrele generale pentru autobuze și microbuze corespund. Acestea sunt principalele mijloace de transport de interes pentru programul TPE propus. Numărul de autoturisme a crescut cu 169 000 din 2010 până în 2017; numărul autobuzelor a scăzut cu 485, iar numărul de troleibuze a crescut cu 71 în aceeași perioadă.

Tabelul 6.5. Autovehicule înmatriculate în Moldova, 2010-2017

(sfârșitul anului, unități)

	2010	2011	2012	2013	2014	2015	2017*
Vehicule de transport rutier de mărfuri	131 243	141 696	151 830	154 163	160 199	164 533	179 554
Autobuze și microbuze	21 395	21 349	21 433	21 344	21 359	21 134	20 910
Autoturisme (inclusiv taxiurile)	404 290	426 973	456 379	487 418	512 561	529 813	573 265
Remorci și semiremorci	54 127	56 482	58 827	60 797	63 076	64 953	68 174
Troleibuze pentru pasageri	343	443	357	380	396	391	414
Total	**611 398**	**646 943**	**688 826**	**724 102**	**757 591**	**780 824**	**842 317**

Notă: *Iulie 2017.
Sursa: Centrului Resurselor Informaționale de Stat „Registru" (www.registru.md), din 1 iulie 2017; acum se află în subordinea Agenției de Servicii Publice (www.asp.gov.md/en/date-statistice).

Tabelul 6.6 clasifică vehiculele în funcție de tipul motorului diesel folosind normele europene de emisie (pentru informații privind normele Euro a se vedea anexa B la prezentul raport).

Tabelul 6.6. Analiza unităților de transport înregistrate în Moldova (după anul de fabricație)

Nr.	Tipul unității de transport	Înainte de 1992 (non-Euro)	1993-1996 (Euro 1/I)	1997-2000 (Euro 2/II)	2001-2005 (Euro 3/III)	2006-2009 (Euro 4/IV)	2010-2014 (Euro 5/V)	După 2014 (Euro 6/VI)	TOTAL
1	Autoturisme	206 208	69 629	31 990	101 193	93 003	32 513	4 508	**539 044**
2	Camioane	63 400	17 594	37 701	42 725	11 756	2 417	294	**175 887**
3	Tractoare	24 629	1 628	1 822	4 022	2 069	4 069	654	**38 893**
4	Motociclete	19 023	1 166	1 288	2 582	6 178	6 787	329	**37 353**
5	Autobuze	11 790	2 438	2 649	2 511	1 167	418	21	**20 994**
6	Altele	1 717	257	284	327	270	255	38	**3 148**
Total		**326 767**	**92 712**	**75 734**	**153 360**	**114 443**	**46 459**	**5 844**	**815 319**
%		**40.1**	**11.4**	**9.3**	**18.8**	**14.0**	**5.7**	**0.7**	

Notă: *Iulie 2017.
Sursa: Centrului Resurselor Informaționale de Stat „Registru" (www.registru.md), din 1 iulie 2017; acum se află în subordinea Agenției de Servicii Publice (www.asp.gov.md/en/date-statistice).

Datele prezentate în Tabelul 6.6 pot fi rezumate după cum urmează:

- 11 790 de autobuze (56% din flota de autobuze) nu corespund niciunui standard Euro. Conform art. 153 alin. (9) din Codul transportului rutier, aceste unități ar trebui reînnoite sau înlocuite până în 2020.
- În total, 326 767 de vehicule nu respectă nicio normă Euro (40.1% din flota auto).
- 321 806 vehicule respectă Euro 1/I până la Euro 3/III (39.5% din flota auto).
- 114 443 de vehicule respectă Euro 4/IV (14% din flota vehiculelor).
- 52 303 de vehicule ajung la Euro 5/V și 6/VI (6.4% din flota vehiculelor).

În luna mai 2017, 840 de companii implicate în transportul rutier de mărfuri erau înregistrate în Moldova, conform informațiilor furnizate de Agenția Națională Transport Auto (ANTA). Aproape trei sferturi din camioanele înmatriculate au între 11 și 20 de ani. În total, 2 638 de unități au o vechime de până la 10 ani (45.7% din flotă), în timp ce 1 237 de unități au peste 16 ani (21.4% din totalul flotei). Astfel, o mare parte din flotă va necesita înlocuire în viitorul apropiat.

Tabelul 6.7. Flota de camioane (după vârstă)

Nr.	Vârsta	Nr de unități	Ponderea, %
1	Până la 1 an	4	0.07
2	De la 1 la 5 ani	275	4.8
3	De la 6 la 10 ani	2 359	40.8
4	De la 11 la 15 ani	1 902	32.9
5	De la 16 la 20 ani	880	15.2
6	De la 21 la 25 ani	210	3.6
7	De la 26 la 30 ani	114	2.0
8	Peste 31 ani	33	0.6
Total		**5 777**	**100**

Notă: Mai 2017
Sursa: Agenția Națională Transport Auto (http://anta.gov.md).

Pe de altă parte, aproape jumătate din camioane respectă normele Euro V, deoarece acest lucru este necesar pentru activitatea de transport internațional (Tabelul 6.8). Peste 6% din flota de camioane (359 camioane) respectă numai normele Euro 0, iar acestea trebuie reînnoite sau înlocuite până în 2020, în conformitate cu prevederile art. 153, alin. (9) din Codul transportului rutier.

Tabelul 6.8. Conformitatea flotei de camioane din Moldova cu normele Euro

Nr.	Vârsta	Nr de unități	Ponderea, %
1	Euro 0	359	6.21
2	Euro I	5	0.09
3	Euro II	614	10.63
4	Euro III	1 626	28.15
5	Euro IV	271	4.69
6	Euro V	2 809	48.62
7	Euro VI	93	1.61
Total		**5 777**	**100**

Notă: Mai 2017
Sursa: Agenția Națională Transport Auto (http://anta.gov.md).

ANTA ține evidența rețelei rutiere obișnuite conform programelor de transport aprobate. În prezent, rețeaua de rute din Moldova include 480 de operatori care deservesc 11 130 de rute regulate, inclusiv 6 890 de rute (raionale), 3 368 de rute interraionale și 872 de rute internaționale. Rutele obișnuite sunt deservite prin intermediul gărilor și autobuzelor.[42] Întreprinderea de stat „Gările și Stațiile Auto" – care operează în cadrul Agenției Proprietății Publice (APP) a Ministerului Economiei și Infrastructurii – prestează servicii de transport cu autobuzul în Moldova și include 28 de filiale și 9 stații de autobuze private.[43] Conform datelor transmise de ANTA, 540 de operatori de transport sunt înregistrați în Registrul de stat al operatorilor de transport pentru a presta servicii de transport rutier de călători prin servicii regulate, speciale regulate și ocazionale, inclusiv 6 179 de autobuze deținute sau închiriate.

Informația din Tabelul 6.9 arată că 98.6% din vehiculele de transport public pe rutele interurbane au fost fabricate în 2010 și mai înainte, inclusiv 50% cu un grad ridicat de uzură (depășind durata de viață medie de 7 ani pentru microbuze, 12 ani pentru autobuze și 15-20 de ani pentru troleibuze, în funcție de kilometraj și servicii). Rata ridicată de uzură a flotei de autobuze crește poluarea mediului și costurile de întreținere și reduce siguranța rutieră. Reînnoirea flotei de vehicule de autobuze este o problemă vitală pentru operatorii de transport din Moldova.

Tabelul 6.9. Flota de autobuze inter-urbane (după anul de fabricație)

Nr.	Vârsta	Nr de unități	Ponderea, %
1	Up to 1995	1 321	21.4
2	1996-2000	1 558	25.2
3	2001-2010	3 210	52
4	2011-2017	89	1.4
Total		**6 179**	**100**

Notă: Iulie 2017
Sursa: Agenția Națională Transport Auto (http://anta.gov.md).

Din Tabelul 6.10, se poate observa că 38.5% din flota de autobuze interurbane are o capacitate de până la 20 de locuri, 48% are o capacitate de 21 până la 40 de locuri și doar 13.5% au o capacitate de 41 de locuri sau mai mult.

Tabelul 6.10. Flota de autobuze inter-urbane (după capacitatea de transport)

Nr.	Nr. de locuri	Nr. unităților de transport	Ponderea, %
1	Până la 9	45	0.7
2	9-20	2 333	37.8
3	21-40	2 964	48
4	Peste 40	837	13.5
Total		**6 179**	**100**

Notă: Iulie 2017
Sursa: Agenția Națională Transport Auto (http://anta.gov.md).

Tabelul 6.11 arată că numărul de pasageri transportați în transportul public în Moldova a crescut cu aproximativ 4% din 2014 până în 2016. Autobuzele și troleibuzele reprezintă aproape 97% din transportul public în 2016 (105 988 pasageri au călătorit cu autobuzul și 137 708- cu troleibuzul). Acestea fiind spuse, numărul de pasageri cu autobuzul a scăzut cu 6%, în timp ce numărul pasagerilor cu troleibuzul a crescut cu 14% în perioada 2014-2016. Acest lucru se datorează modificării rețelelor de transport public din Chișinău și Bălți, unde numărul rutelor de autobuze a fost redus în favoarea rețelei de troleibuze.[44]

Tabelul 6.11. Transportul de pasageri (după mijllocul de transport și forma de proprietate), 2014-2016

	Total			Dintre care:								
				Public			Privat			Alte forme		
	2014	2015	2016	2014	2015	2016	2014	2015	2016	2014	2015	2016
Pasageri transportați (nr.)	241 485	249 540	251 970	145 692	160 482	159 447	92 345	86 624	90 342	3 448	2 434	2 182
Dintre care:												
Feroviar	3 838	3 268	2 258	3 838	3 268	2 258	-	-	-		–	–
Autobuze	112 608	103 454	105 988	19 885	19 367	18 389	89 276	81 654	85 417	3 448	2 434	2 182
Taxi	3 048	4 951	4 749	-	-	-	3 048	4 951	4 749		–	–
Troleibuze	120 951	136 642	137 708	120 951	136 642	137 708	-	-	-		–	–
Naval	142	139	139	142	139	139	-	-	-		–	–
Aerian	898	1 085	1 129	877	1 066	953	21	19	176		–	–
Călătoriile pasagerilor – milioane de pasageri-km	4 785	5 160	5 397	2 003	2 285	2 106	2 675	2 802	3 219	107	73	72
Dintre care:												
Feroviar	257	181	122	257	181	122	-	-	-		–	–
Autobuze	2 874	2 922	3 106	195	184	177	2 573	2 665	2 858	107	73	72
Taxi	63	101	102	-	-	-	63	101	102		–	–
Troleibuze	367	413	416	367	413	416	-	-	-		–	–
Naval	0	0	0	0	0	0	-	-	-		–	–
Aerian	1 225	1 543	1 651	1 185	1 506	1 392	40	36	259		–	–

Notă: Informații din iulie 2017.
Sursă: Biroul Național de Statistică (https://statistica.gov.md/).

În anul 2016, trei întreprinderi municipale care își desfășoară activitatea în Moldova (două la Chișinău și una la Bălți) au transportat 63% dintre pasageri (Figura 6.6). În ceea ce privește pasagerii-kilometri, situația este inversă – operatorii de transport privat au asigurat 60% din totalul călătoriilor la distanță. Această pondere ridicată este influențată de faptul că transportul cu troleibuzul este administrat numai public (atât la Chișinău cât și la Bălți), în timp ce transportul inter-urban este asigurat doar de companii private.

Figura 6.6. Operatori de transport public, pasageri și cota călătoriei, 2016

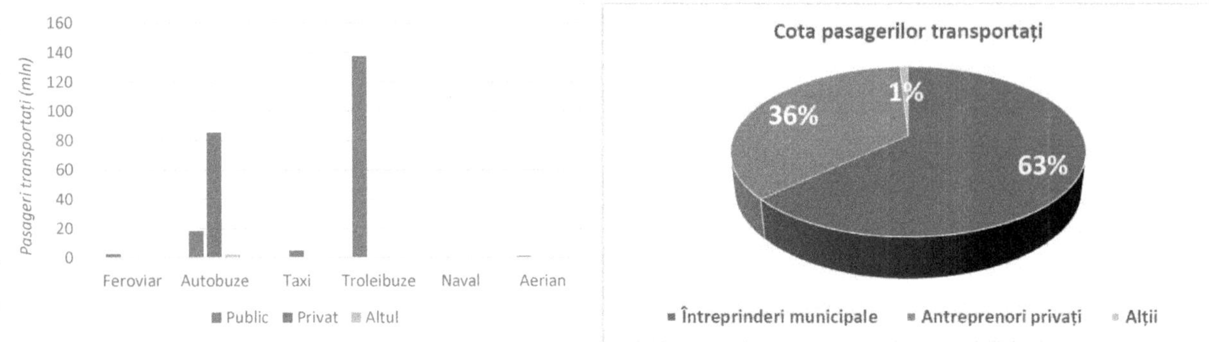

Notă: Informație din iulie 2017.
Sursa: Biroul Național de Statistică (https://statistica.gov.md/).

Flota și rețeaua de transport public a orașului Chișinău

Flota de transport public

În prezent, în municipiul Chișinău, serviciile de transport a pasagerilor sunt asigurate de întreprinderile municipale Regia Transport Electric Chișinău (RTEC) și Parcul Urban de Autobuze (PUA),[45] precum și de 15 operatori privați (administratori ai autobuzelor de clasă ușoară, cunoscute și sub denumirea de microbuze). Serviciile de taxi sunt realizate prin intermediul a 35 de agenți economici care dețin licențe. Informațiile generale privind organizarea transportului urban sunt prezentate în Tabelul 6.12.

Tabelul 6.12. Prezentare generală a flotei transportului public urban, Chișinău

	Indicatori	Troleibuze	Autobuze	Autobuze de clasă ușoară
1	Lungimea totală a rețelei, km	534	875.7	1 808.1
2	Rute, nr.	23	24	55
3	Inventarul vehiculelor, nr.	366	160	1 290
4	Intarrea zilnică în trafic, nr.	298	125	1 180
5	Viteza medie de circulație, km/h	17.1	19.4	25.6
6	Capacitatea nominală medie de transport, pasageri	100	115	18
7	Călătorii pe zi (ture), nr.	2 380	750	8 800
8	Călătoria medie pe zi, km	58 422	28 450	99 100
9	Durata rutei, ore	17	16	18

Notă: Iulie 2017.
Sursa: Municipiul Chișinău, Direcția Generală Transport Public.

În iulie 2017, RTEC deținea și opera un total de 366 de troleibuze, inclusiv 88 de unități cu vechime de până la 5 ani, 124 de unități cu vârste cuprinse între 5 și 10 ani, 30 de unități cu vechime între 11 și 15 ani, 13 unități- între 16 și 20 de ani și 111 unități- mai mult de 20 de ani. Dacă presupunem că durata de viață operațională a unui troleibuz este de 15 ani (în funcție de producător), atunci 124 troleibuze, sau aproximativ 36% din flota de troleibuze, ar trebui să fie înlocuite, întrucât și-au îndeplinit sau au depășit perioada de operare. În fiecare an, RTEC organizează reparația a 80 de troleibuze. În total, 366 de troleibuze includ 191 de troleibuze AKSM-321 noi, reprezentând aproximativ 52% din flota de troleibuze, conform informaţiilor furnizate de RTEC.

Tot în iulie 2017, PUA avea 136 de autobuze, dintre care 60 aveau o durată de serviciu de 10 până la 15 ani, 49 cu o durată de serviciu de 16-20 de ani și 7- cu vechimea mai mare de 20 de ani. Restul de 20 de autobuze sunt unități de rezervă, fie necesită reparații capitale, fie rebutate. Durata de viață normală a unui autobuz este de 12 ani, conform declarațiilor oficialilor PUA, pe baza recomandărilor producătorilor. Astfel, cel puțin 56 de vehicule (48%) din flota rulantă și 76 de vehicule (56%) din totalul flotei ar trebui înlocuite. Deși PUA menționează că nu a obținut fonduri suficiente de la autoritățile publice locale, a reușit să își mențină flota în funcțiune.

Alte patru rute de autobuz sunt gestionate de operatori de transport privat (nr. 23, 10, 28 și 122). Pe aceste rute există 42 de stații de autobuz cu capacitate crescută, inclusiv ruta nr. 23 (22 unități), ruta nr. 10 (2 unități), ruta nr. 28 (8 unități) și ruta nr. 122 (12 unități).

Există 15 operatori private de transport care servesc 55 de rute de autobuze suburbane, cu o flotă totală de 1 290 de autobuze de clasă ușoară (microbuze). Deși acestea au o capacitate de transport nominală cuprinsă între 11 și 21 de locuri, este binecunoscut faptul că această capacitate este de obicei depășită, în special în orele de vârf. Cele mai frecvente autobuze de clasă ușoară sunt Mercedes-Benz Sprinters. Structura de vârstă a flotei clasei ușoare este prezentată în Figura 6.7. După cum am menționat mai sus, durata de exploatare a unui microbuz este în jur de 7 ani.

În perioada 2014-2017, Direcția Generală Transport Public și Căi de Comunicație a optimizat rețeaua de rute de transport public în urma Strategiei de transport din Chișinău. Acest lucru urmărește să reducă la minimum duplicarea rutelor de troleibuz și autobuz cu rutele secundare de autobuz. Astfel, 12 rute de autobuze secundare au fost anulate, reducând numărul de autobuze de clasă ușoară de la 1 850 de unități în 2014 la 1 290 în 2017.

Figura 6.7. Vârsta flotei de microbuze (după anul de fabricație)

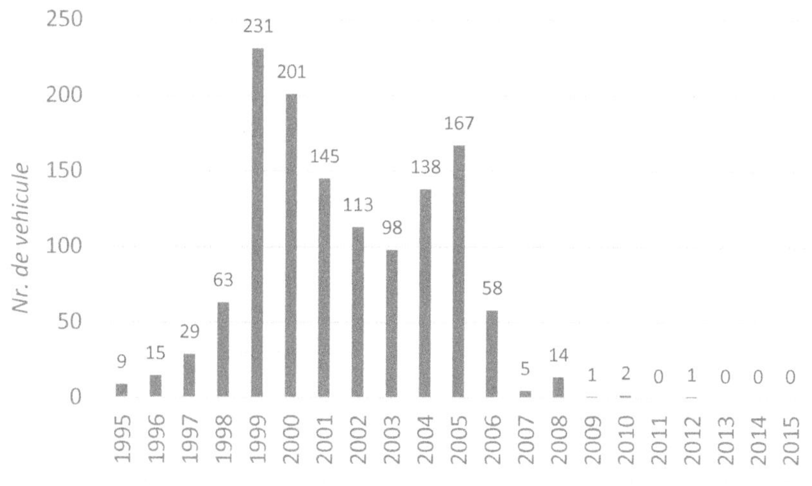

Notă: Iulie 2017.
Sursa: Prezentarea autorilor pe baza informațiilor furnizate de operatorii de microbuz.

Rețeaua stradală și de transport

Municipiul Chișinău deține și întreține 102.8 km de drumuri publice.[46] Rețeaua de transport public rutier este de tip radial, care asigură legături directe relativ scurte pe rutele radiale dintre suburbii și centrul orașului. Legăturile dintre sectoarele periferice implică căi tangențiale. Majoritatea rutelor sunt făcute către sau prin centrul orașului, iar rutele radiale sunt cele mai solicitate; astfel, peste 70 de străzi și bulevarde din centrul orașului sunt supraîncărcate. Rețeaua de troleibuze include, de asemenea, două rute inelare. Schema rețelei de troleibuze din Chișinău este prezentată în Figura 6.8.

Secțiunile urbane de magistrală sunt caracterizate de o densitate ridicată a traficului, care implică 7-12 trasee de autobuz. Astfel, aproximativ 50% din vehiculele de transport public traversează centrul orașului, creând o serie de probleme în trafic. Vehiculele de transport în comun nu sunt separate de alte mijloace de transport și nu există autobuze de mare viteză, deși există unele autobuze cu podea joasă. Autobuzele cu podea joasă nu numai că grăbesc îmbarcarea și debarcarea pasagerilor, dar sunt și ușor de utilizat pentru persoanele în vârstă, persoanele cu dizabilități și persoanele în scaune cu rotile.

Dezvoltarea transportului public urban în Chișinău a fost influențată de faptul că partea istorică relativ mică a orașului este destul de îndepărtată de cele patru sectoare rezidențiale contemporane (Botanica, Buiucani, Ciocana și Râșcani), care sunt conectate de centrul orașului prin câteva drumuri magistrale (arteriale). Interconectările dintre sectoare sunt subdezvoltate. Situația este complicată de faptul că există foarte puține rute alternative de redirecționare a traficului (lipsa drumurilor de centură pentru tranzit, în special nord-sud), ceea ce determină ca 50% din tranzitul interurban să treacă prin centrul Chișinăului. Din aceste motive, în orele de vârf, toate podurile care leagă periferiile cu centrul sunt congestionate.

Figura 6.8. Rețeaua de troleibuze în Chișinău

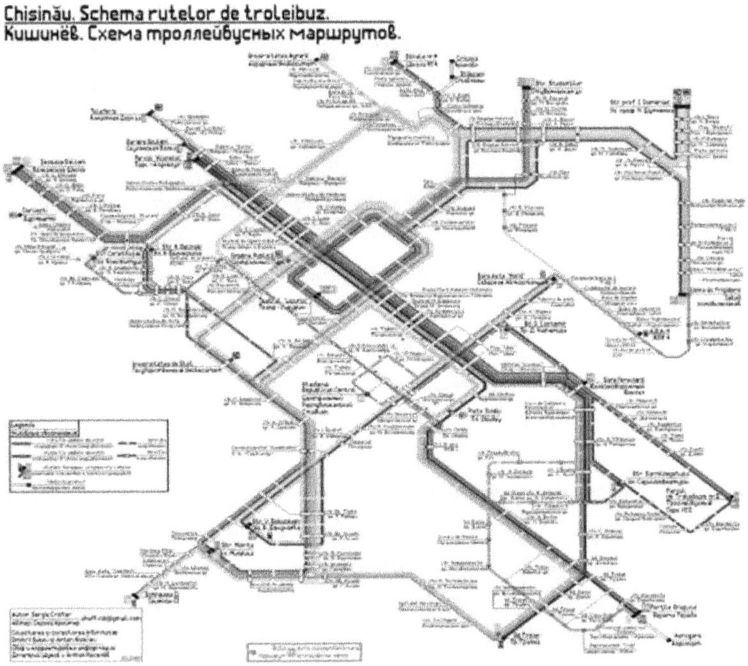

Sursa: Regia Transport Electric Chișinău (http://rtec.md).

Din cele 24 de rute de autobuz, doar 7 sunt urbane; celelalte servesc suburbiile Chișinăului. Schema rutelor de autobuz este prezentată în Tabelul 6.9.

Figura 6.9. Rețeaua de autobuze în Chișinău

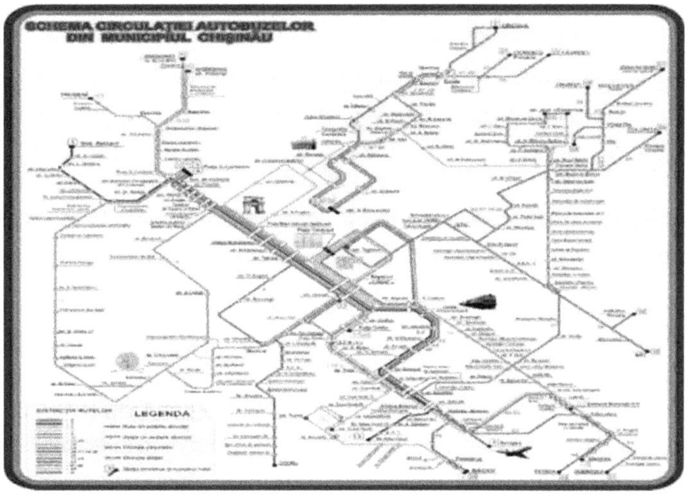

Sursa: Parcul Urban de Autobuze (www.autourban.md).

Autobuzele de clasă ușoară servesc 55 de rute, reprezentând 54% din rețeaua de transport public (în ceea ce privește numărul de rute, nu lungimea totală a acestora) și servesc predominant străzile și sectoarele greu accesibile pentru vehiculele de transport public mai mari. Caracteristicile rețelei de transport public din Chișinău sunt prezentate în Tabelul 6.13.

Tabelul 6.13. Cuprinsul rutelor de transport public în Chișinău

Indicator	Total	Rute de troleibuz	Rute de autobuz	Rute de autobuze de clasă ușoară
Nr. și porțiunea rutelor	102	23 (22.5%)	24 (23.5%)	55 (54%)
Tipul:				
- urban	53	22	4	27
- suburban	49	1	20	28
Lungimea rutei, km	2 873.8	534	810.9	1 528.9
Tipul:				
- urban	1 396	514.1	128.6	753.3
- suburban	1 477.8	19.9	682.3	775.6

Sursă: Calculele consultanților în baza informațiilor RTEC și Parcul Urban de Autobuze.

Există 17 dispecerate în rețeaua de transport public obișnuit: 4 pe rutele de autobuz și 13 pe rutele de troleibuz. Există 752 de stații publice intermediare de-a lungul rutelor, dintre care 520 sunt în zone urbane și 232 în suburbii sau de-a lungul rutelor către acestea. În 330 de stații publice, sunt instalate adăposturi pentru autobuze, inclusiv 132 care sunt în comun cu unitățile comerciale. Trebuie menționat că 422 de stații publice nu sunt echipate cu acoperiș sau pavilion. La unele stații chiar lipsesc indicatoare cu denumire pentru a indica locația, în ciuda faptului că acesta este necesar în conformitate cu Regulamentul privind traficul rutier, aprobat prin Hotărârea Guvernului nr. 357 din 13 mai 2009.

Flota și rețeaua de transport public a orașului Bălți

Rețeaua de transport public din municipiul Bălți cuprinde 4 rute de troleibuz (Tabelul 6.10), 11 rute principale de autobuz și 9 rute de autobuz secundare (microbuze). Prima linie de troleibuze din Bălți a fost deschisă în 1972, cu o lungime de 15 km. Douăzeci de troleibuze au fost dirijate de Direcția de Troleibuze, care a fost reorganizată în 1992, ca întreprindere municipală numită Direcția de Troleibuze din Bălți. La începutul anilor '90, trei trasee de 40 de km erau deservite de 90 de troleibuze.

Cu timpul, însă, fondurile insuficiente au determinat ca flota de troleibuze din Bălți să devină depășită. Neînlocuirea vehiculelor a însemnat că acestea și-au depășit pe deplin durata de exploatare. Unsprezece troleibuze au fost mai vechi de 10 ani, în timp ce 24 aveau o vârstă de peste 30 de ani. Pentru a reînnoi stocul de troleibuze, la 17 octombrie 2012, Bălți a semnat un contract de împrumut de 3 milioane EUR cu Banca Europeană pentru Reconstrucție și Dezvoltare (BERD) pentru achiziționarea a 23 de troleibuze noi. În același timp, BERD a oferit o finanțare de 1.6 milioane EUR pentru îmbunătățirea infrastructurii Direcției de Troleibuze din Bălți.

În 2013 și 2014, BERD a asistat la înlocuirea a 23 de troleibuze cu autobuze noi și uzate. Până în 2014 au existat 35 de troleibuze, inclusiv 22 de troleibuze ZIU-9, 3 troleibuze AKSM-20101 din Belarus, 11 troleibuze AKSM-30101 din Belarus, 1 troleibuz Škoda 14Tr13/6M din Republica Cehă și 7 troleibuze VMZ-5298 din Federația Rusă. Astăzi, vârsta flotei de troleibuze este următoarea: 23 de unități au mai puțin de 5 ani și 11 au mai mult de 10 ani. Celelalte nu sunt operaționale.

În iulie 2014, au fost deschise două rute noi (nr. 4 și 5). În 2015, a fost propusă deschiderea rutei nr. 6 pentru a lega cartierul Dacia de fabrica de mezeluri „Basarabia-Nord", dar proiectul nu a fost implementat. Mai mult, în ianuarie 2016, circulația troleibuzelor a fost oprită pe ruta nr. 4 din cauza neprofitabilității.

Astăzi, orașul Bălți are 48 de troleibuze. Treizeci funcționează zilnic, în timp ce patru sunt autobuze de rezervă. Restul, 14 autobuze sunt în diferite grade neîntrebuințare și defectare. Rețeaua de troleibuze are o lungime de 47.8 km și include 66 de stații.

Transportul public este asigurat și de 48 de autobuze obișnuite și 116 microbuze. Toate sunt alimentate cu motorină, iar marea majoritate au 15 sau mai mulți ani.

Figura 6.10. Rețeaua de troleibuze în Bălți

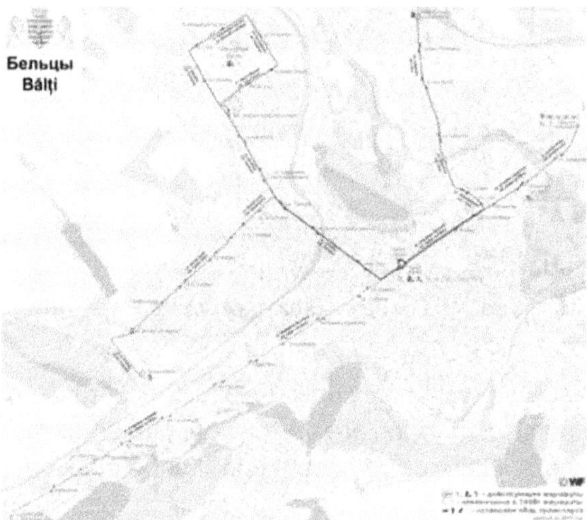

Sursa: https://ro.wikipedia.org/wiki/Troleibuze_în_Bălți.

Emisiile de gaze cu efect de seră și poluarea aerului în Moldova

Emisiile de gaze cu efect de seră și transportul

În anul 2015, emisiile generale de GES în Moldova s-au ridicat la 13.95 milioane tCO_2e, excluzând schimbările de utilizare a terenurilor și silvicultura (UTSDTS) sau 11.11 milioane tCO_2e inclusiv sectorul UTSDTS (emisiile nete totale sunt mai mici, deoarece sectorul UTSDTS din Moldova este o scurgere netă de carbon). Emisiile de GES din sectorul transporturilor au reprezentat 2.2 milioane tCO_2e (reprezentând 23.2% din emisiile de GES din sectorul energetic, care totalizau 9.5 milioane tCO_2e) (GoM, 2017[13]).

Din aceste informații se poate observa că sectorul energetic a contribuit cu cea mai mare pondere a emisiilor totale (68.1% fără UTSDTS în 2015). Emisiile din sectorul transporturilor sunt incluse în sectorul energetic. Sectorul agriculturii, al gestionării deșeurilor și al producției industriale reprezintă restul emisiilor (15.2%, 11% și, respectiv, 5.7% în 2015).

Figura 6.11 prezintă contribuția sectorului transporturilor la emisiile generale de GES în Moldova în 1990 și 2015. Deși în termeni absoluti, emisiile de GES (atât în general, cât și cele din transport) au scăzut pe parcursul perioadei – în principal din cauza scăderii PIB-ului și a scăderii populației – cota sectorului de transport în totalul emisiilor a crescut de la 10.3% în 1990 la 15.8% în 2015.

Figura 6.12 arată că emisiile din transportul rutier constituie cea mai mare parte a emisiilor de GES din sectorul transporturilor. În timp ce în 1990, transportul rutier a fost responsabil pentru 87.3% din emisiile de transport, până în 2015 a ajuns la 98.1% (GoM, 2017[13]).

Figura 6.11. Ponderea sectorului transporturilor în emisiile directe de GES în Moldova, 2015

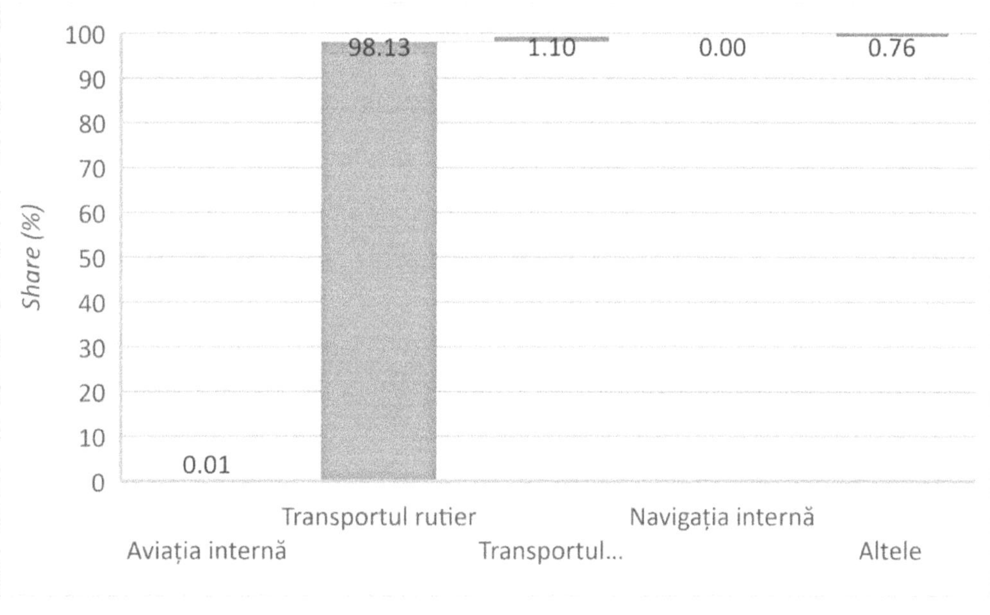

Notă: *Inclusiv transportul pe artere principale și drumuri de țară.
Sursa: (GoM, 2017[13]), *Raportul de inventar național 1990-2015: Surse și rezervoare de gaze cu efect de seră în Republica Moldova, pag. 98*, www.clima.md/download.php?file=cHVibGljL3B1YmxpY2F0aW9ucy80MjAwODJfZW5fbmlyNV9lbl8yOTEyMTcucGRm.

Figura 6.12. Contribuția transporturilor la emisiile directe de GES în Moldova, 1990 și 2015

Notă: UTSDTS: Utilizarea terenurilor, schimbarea destinației terenurilor și silvicultura.
Source: (GoM, 2017[13]), *Raportul de inventar național 1990-2015: Surse și rezervoare de gaze cu efect de seră în Republica Moldova*, pag. 57, 97. www.clima.md/download.php?file=cHVibGljL3B1YmxpY2F0aW9ucy80MjAwODJfZW5fbmlyNV9lbl8yOTEyMTcucGRm.

Emisiile de GES pe cap de locuitor au scăzut cu 65.2% între 1990 și 2015 (adică de la 9.95 tone CO_2e la 3.46 tone CO_2e). Intensitatea GES a scăzut în aceeași perioadă cu 54.5% (adică de la 4.39 kg CO_2e la 2.0 kg CO_2e 2010 USD). Cu toate acestea, valorile date sunt încă printre cele mai ridicate dintre economiile de tranziție (GoM, 2017[13]).

În Tabelul 6.14, vedem că emisiile de CO_2 și de NO_x au scăzut, de asemenea, la jumătate și emisiile de SO_2 cu mai mult de 65% în perioada 1990-2015.

Tabelul 6.14. Tendințe în sfera transportului cu emisii de GES, 2010-2015

(% modificări față de 1990)

	1990	2010	2011	2012	2013	2014	2015
CO_2	100	46.2	48.7	42.9	45.4	47.2	49.7
CH_4	100	33.4	33.6	28.6	28.6	28.7	30.2
N_2O	100	34.3	35.5	32.4	32.2	30.4	34.0
NO_x	100	47.1	49.7	43.9	46.4	47.9	50.8
CO	100	33.5	34.8	29.4	28.7	29.0	30.1
NMVOC	100	33.6	35.11	29.6	29.0	29.3	30.3
SO_2	100	57.8	61.4	55.1	59.4	62.2	65.8

Notă: COVNM: compuși organici volatili non-metan.
Sursa: (GoM, 2017[13]), *Raportul de inventar național 1990-2015: Surse și rezervoare de gaze cu efect de seră în Republica Moldova,*, pag. 96-97, www.clima.md/download.php?file=cHVibGljL3B1YmxpY2F0aW9ucy80MjAwODJfZW5fbmlyNV9lbl8yOTEyMTcucGRm.

Între 2010 și 2015, emisiile directe de GES din transport au crescut cu 7%: de la aproximativ 2.05 milioane tCO_2e în 2010 la 2.2 milioane tCO_2e în 2015 (Tabelul 6.15).

Tabelul 6.15. Volumul emisiilor de GES provenite din transport, 2010-2015

(kilotone de CO_2e)

	2010	2011	2012	2013	2014	2015
CO_2	2 007.4	2 116.7	1 862.9	1 862.9	2 049.6	2 158.1
CH_4	10.9	11.0	9.3	9.3	9.4	9.9
N_2O	35.4	36.6	36.6	33.4	31.3	35.0
Total	**2 053.7**	**2 164.3**	**1 905.6**	**2 015.0**	**2 090.3**	**2 203.0**

Sursa: (GoM, 2017[13]), *Raportul de inventar național 1990-2015: Surse și rezervoare de gaze cu efect de seră în Republica Moldova,*, pag. 97, www.clima.md/download.php?file=cHVibGljL3B1YmxpY2F0aW9ucy80MjAwODJfZW5fbmlyNV9lbl8yOTEyMTcucGRm.

În perioada 2010-2015, sub-sectorul rutier a înregistrat o creștere de 8% a emisiilor directe directe de GES, pe când cele din sub-sectorul feroviar au scăzut cu 58% (Tabelul 6.16).

Tabelul 6.16. Defalcarea emisiilor de GES provenite din transport, 2010-2015

(kilotone de CO_2e)

	2010	2011	2012	2013	2014	2015
Aviația internă	0.01	0.01	0.02	0.02	0.01	0.03
Transportul rutier	1 993.9	2 111.2	1 845.1	1 965.7	2 070.4	2 161.7
Transportul feroviar	57.3	52.7	56.6	36.2	3.0	24.2
Transportul naval	0.2	0.2	0.3	0.3	0.3	0.1
Altele*	2.1	0.0	3.3	12.6	16.5	16.7

Notă: * Inclusiv transportul pe artere principale și drumuri de țară
Sursa: (GoM, 2017[13]), *Raportul de inventar național 1990-2015: Surse și rezervoare de gaze cu efect de seră în Republica Moldova,*, pag. 98, www.clima.md/download.php?file=cHVibGljL3B1YmxpY2F0aW9ucy80MjAwODJfZW5fbmlyNV9lbl8yOTEyMTcucGRm.

Factorii de emisie descriși în Tabelul 6.17 au fost utilizați pentru a estima emisiile de GES din transportul în Moldova, prezentate în tabelele și graficele de mai sus, care utilizează datele din Raportul de inventar national 1990-2015 (GoM, 2017[13]). Conform Ghidurilor IPCC revizuite din 1996 și 2006 (IPCC, 1996[14]) (IPCC, 2006[15]) intensitatea carbonului în gazele naturale și gazele petroliere este mai mică decât în cazul combustibililor diesel și petrol, chiar dacă avem în vedere potențialul de încălzire globală mare (PÎG), coeficienții pentru metan (CH_4), oxid de azot (N_2O) și, cel mai probabil, GES printre compușii organici volatili non-metan (COVNM).[47] În ceea ce privește poluarea aerului, gazele naturale oferă cea mai bună (adică cea mai mică) valoare combinată a emisiilor de CO și NO_x per energie utilizată.

Tabelul 6.17. Compararea emisiilor provenite din carburanții folosiți în sectorul transportului

(kilograme per terajoule)

Tipul de combutibil	CO_2	CH_4	N_2O	NO_x	CO	COVNM
Benzină	69 300	33	3.2	600	8 000	1 500
Motorină	74 100	3.9	3.9	800	1 000	200
Gaz natural	56 100	92	3	600	400	5
Gaz petrolier	63 100	33	3.2	600	8 000	1 500

Sursa: (GoM, 2017[13]), *Raportul de inventar național 1990-2015: Surse și rezervoare de gaze cu efect de seră în Republica Moldova,*, pag. 98, www.clima.md/download.php?file=cHVibGljL3B1YmxpY2F0aW9ucy80MjAwODJfZW5fbmlyNV9lbl8yOTEyMTcucGRm.

Acțiuni de atenuare adecvate la nivel național

Moldova a înaintat Secretariatului CCONUSC contribuția sa stabilită la nivel național – CNDI (GoM, 2015[16]). CNDI stabilește obiectivele și acțiunile de mediu preconizate după 2020. Principalele obiective sunt următoarele:

- Obiectiv necondiționat: reducerea cu 64-67% a emisiilor de GES până la 31 decembrie 2030 față de anul de referință 1990.
- Obiectiv condiționat: reducerea cu 78% a emisiilor de GES până la 31 decembrie 2030 față de anul de referință 1990. Acest obiectiv este condiționat de investiții internaționale suplimentare și acces la mecanismul de transfer al tehnologiilor cu emisii reduse de carbon, fonduri climatice ecologice și mecanismul de „flexibilitate" pentru țările în tranziție.

Acțiunile de atenuare la nivel național (AANN) se referă la un set de politici și acțiuni, pe care țările le întreprind ca parte a angajamentului lor de a reduce emisiile de gaze cu efect de seră. Acestea vizează schimbarea transformațională într-un singur sector, două sau mai multe sectoare ale economiei. Țările dezvoltate pot sprijini implementarea AANN în țările în tranziție, finanțând tehnologii sau activități de consolidare a capacității.

Site-ul CCONUSC oferă un Registru al AANN – o platformă accesibilă publicului pentru încărcarea AANN-urilor tuturor țărilor. Acest lucru face posibilă informarea publicului unde este nevoie de sprijin financiar sau de altă natură, pentru dezvoltarea sau implementarea AANN-urilor.

Registrul CCONUSC conține trei proiecte AANN pentru Moldova:

1. Utilizarea salciei energetice pentru producerea energiei termice în Republica Moldova" în secțiunea „Caută sprijin pentru implementarea AANN". Agenție de implementare – Ministerul Agriculturii, Dezvoltării Regionale și Mediului.[48] Costul total al proiectului este de aproximativ 94 milioane USD, cu un sprijin internațional preconizat de aproximativ 90%. Proiectul încă nu a primit sprijin.
2. „Împădurirea terenurilor degradate, zonelor de pe malul râurilor și fâșiilor de protecție din Republica Moldova", în secțiunea „Caută sprijin pentru implementarea AANN". Agenție de implementare – Ministerul Agriculturii, Dezvoltării Regionale și Mediului.[49] Costul total al proiectului este de aproximativ 151 milioane USD, cu un sprijin internațional preconizat de aproximativ 73%. Proiectul încă nu a primit sprijin.
3. Implementarea sistemului de cultivare a solului în Republica Moldova", în secțiunea „Caută sprijin pentru implementarea AANN". Agenție de implementare – Ministerul Agriculturii, Dezvoltării Regionale și Mediului.[50] Costul total al proiectului este de aproximativ 258 milioane USD, cu un sprijin internațional preconizat de aproximativ 70%. Proiectul încă nu a primit sprijin.

Poluarea aerului

Legea nr. 1422 din 17 decembrie 1997 privind protecția aerului atmosferic, după cum a fost modificată, este principala lege care reglementează emisiile atmosferice. Art. 17 reglementează emisiile din transport. Acesta prevede că standardele maxime de emisii nu trebuie depășite.

Articolul 56 din Legea nr. 1515 din 16 iunie 1993 privind protecția mediului, după cum a fost modificat, prevede că organele de conducere din sectorul energiei, industriei, agriculturii, precum și autoritățile administrației publice locale, autoritățile de mediu și sănătate sunt obligate, printre altele:

- să definească și să propună guvernului aprobarea limitelor anuale ale producției și consumului de energie, precum și limitele anuale admisibile ale emisiilor nocive din atmosferă din surse fixe și mobile și să nu permită depășirea limitelor și normelor stabilite.

- să creeze și să asigure funcționarea unui sistem de supraveghere a calității aerului în toată țara, pe baza standardelor internaționale.

Raportului auditului de mediu privind calitatea aerului în Republica Moldova (GoM, 2018[17]) aprobat prin Hotărârea Guvernului nr. 65 din 30 noiembrie 2017, analizează situația cu privire la abordarea problemelor de calitate a aerului din țară. În timp ce raportul notează că poluarea aerului provenit din vehicule a scăzut (de 8-10 ori sub nivelurile de acum 30 de ani), el menționează și transportul ca principala sursă de poluare a aerului, în special în zonele urbane. De asemenea, se precizează că, la nivel de țară, transportul reprezintă 86.2% din toate substanțele nocive emise în aer. Acest lucru rezultă din creșterea numărului de vehicule, exacerbat de faptul că vehiculele uzate vechi – cele care funcționează de șapte ani sau mai mult – sunt importate. Raportul precizează că între 2014 și 2016, numărul de vehicule înmatriculate a crescut cu 51 200 de unități.

Cu toate acestea, poluarea totală cauzată de motoarele cu ardere internă a scăzut cu 13 000 de tone în 2016 față de nivelurile anului 2014 (de la 179 000 la 166 000 de tone), din cauza creșterii numărului vehiculelor înregistrate electrice și vehicule alimentate cu gaz natural. Însă o proporție semnificativă a vehiculelor înmatriculate care încă sunt în circulație folosesc motorină ca combustibil (35%), inclusiv cele din transportul public urban.

Figura 6.13 prezintă tendințele de emisie a substanțelor nocive din transportul rutier în orașele cheie din Moldova pentru anii 2010-2016.

Figura 6.13. Emisiile de substanțe nocive provenite de la automobile, în orașele mari din Moldova, 2010-2016

(mii tone)

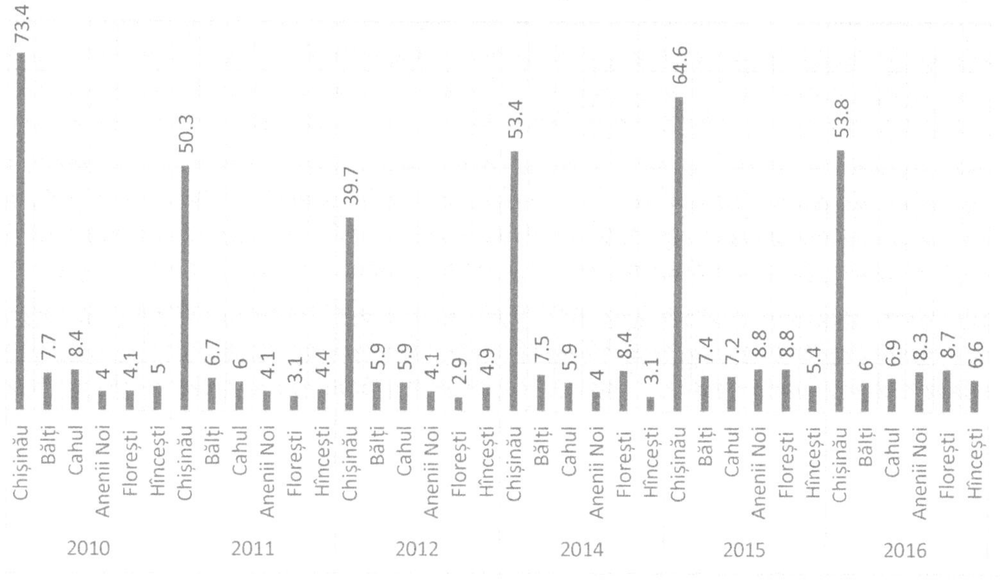

Sursa: (GoM, 2018[17]), *Raportul Auditului de Mediu asupra Calității Aerului în Republica Moldova*, p.12, http://lex.justice.md/UserFiles/File/2018/mo18-26md/raport_65.doc (bazat pe informații Anuarul IES privind protecția mediului în Republica Moldova 2016).

Raportului auditului a menționat lipsa de informații în timp util cu privire la calitatea aerului ca o problemă importantă de rezolvat. În 2015, Inspectoratul Ecologic de Stat a înaintat o propunere Fondului Ecologic Național pentru a finanța proiectul „Consolidarea bazei materiale și tehnice a centrelor de investigații ecologice (la Chișinău, Bălți și Cahul)", în valoare de 2 milioane lei (108 000 USD). Obiectivul proiectului a fost modernizarea echipamentelor de monitorizare a mediului, inclusiv echipamente capabile să măsoare emisiile provenite din transportul rutier. Proiectul nu a fost finanțat.

Raportul auditului subliniază că organizația instituțională existentă nu este integrată, aceasta se caracterizează printr-o cooperare slabă între autoritățile publice și instituțiile responsabile de gestionarea calității aerului și nu asigură o abordare organizată sau unificată a problemelor legate de calitatea aerului. Mai mult, măsurile întreprinse pentru prevenirea și atenuarea poluării aerului sunt ineficiente. În trecut, Ministerul Mediului nu avea un departament responsabil de poluarea aerului. În urma reformelor guvernamentale, însă, Ministerul Agriculturii, Dezvoltării Regionale și Mediului (MADRM) a înființat un organ care se ocupă de problem legate de schimbările climatice.

Auditul a relevat deficiențe în testarea vehiculelor, inclusiv defectarea sau chiar absența anumitor contoare și analizoare de gaze. Automobilele „importate" din străinătate, cu numere de înmatriculare străine, nu sunt adesea testate pentru starea lor tehnică, ci se bazează pe certificate de inspecție tehnică din țara de origine. Mai mult, informațiile privind testarea vehiculelor sunt generale și, prin urmare, este dificil de evaluat impactul traficului de vehicule asupra calității aerului.

Moldova nu aplică standardele UE pentru emisiile provenite din vehicule. Acestea sunt încă reglementate în conformitate cu standardele regionale, ale Comunității Statelor Independente (CSI), administrate, fost sovietice, GOST (standarde „de stat", „naționale"), care necesită eliminarea a 50% de particule din motoarele diesel (ГОСТ 17.2.2. 03-87 și ГОСТ-21393-75). Potrivit experților citați în raportul de audit, emisiile nu depășesc standardele GOST actuale, în mare parte pentru că sunt echivalente doar cu standardele Euro 0 sau Euro 1/I.

Auditul nu a găsit factori de mediu reali în documentele strategice din sectorul transporturilor, cum ar fi Strategia națională de transport 2008-2017 (GoM, 2008[18]) și Strategia Transport și Logistică 2013-2022 (GoM, 2013[19]).

În Moldova există două entități publice principale responsabile de monitorizarea aerului:

1. Inspectoratul Ecologic de Stat (IES)[51]
2. Serviciul Hidrometeorologic de Stat (SHS).[52]

Ambele se încadrează în sfera Ministerului Agriculturii, Dezvoltării Regionale și Mediului (MADRM). Conform Hotărârii Guvernului nr. 847 din 18 decembrie 2009 privind aprobarea Regulamentului de organizare și funcționare a Ministerului Mediului, IES și SHS, în calitate de subdiviziuni ale MADRM, sunt responsabile pentru monitorizarea poluării aerului și protecția aerului.

Rețeaua de monitorizare cuprinde 17 stații de monitorizare staționare situate în cinci centre industriale (Chișinău – 6 stații; Bălți – 2; Bender – 4; Tiraspol – 3; și Rîbnița – 2). Acestea colectează probe de aer pentru testarea a 8-9 poluanți: particule, dioxid de sulf (SO_2), monoxid de carbon (CO), dioxid de azot (NO_2) și patru-cinci poluanți specifici.[53] Valorile zilnice, precum și hărțile sezoniere ale poluării atmosferice pentru aceste cinci orașe (zone urbane) sunt publicate pe site-ul SHS.[54]

Cu toate acestea, raportul auditului a menționat că rezultatele din cele 17 stații nu reflectă suficient situația reală a calității aerului, deoarece sunt colectate doar de trei ori pe zi. Mai mult, rezultatele nu sunt live, ci procesate și prezentate a doua zi (GoM, 2018[17]).

Ministerul Sănătății, Muncii și Protecției Sociale stabilește normele pentru concentrațiile maxime admise de poluanți în atmosferă, în timp ce respectarea standardelor de calitate a aerului este monitorizată de Agenția Națională pentru Sănătate Publică a Ministerului.

Transportul rutier este principala sursă de poluare a aerului în Moldova, în special în zonele urbane. Conform măsurărilor efectuate de Centrul Municipal de Medicină Preventivă în opt puncte din Chișinău și conform datelor serviciului meteorologic național „Hidrometeorologic", aerul din Chișinău este poluat cu unul sau mai multe tipuri de gaze toxice în 50% din zile pe durata anului (BCI and TUM, 2006[20]).

Probele de laborator ale mostrelor de aer efectuate de Centrul Municipal de Medicină Preventivă, la solicitarea organizației neguvernamentale (ONG) Mișcarea Ecologică din Moldova (MEM),[55] au arătat că nivelurile ridicate de poluare sunt înregistrate în apropierea străzilor principale, cum ar fi în zona străzii Bănulescu-Bodoni, str. Vasile Alecsandri- șoseaua Hâncești, Bd. Iu. Gagarin, str. Tighina, str. Ismail, str. Alba-Iulia; și nodul de transport Ismail – Calea Basarabiei – Varnița – Calea Moșilor. În aceste locații, concentrațiile maxime de formaldehidă – CH_2O (1.2-5.7 ori mai mare decât concentrațiile maxime admise – MAC), particule (1.2-3.6 ori MAC), dioxid de sulf (1.2-7.0 ori MAC) și ozon (1.1-3.6 ori MAC) sunt depășite substanțial. Concentrații puternice de formaldehidă au fost detectate chiar și în probele de aer din mijlocul parcului Valea Morilor. O altă problemă acută de mediu și de sănătate este cantitatea crescută de praf din atmosferă, din cauza stării precare a drumurilor (BCI and TUM, 2006[20]).

Deși datele privind poluarea aerului din alte orașe ale Moldovei nu sunt ușor disponibile sau raportate,[56] acestea întâmpină și probleme de poluare a aerului tipice orașelor din estul Europei. Un aspect deosebit de preocupat sunt nivelurile de $PM_{2.5}$ și PM_{10} din utilizarea lemnului și a cărbunelui pentru încălzirea locuinței și a combustibililor diesel.

Potrivit bazei de date OMS (2018), în fiecare an, poluarea aerului în mediul înconjurător în Moldova provoacă aproximativ 3 500 de decese, majoritatea fiind datorate unor boli cardiace ischemice. Aceasta este o creștere semnificativă a cifrei menționate în profilul OMS al Moldovei din 2009, care a estimat că poluarea aerului exterior a provocat 1 000 de decese pe an din 2004 (WHO, 2009[21]). După cum se poate observa în Tabelul 6.5 de mai sus, în 2010-2017 numărul de vehicule înmatriculate în Moldova a crescut cu 37.8%. Prin urmare, nu este surprinzător faptul că în 2018 transportul rutier a emis de 31 de ori mai mult monoxid de carbon (CO), de 14 ori mai mulți oxizi de azot (NO_x) și de 9 ori mai mult dioxid de sulf (SO_2) decât sursele staționare (Figura 6.14).

Figura 6.14. Poluarea aerului de către mijloacele de transport în comparație cu sursele staționare în Moldova, 2018

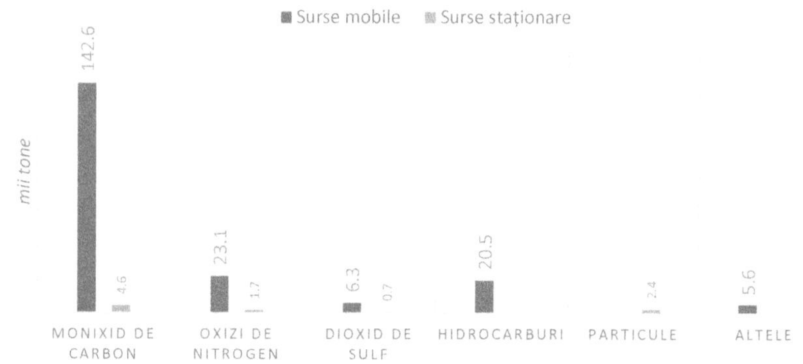

Notă: Valorile pentru ultimele trei categorii (hidrocarburi, particule, altele) au fost disponibile doar pentru un singur grup de surse. Nu sunt incluse date despre raioanele de pe malul stâng al Nistrului și despre municipiul Bender.
Sursa: Biroul Național de Statistică (https://statistica.gov.md/).

Influența poluării aerului din motoarele diesel asupra sănătății umane

Motoarele diesel emit dioxid de carbon (CO_2), monoxid de carbon (CO), oxizi de azot (NO_x), dioxid de sulf (SO_2) și particule (PM). Poluarea aerului din motoarele diesel, în special cele mai vechi, prezintă riscuri majore pentru mediu și sănătatea populației (Căsuța 6.1). Creșterea poluanților atmosferici prezintă un risc de mortalitate, în special în rândul persoanelor de peste 65 de ani (Pope et al., 1995[22]). Mai presus de toate, emisiile provenite din utilizarea dieselului reprezintă Grupul 1 de cancerogen,[57] care provoacă cancer pulmonar și este legat de cancerul vezicii urinare.

Căsuța 6.1. Impactul emisiilor gazelor de eșapament produse de motoarele diesel

Dioxid de carbon (CO_2): non-toxic, dar ca un gaz cu efect de seră, cauzează schimbări de climă.

Monoxid de carbon (CO): poluant atmosferic cu caracter temporar ce se găsește în unele zone urbane, ca rezultat al emisiilor motoarelor cu ardere internă. Monoxidul de carbon este absorbit prin respirație, ajungând în fluxul sanguin prin plămâni. Este toxic atunci când e întâlnit în concentrații mai mari de 35 ppm.

Oxizi de azot (NO_x): NO_x se referă la un amestec de oxid nitric (NO) și dioxid de azot (NO_2). Ei sunt produși în timpul procesului de ardere, în special la temperaturi ridicate. Datorită reacțiilor și fotolizei, aceștia constituie substanțele care stau la baza formării ozonului troposferic. NO_x prin reacția de hidroliză se transformă în acid azotic, care ajungând în sol formează nitrații, care sunt benefici creșterii plantelor. NO_x în combinație cu alți poluanți creează smog-ul urban. Expunerea la dioxid de azot în concentrații mari determină la oameni inflamații ale căilor respiratorii.

Dioxid de sulf (SO_2): Nivelurile de poluarea cu SO_2 (dioxid de sulf) cauzată de motoarele diesel depinde în primul rând de calitatea combustibilului. Atunci când carburantul conține o cantitate mai mare de sulf, gazele de eșapament emise de motoarele diesel vor conține o cantitate mai mare SO_2. Emisiile de dioxid de sulf sunt o cauză a ploii acide și a particulelor atmosferice. Inhalarea dioxidului de sulf este asociată cu simptome și afecțiuni respiratorii, precum și dificultăți de respirație.

Pulberi în suspensie (PM): principalii poluanți cu efecte negative majore asupra sănătății sunt PM (2.5 și 10). Particulele sunt atât de minuscule, încât pătrund adânc în plămâni. Se estimează că aproximativ 3% din decesele cauzate de afecțiunile cardio-pulmonare și 5% din decesele cauzate de cancerul pulmonar sunt atribuite PM la nivel global. Expunerea la $PM_{2.5}$ reduce speranța de viață cu aproximativ 8.6 luni în medie.

Începând cu anul 2000, se estimează că poluarea primară a cauzat 22 000 până la 52 000 de decese în fiecare an în Statele Unite. De asemenea, a contribuit la aproximativ 370 000 de decese premature în Europa în 2005 și la 3.22 milioane de decese la nivel mondial în 2010, potrivit unui studiu privind povara globală a bolii (Lim et al., 2012[23]).

Nu există dovezi privind un nivel sigur de expunere la PM sau un prag sub care nu apar efecte adverse asupra sănătății. Valorile Orientărilor privind calitatea aerului din cadrul Organizației Mondiale a Sănătății în 2005 au fost următoarele (WHO, 2013[24]):

- pentru $PM_{2.5}$: 10 micrograme pe metru cub (μg/m^3) pentru media anuală și 25 μg/m^3 pentru media de 24 de ore (nu trebuie depășit mai mult de 3 zile/an)
- pentru PM_{10}: 20 μg/m^3 pentru media anuală și 50 μg/m^3 pentru media de 24 de ore.

Figura 6.15 și Figura 6.16 compară emisiile crescute de substanțe dăunătoare sănătății de către vechile motoare diesel (în special cele cu vârsta de cel puțin 15 ani) cu motoarele diesel moderne și combustibili alternativi, gaz natural comprimat (GNC) și gaz petrolier lichefiat (GPL).

Figura 6.15. Cantitatea estimată de substanțe dăunătoare pentru sănătate emise pe distanța parcursă (normativ*)

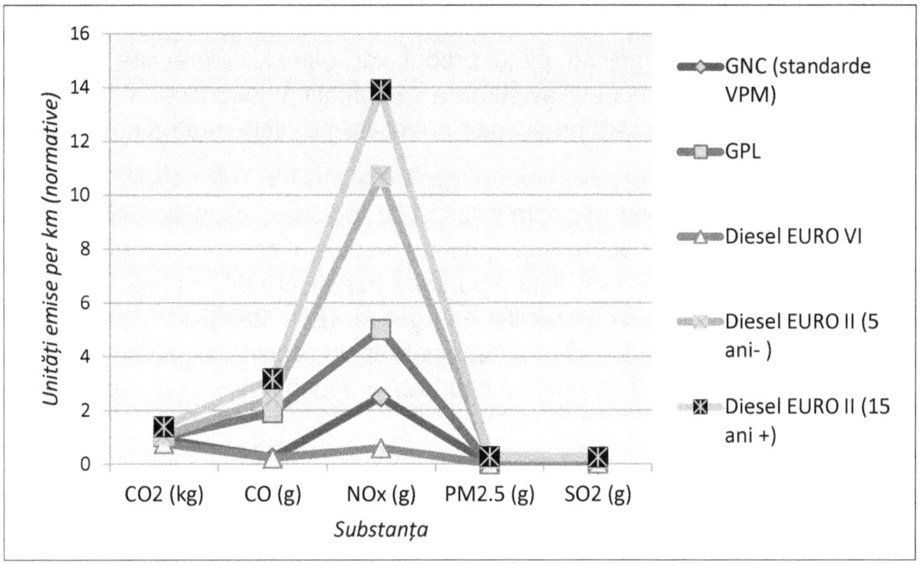

Notă: * pentru informații referitoare la factorii normativi și poluarea reală.
Sursa: (DieselNet, 2016[25]), "UE: Motoarele autocamioanelor de mare tonaj și autobuzelor: cadru de reglementare și standarde de emisii", *site-ul DieselNet*, www.dieselnet.com/standards/eu/hd.php (ultima accesare- 30 martie 2017).

Figura 6.16. Cantitatea estimată de substanțe dăunătoare pentru sănătate emise pe distanța parcursă (reală*)

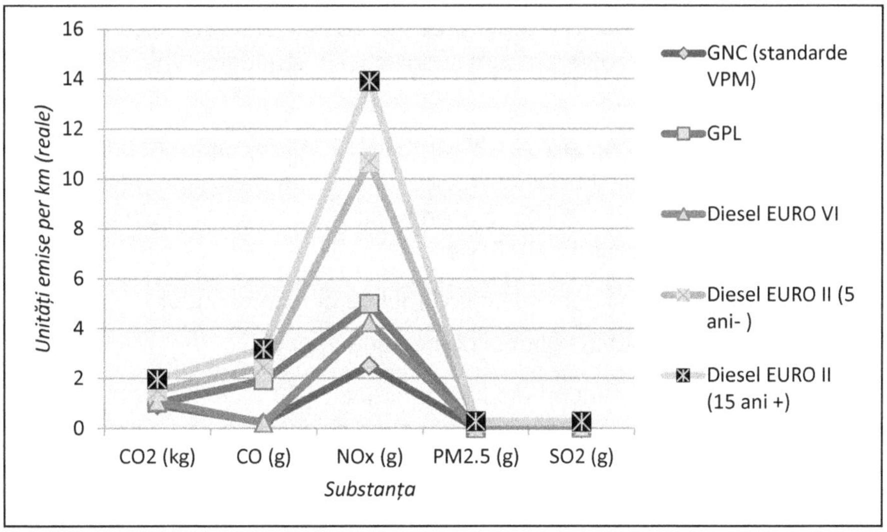

Notă: * pentru informații referitoare la factorii normativi și poluarea reală.
Sursa: (DieselNet, 2016[25]),"UE: Motoarele autocamioanelor de mare tonaj și autobuzelor: cadru de reglementare și standarde de emisii", *site-ul DieselNet*, www.dieselnet.com/standards/eu/hd.php (ultima accesare- 30 martie 2017).

Înlocuirea autobuzelor învechite cu autobuze moderne cu motorină sau cu gaze naturale – sau extinderea rețelelor de troleibuze în locul vehiculelor pe motorină – ar contribui semnificativ la reducerea cantității de poluanți majori ai aerului, precum particule, NO_x și SO_2. Astfel, un program de transport public curat este justificat din punct de vedere al sănătății publice.

Eficiența energetică și standardele combustibililor

Legea nr. 461 din 30 iulie 2001 privind piața produselor petroliere prevede formarea unui cadru organizațional, legal și economic pentru asigurarea securității economice a țării și reglementarea importului, transportului și comercializării produselor petroliere pe piața internă ca produse strategice cu un regim special de activitate.

Legea nr. 142 din 2 iulie 2010 privind eficiența energetică reglementează activitățile menite să reducă intensitatea energetică a economiei naționale și impactul negativ al sectorului energetic asupra mediului. Această lege creează cadrul legal necesar pentru punerea în aplicare a Directivei UE 2006/32/CE privind eficiența utilizării finale a energiei și serviciile energetice (EU, 2006[26]). Agenția pentru Eficiență Energetică, subordonată organismului central specializat în domeniul energetic (adică Ministerul Economiei și Infrastructurii), are statut de persoană juridică independentă și un buget separat (art. 8, alin. (1) din lege).

Strategia energetică a Republicii Moldova până în 2030 (GoM, 2013[27]), aprobată prin Hotărârea Guvernului nr. 102 din 5 februarie 2013, oferă repere pentru dezvoltarea sectorului energetic în Moldova pentru a crea baza necesară pentru creșterea economică și bunăstare socială. Prin acest document, guvernul își prezintă viziunea și identifică oportunitățile strategice ale țării în peisajul energetic în schimbare rapidă a spațiului geopolitic, care include regiunea Europei Centrale, de Est și de Sud, Federația Rusă și regiunea Caucaz.

Strategia evidențiază problemele prioritare ale țării, care necesită soluții rapide și o redimensionare a obiectivelor pentru a obține un echilibru optim între resursele interne (atât utilizate în prezent, cât și cele proiectate) și nevoile de urgență ale țării; Comunitatea Energetică (vezi secțiunea următoare) și ținte naționale, obligații internaționale cu privire la tratate, acorduri și programe (inclusiv politica de vecinătate) din care face parte Republica Moldova. Strategia prezintă obiectivele strategice generale și măsurile de implementare pentru perioada 2013-2030, precum și obiectivele strategice specifice pentru etapele 2013-2020 și 2021-2030.

Programul național de eficiență energetică 2011-2020 (GoM, 2011[28]), aprobat prin Hotărârea Guvernului nr. 833 din 10 noiembrie 2011, stabilește obiective de economisire a energiei pe termen lung de până la 20% până în 2020. Acesta prevede că 10% din biocombustibili vor fi produși din surse regenerabile până în 2020, cu obiective intermediare (până în 2015) de:

- 6% din amestecuri de etanol și benzină în volumul de benzină vândut
- 5% din amestecul de biodiesel în volumul de benzină vândut.

Conform Codului Transportului Rutier, începând cu 1 ianuarie 2020, numai autobuzele și autocarele care respectă cel puțin normele Euro I (art. 153 alin. (9)) vor avea permisiunea să activeze în transportul rutier.

Rețeaua de electricitate

Securitatea energetică a Moldovei depinde de gazul și energia electrică rusească livrate din Transnistria.[58] Opțiunile limitate pentru diversificarea rutelor și aprovizionărilor energetice fac țara să se bazeze pe stabilitatea politică din România și Ucraina. Sectorul electric al Moldovei este parțial dezagregat și privatizat. Generarea de energie electrică este separată de sistemul de transmisie și distribuție. Sistemul de distribuție a energiei electrice este privatizat, în timp ce generarea și transmisia sunt în proprietatea statului.

Un sector de energie autosuficient nu este o opțiune pentru o țară de dimensiunea Moldovei. Rețeaua de electricitate a țării este conectată numai la Ucraina și cele două sisteme ale țărilor funcționează în paralel.

Ambele sisteme au fost proiectate inițial ca o parte integrantă a rețelei sovietice din regiunea sa de sud.[59] În acest moment, Moldova servește doar ca mod insular pentru aprovizionarea locală.[60] Cu toate acestea, integrarea cu piața regională a energiei electrice este o prioritate pentru politica Moldovei. În 2010, Moldova s-a alăturat Comunității Energiei – o organizație internațională care își propune să creeze o piață energetică paneuropeană (UE și non-UE) și intenționează să sincronizeze complet rețeaua cu piața electrică europeană.[61] Ca prim pas, Moldova a introdus principii de piață, în special pentru gestionarea sectoarelor sale de gaze naturale și electricitate, pe baza adoptării legislației de bază a energiei din UE, care face parte din *acquis-ul comunitar* al acesteia (IRENA, 2019[29]).

Integrarea planificată în sistemul UE prin România și Bulgaria,[62] va ajuta nu doar la îmbunătățirea eficienței țării pe piața energiei electrice, dar va asigura și o sursă de alimentare mai diversificată și va extinde capacitatea de generare a țării. Conectarea la piața românească competitivă va contribui, de asemenea, la creșterea transparenței în aprovizionarea cu energie electrică a Moldovei (actualmente bazată pe contracte bilaterale, în principal prin intermediari). În schimb, în timp ce dependența continuă de Ucraina (și Transnistria) va asigura, probabil, prețuri mai mici ale energiei electrice, aceasta va rezulta în costuri ale disfuncționalităților pieței, vulnerabilitatea la întreruperile aprovizionării și incertitudinea potențialilor investitori (europeni).

În 1997, după implementarea reformelor în sectorul energetic, Moldenergo – monopolul de stat pentru producția de energie termică și electricitate – s-a dezlănțuit în 16 noi entități (adică opt companii de producere a energiei electrice, trei companii de termoficare și cinci companii de distribuție a energiei electrice). Această reformă a sectorului energetic a fost determinată în mare măsură de lipsurile de aprovizionare și de întreruperile serviciilor. În anul 2000, trei din cele cinci rețele regionale de distribuție a energiei electrice (RED-urile Chișinău, Centru și Sud) au fost vândute în cadrul unei licitații deschise către compania spaniolă de utilitate și investitori Union Fenosa International. În 2008, cele trei companii de distribuție din Moldova au fuzionat cu RED Union Fenosa, care în 2010 a devenit parte a grupului internațional Gas Union Fenosa (UNECE, 2009[30]).[63] Această companie deține aproximativ 70% din cotele de piață din Moldova (care acoperă 19 regiuni, inclusiv capitala Chișinău; (PRNewswire, 2019[31]), în timp ce restul de 30% sunt deținute de întreprinderile RED de stat (RED Nord cu sediul în Bălți și RED Nord-Vest cu sediul în Donduseni). Rețeaua de transmisie este operată de o companie de stat – Moldelectrica.[64]

Agenția Națională pentru Reglementare în Energetică a Moldovei (ANRE)[65] reglementează încă majoritatea tarifelor la energie electrică pentru producție, transport și distribuție bazate pe costurile de generare, astfel încât recuperarea investițiilor să poată fi garantată (tarife de recuperare a costurilor). Prețurile energiei electrice sunt ajustate și aprobate anual pe baza unei metodologii de rentabilitate pe cinci ani. La nivel de politică, Ministerul Economiei și Infrastructurii este responsabil pentru elaborarea politicilor în sectorul energetic și pentru gestionarea dialogului sectorial.[66] Principalele direcții ale politicii energetice a Moldovei sunt reflectate în Strategia sa energetică până în 2030 (GoM, 2013[27]).

Generarea energiei electrice în/pentru Moldova este alimentată în principal de gazul natural furnizat de către Rusia. În 2018, producția totală internă s-a situat la aproximativ 882 gigawatt ore (GWh), în timp ce consumul intern brut a fost de 4 852 GWh (Figura 6.17). Întrucât capacitatea de generare internă acoperă doar 18% din consum (a se vedea mai jos), deficitul este acoperit de importuri (în total 956 GWh) și de alte surse (Transnistria, totalizând 2 965 GWh).[67]

Figura 6.17. Oferta și cererea în sectorul energiei electrice în Moldova, 2015-2018

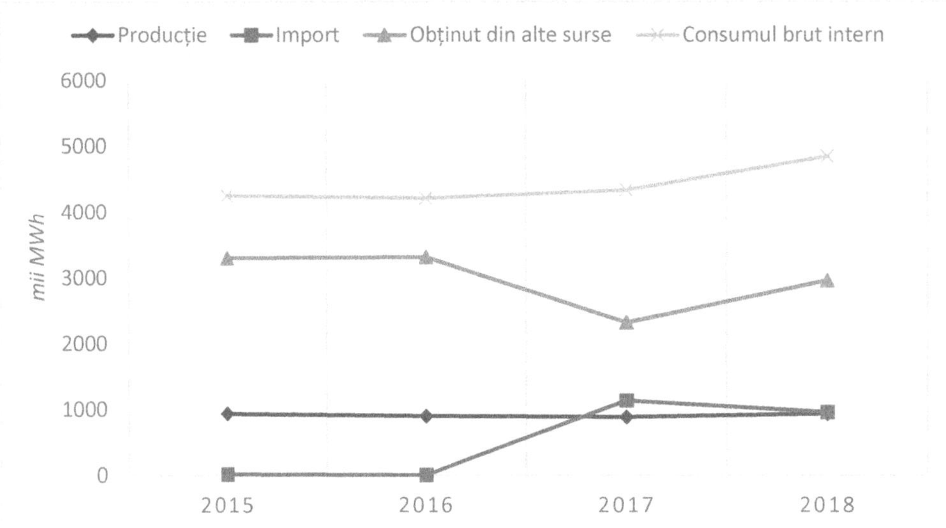

Notă: MWh: Megawatt oră. Nu sunt incluse informații despre raioanele de pe malul stâng al Nistrului și a municipiul Bender.
Sursa: Biroul Național de Statistică (https://statistica.gov.md/).

Aprovizionarea limitată cu energie electrică a Moldovei provine în principal din două centrale combinate de căldură și energie electrică (CEC/CHP) din Chișinău. Aceste centrale CHP sunt operate de Termoelectrica (cu o capacitate totală de 306 MW), care reprezintă 69% din capacitatea de producer instalată în Moldova pe malul drept.[68] Există alte câteva centrale electrice, printre care CHP-Nord la Bălți (24 MW),[69] o centrală hidroenergetică pe râul din Costești (Stanca-Costești – 16 MW), precum și alte patru centrale CHP pe bază de cărbune, construite în deservirea a patru întreprinderi producătoare de zahăr (98 MW).

Datorită separarii *de facto* a Regiunii Transnistria, cea mai importantă centrală electrică din Moldova, Moldavskaya GRES (MGRES),[70] este situată la Dnestrovsc, pe malul lacului *Cuciurgani (Kuchurgan)*, în Transnistria (la granița cu Ucraina). MGRES este o centrală electrică pe bază de gaz,[71] care este operată de o filială a publicului rus J.S.C. Inter RAO UES. MGRES nu este controlată de autoritățile moldovenești, dar capacitatea instalată (de 2 520 MW) reprezintă 84% din capacitățile totale de generare de pe ambele maluri ale Nistrului. A doua centrală (minoră) de pe malul stâng este HPP Dubasari (cu o capacitate de 48 MW) (Zachmann and Oprunenco, 2010[32]).

Datorită relațiilor dificile cu Transnistria și deteriorării capacităților generatoare (care duc nu numai la costuri mari de generare, ci și la inflexibilitate), Moldova importă energie electrică mai ieftină din Ucraina (prin J.S.C. Energocom) și din România (Transelectrica S.A.). Locația MGRES oferă autorităților transnistrene un avantaj competitiv rezultat din gazul natural „gratuit” furnizat de Tiraspol-Transgaz. MoldovaGaz – principalul furnizor și distribuitor de gaze naturale și petroliere în Moldova și Transnistria – funcționează ca o filială a companiei ruse Gazprom.

Este interesant de menționat că, contractul Transnistriei este cu MoldovaGaz, nu cu Gazprom. Cu toate acestea, pentru toți anii de la înființare, Tiraspol-Transgaz (furnizorul de gaz transnistrean) nu a reușit să plătească Moldovei pentru gazul furnizat, ceea ce a dus la o datorie imensă între MoldovaGaz și Gazprom (OECD, 2018[33]). Pe lângă datoria Moldovei, Gazprom a majorat prețurile gazelor cu 25% în 2019 (Livadari, 2019[34]); (Necsutu, 2019[35]). Durabilitatea acestui acord de plăți netransparent este, de asemenea, îndoielnică, având în vedere ofertele în scădere din Federația Rusă către Ucraina.

Diversificarea surselor de energie

În mod clar, diversificarea producției de energie este o prioritate pentru Guvernul Republicii Moldova.[72] O nouă centrală de gaze ar contribui doar ușor la atingerea acestui obiectiv, având în vedere dependența de gazul furnizat de Federația Rusă. Ca membru al Comunității Energetice, Moldova trebuie să îndeplinească obligațiile din Directiva 2009/28/CE privind promovarea utilizării energiei din surse regenerabile (EU, 2009[36]). Aceasta a stabilit o țintă obligatorie de a produce 20% din energie din surse regenerabile până în 2020. Această țintă a fost inclusă în documentele legislative naționale – cum ar fi Programul național de eficiență energetică 2011-2020 (GoM, 2011[28]), Strategia energetică până în 2030 (GoM, 2013[27]) și Legea privind energia regenerabilă din 2007 (nr. 160 din 12 iulie).

Această țintă de 20% pare greu de atins, chiar dacă sursele regenerabile ar trebui să includă alte surse decât eoliene și solare (de exemplu, biomasă). În prezent, capacitatea de producție a energiei regenerabile a Moldovei este destul de limitată, adică până la 21 GW pentru eoliană și 4.5 GW pentru solară fotovoltaică (FV). Acestea constituie împreună aproximativ 3% din producția internă totală de energie. Pentru a sprijini producția de energie regenerabilă, în 2013, guvernul Republicii Moldova a introdus un tarif ecologic (tarife de alimentare). Deși Moldova a anunțat recent că planifică producerea a 168 MW de capacitate de generare regenerabilă (în principal energie eoliană și fotovoltaică), aceasta este încă o viziune mai degrabă decât un plan de dezvoltare realist și nu poate fi privită ca o sursă de generare majoră pentru viitorul apropiat (IRENA, 2019[29]).

Concluzii pentru programul TPE

Începând cu anul 1991, Moldova a adoptat un număr semnificativ de acte legislative naționale și și-a asumat angajamente internaționale în ceea ce privește protecția mediului, reducerea GES, eficiența energetică și îmbunătățirea calității aerului și, de asemenea, în ultima vreme, transformarea economiei verzi.

Totuși, Moldova trebuie să aducă mai multe îmbunătățiri legislative și politice, în special, trecând mai multe standarde stricte privind emisiile și combustibilul – adică îndepărtarea de standardele GOST și trecerea la standardele UE – și să asigure aplicarea acestora. De asemenea, trebuie furnizate informații în timp real despre poluarea aerului pentru a sensibiliza problema poluării aerului de către transportul rutier în orașe.

Analiza din acest capitol oferă o justificare solidă a Programului TPE – atât în ceea ce privește îmbunătățirea calității transportului public, cât și a calității vieții, a sănătății și a mediului.

Având în vedere că transportul rutier contribuie la cea mai mare parte a poluării aerului (până la 96%) în Moldova, înlocuirea flotei uzate de vehicule publice cu autobuze modern cu GNC, GPL sau Euro diesel V/VI ar contribui la reducerea poluării aerului înconjurător – în special a particulelor (PM), NO_x și SO_2 – și să emită emisiile de GES în conformitate cu obiectivele țării de reducere a emisiilor.

Cu toate acestea, intensitatea energetică îmbunătățită a vehiculelor (megajoule/pasager-km sau megajoule/tonă-km) și intensitatea carbonului din combustibili (CO_2e/megajoule) nu pot sta singure. Pe lângă investițiile pentru înlocuirea flotelor de vehicule, reducerea poluării din transportul public urban va necesita o combinație de măsuri:

- evitarea sau reducerea nevoii de călătorie (fie printr-o mai bună planificare urbană sau schimbarea comportamentului personal)
- trecerea de la călătoria cu mașini private la moduri nemotorizate (mersul pe jos, mersul cu bicicleta) sau transportul public
- îmbunătățirea formelor de transport existente prin îmbunătățiri tehnice (în special în intensitatea energetică a vehiculelor și în intensitatea carbonului în combustibili și transportatorii de energie).

Combinarea transportului public în masă cu modurile de transport nemotorizate oferă cel mai mare potențial de atenuare. Primul pas în această direcție ar fi creșterea capacității și a numărului de vehicule pentru transportul în comun (autobuze și troleibuze). Diversificarea structurii flotei, creșterea eficienței energetice și trecerea modală de la mașină la transportul public ar îmbunătăți, de asemenea, rezistența la creșterile viitoare ale prețurilor la energie (motorină, gaz, electricitate). Regulile privind funcționarea vehiculelor îmbătrânite, întreținerea suficientă și inspecția tehnică a vehiculelor sunt condiții prealabile necesare.

Cu toate acestea, trebuie să existe și o cerere crescută pentru aceste servicii, deoarece viabilitatea economică și ecologică a transportului public se va realiza doar printr-o cerere crescută. Îmbunătățirea calității transportului public pentru a răspunde așteptărilor pasagerilor, inclusiv replanificarea rețelei de transport urban, ar face-o mai atractivă. De asemenea, ar contribui la reducerea costurilor sociale ale transportului – cum ar fi timpul pierdut din cauza aglomerației, poluării aerului, accidentelor etc. – care, în general, pot reprezenta câteva procente din PIB (deși acest lucru nu a fost evaluat în Moldova).

Țările în curs de dezvoltare au oportunități mai mari de a modela infrastructura urbană și sistemele de transport decât țările OCDE, în care sistemele de transport sunt în mare măsură blocate.

Referințe

Banila, N. (2019), "Moldova's c-bank may end MICB special administration once new management set up", *SeeNews,* 24 April, https://seenews.com/news/moldovas-c-bank-may-end-micb-special-administration-once-new-management-set-up-651786 (accessed on 24 June 2019). [10]

BCI and TUM (2006), *Management of Urban Public Transport in Chisinau Municipality (in Romanian)*, Business Consulting Institute and Technical University of Moldova, Chisinau, http://bci.md/media/files/MTPUMC%20Final.pdf. [20]

CIS (2014), *Commonwealth of Independent States in 2013 – Statistical Yearbook*, Interstate Statistical Committee of the Commonwealth of Independent States, Moscow. [2]

DieselNet (2016), *EU: Heavy-Duty Truck and Bus Engines: Regulatory Framework and Emission Standards*, DieselNet website, http://www.dieselnet.com/standards/eu/hd.php (accessed on 20 March 2017). [25]

EU (2010), "Directive 2010/75/EU of the European Parliament and of the Council of 24 November 2010 on industrial emissions (integrated pollution prevention and control) (Recast)", *Official Journal of the European Union*, Vol. L 334/17 of 17 December 2010, pp. 17-119, http://data.europa.eu/eli/dir/2010/75/oj. [38]

EU (2009), "Directive 2009/28/EC of the European Parliament and of the Council of 23 April 2009 on the promotion of the use of energy from renewable sources and amending and subsequently repealing Directives 2001/77/EC and 2003/30/EC", *Official Journal of the European Union*, Vol. L 140/16 of 5 June 2009, pp. 16-62, http://data.europa.eu/eli/dir/2009/28/oj. [36]

EU (2006), "Directive 2006/32/EC of the European Parliament and of the Council of 5 April 2006 on energy end-use efficiency and energy services and repealing Council Directive 93/76/EEC", *Official Journal of the European Union*, Vol. L 114/64 of 27 April 2006, pp. 64-85, https://eur-lex.europa.eu/eli/dir/2006/32/oj. [26]

Fitzgeorge-Parker, L. (2017), "Romania's Banca Transilvania moves into Moldova", *Euromoney,* 27 November, http://www.euromoney.com/article/b15szfrg7lct7n/romanias-banca-transilvania-moves-into-moldova (accessed 24 June 2019). [11]

Foy, H. (2018), "EBRD buys stake in Moldova's largest commercial bank", *Financial Times*, http://www.ft.com/content/683aa326-c624-11e8-82bf-ab93d0a9b321 (accessed 24 June 2019). [9]

GoM (2018), *Environmental Audit Report on Air Quality in the Republic of Moldova*, Government of Moldova, Chisinau, http://lex.justice.md/UserFiles/File/2018/mo18-26md/raport_65.doc. [17]

GoM (2017), *National Inventory Report 1990-2015: Greenhouse Gas Sources and Sinks in the Republic of Moldova*, Submission to the UNFCCC, Government of Moldova, Chisinau, http://www.clima.md/download.php?file=cHVibGljL3B1YmxpY2F0aW9ucy80MjAwODJfZW5fbmlyNV9lbl8yOTEyMTcucGRm. [13]

GoM (2016), *Republic of Moldova, National Report*, Third United Nations Conference on Housing and Sustainable Urban Development (Habitat III), Government of Moldova, Chisinau, http://habitat3.org/wp-content/uploads/Raport-Habitat-III_-eng.pdf. [1]

GoM (2015), *Republic of Moldova's Intended National Determined Contribution*, Government of Moldova, Chisinau, https://www4.unfccc.int/sites/ndcstaging/PublishedDocuments/Republic%20of%20Moldova%20First/INDC_Republic_of_Moldova_25.09.2015.pdf. [16]

GoM (2013), *Energy Strategy of the Republic of Moldova until 2030*, Government of Moldova, Chisinau, http://www.serviciilocale.md/public/files/Energy_Strategy_2030_Final.pdf. [27]

GoM (2013), *Transport and Logistics Strategy 2013-2022*, Government of Moldova, Chisinau, http://www.serviciilocale.md/public/files/drumuri/STL_2013-2022_eng.doc. [19]

GoM (2011), *National Energy Efficiency Programme 2011-2020*, Government of Moldova, Chisinau, http://lex.justice.md/index.php?action=view&view=doc&lang=1&id=340940. [28]

GoM (2008), *National Transport Strategy 2008-2017*, Government of Moldova, Chisinau, http://lex.justice.md/viewdoc.php?action=view&view=doc&id=350173&lang=1. [18]

IMF (2016), *Republic of Moldova: Financial System Stability Assessment*, IMF Country Report No. 16/70, International Monetary Fund, Washington, D.C., http://www.imf.md/press/1%20Moldova%20-%20IMF%20-%20FSAP_Financial%20System%20Stability%20Assessment_cr1670.pdf. [7]

IOM (2017), *Extended Migration Profile of the Republic of Moldova 2009-2014*, International Organization for Migration, Mission to Moldova, Chisinau, https://publications.iom.int/system/files/pdf/emp_moldova_2009_2014.pdf. [4]

IPCC (2006), *2006 IPCC Guidelines for National Greenhouse Gas Inventories*, Volume 2: Energy, Chapter 3: Mobile Combustion, Intergovernmental Panel on Climate Change, Mexico City, http://www.ipcc-nggip.iges.or.jp/public/2006gl/pdf/2_Volume2/V2_3_Ch3_Mobile_Combustion.pdf. [15]

IPCC (1996), *Revised 1996 IPCC Guidelines for National Greenhouse Gas Inventories*, Volume 3: The Reference Manual, Intergovernmental Panel on Climate Change, Mexico City, http://www.ipcc-nggip.iges.or.jp/public/gl/invs6.html. [14]

IRENA (2019), *Renewables Readiness Assessment: Republic of Moldova*, International Renewable Energy Agency, Abu Dhabi, http://www.irena.org/-/media/Files/IRENA/Agency/Publication/2019/Feb/IRENA_RRA_Moldova_2019_EN.pdf. [29]

Lim et al. (2012), "A comparative risk assessment of burden of disease and injury attributable to 67 risk factors and risk factor clusters in 21 regions, 1990-2010: a systematic analysis for the Global Burden of Disease Study 2010", *The Lancet*, Vol. 380/9859, pp. 2224-2260, https://doi.org/10.1016/S0140-6736(12)61766-8. [23]

Livadari, A. (2019), "Gazprom has increased gas prices for Moldova" Moldova.org portal, 15 March, http://www.moldova.org/en/gazprom-increased-gas-prices-moldova (accessed 24 June 2019). [34]

NBM (2016), "NBM has blocked a group of shareholders of BC "Moldova-Agroindbank" S.A. and has withdrawn the confirmation of two administrators of BC "Moldindconbank" S.A." 2 March, National Bank of Moldova, Chisinau, http://www.bnm.md/en/content/nbm-has-blocked-group-shareholders-bc-moldova-agroindbank-sa-and-has-withdrawn-confirmation (accessed 30 August 2019). [8]

NBS (2018), *Statistical Yearbook of the Republic of Moldova*, National Bureaus of Statistics of Moldova, Chisinau, http://statistica.gov.md/public/files/publicatii_electronice/Anuar_Statistic/2018/Anuar_statistic_2018.pdf. [6]

Necsutu, M. (2019), "Moldovans Face Bigger Gas Bills After Gazprom Hikes Price", *Balkan Insight,* 18 March, https://balkaninsight.com/2019/03/18/moldovans-face-bigger-gas-bills-after-gazprom-hikes-price (accessed 24 June 2019). [35]

Nexus (2013), *Household Survey: Country Migration Profile*, International Agency for Source Country Information and CIVIS Centre, NEXUS Moldova, https://brd.gov.md/sites/default/files/document/attachments/08_nexus_moldova_country_migration_profile_key_findings_2013_eng.pdf. [3]

OECD (2018), *Inventory of Energy Subsidies in the EU's Eastern Partnership Countries*, OECD Publishing, Paris, https://doi.org/10.1787/9789264284319-en. [33]

Pope, C. et al. (1995), "Particulate air pollution as a predictor of mortality in a prospective study of U.S. adults", *American Journal of Respiratory Critical Care Medicine*, Vol. 151, pp. 669-674, http://www.atsjournals.org/doi/abs/10.1164/ajrccm/151.3_Pt_1.669?url_ver=Z39.88-2003&rfr_id=ori:rid:crossref.org&rfr_dat=cr_pub%3dpubmed. [22]

PRNewswire (2019), "Duet Private Equity, through one of its investment SPVs acquires 100% of the leading energy utilities company in Moldova, Red Unión Fenosa S.A. and Gas Natural Fenosa Furnizare Energie S.R.L. ("GNF Moldova") in a EUR 141 MM transaction", https://www.finanznachrichten.de/nachrichten-2019-04/46467993-duet-private-equity-through-one-of-its-investment-spvs-acquires-100-of-the-leading-energy-utilities-company-in-moldova-red-union-fenosa-s-a-and-ga-008.htm (accessed 24 June 2019). [31]

Sims and Schaeffer (2014), "Transport" In: IPCC, 2014:", *Climate Change 2014: Mitigation of Climate Change. Contribution of Working Group III to the Fifth Assessment Report of the Intergovernmental Panel on Climate Change* [Edenhofer, O. et al. (eds)], Cambridge and New York,, pp. 599-670, http://www.ipcc.ch/site/assets/uploads/2018/02/ipcc_wg3_ar5_chapter8.pdf. [5]

Tanas, A. (2017), "Moldova says ready to start recovering stolen billion" Reuters, 13 April, http://www.reuters.com/article/moldova-banking/moldova-says-ready-to-start-recovering-stolen-billion-idUSL8N1HL3U1 (accessed 24 June 2019). [39]

UNECE (2009), *Republic of Moldova (Energy Profile)*, United Nations Economic Commission for Europe / Climate Change Office under the Ministry of Environment of Moldova, Chisinau, http://energyeficiency.clima.md/public/files/EnergyProfileMoldova.pdf. [30]

Whewell, T. (2015), "The great Moldovan bank robbery", *BBC News,* 18 June, http://www.bbc.com/news/magazine-33166383 (accessed 24 June 2019). [40]

WHO (2013), *Health Effects of Particulate Matter Policy Implications for Countries in Eastern Europe, Caucasus and Central Asia*, World Health Organization, Regional Office for Europe, Copenhagen, http://www.Euro.who.int/__data/assets/pdf_file/0006/189051/Health-effects-of-particulate-matter-final-Eng.pdf. [24]

WHO (2009), *Republic of Moldova, Country Profile of Environmental Burden of Disease*, World Health Organization, Geneva, http://www.who.int/quantifying_ehimpacts/national/countryprofile/republicofmoldova.pdf?ua=1. [21]

World Bank (2016), *Moldova Poverty Assessment 2016, Poverty Reduction and Shared Prosperity in Moldova: Progress and Prospects*, World Bank Group, Report No. 105722-MD, http://documents.worldbank.org/curated/en/168451467995808859/pdf/105722-WP-P151472-PUBLIC-Moldova-Poverty-Assessment-2016.pdf. [37]

Wrobel, A. (2019), "Restoring trust in Moldova's banking sector" Emerging Europe, 14 February, London, https://emerging-europe.com/interviews/restoring-trust-in-moldovas-banking-sector (accessed 24 June 2019). [12]

Zachmann and Oprunenco (2010), *Electricity Sector in Moldova: Evaluation of strategic options*, German Economic Team in Moldova, Berlin/Chisinau, http://www.get-moldau.de/download/policypapers/2010/GET%20Moldova_PP%2001%202010_en.pdf. [32]

Legi și reglementări

(Listate conform celei mai recente date de adoptare – toate sunt în limba română/rusă)

Legea Nr. 156 din 26 iulie 2018 pentru ratificarea Protocolului privind evaluarea strategică de mediu la Convenţia privind evaluarea impactului asupra mediului în context transfrontalier, Monitorul Oficial Nr. 336-346 din 7 septembrie 2018, Art. 561, http://lex.justice.md/index.php?action=view&view=doc&lang=1&id=376979.

Hotărârea Curții de Conturi nr. 65 din 30 noiembrie 2017 privind Raportul auditului de mediu asupra calității aerului în Republica Moldova, Monitorul Oficial Nr. 18-26 din 19 ianuarie 2018, Art. 4, http://lex.justice.md/index.php?action=view&view=doc&lang=1&id=373833.

Legea Nr. 232 din 3 octombrie 2016 privind redresarea şi rezoluţia băncilor, Monitorul Oficial Nr. 343-346 din 4 octombrie 2016, Art. 707, http://lex.justice.md/index.php?action=view&view=doc&lang=1&id=366942.

Legea Nr. 86 din 29 mai 2014 privind evaluarea impactului asupra mediului, Monitorul Oficial Nr. 174-177 din 4 iulie 2014, Art. 393, http://lex.justice.md/md/353608.

Hotărârea Guvernului Nr. 827 din 28 octombrie 2013 cu privire la aprobarea Strategiei de transport şi logistică pe anii 2013-2022, Monitorul Oficial Nr. 243-247 din 1 noiembrie 013, Art. 933, http://lex.justice.md/index.php?action=view&view=doc&lang=1&id=350111.

Hotărârea Guvernului Nr. 102 din 5 februarie cu privire la Strategia energetică a Republicii Moldova pînă în anul 2030, Monitorul Oficial Nr. 27-30 din 8 februarie 2013, Art. 146, http://lex.justice.md/md/346670.

Hotărârea Guvernului Nr. 833 din 10 noiembrie 2011 cu privire la Programul naţional pentru eficienţă energetică 2011-2020, Monitorul Oficial Nr. 197-202 din 18 noiembrie 2011, Art. 914, http://lex.justice.md/index.php?action=view&view=doc&lang=1&id=340940.

Legea Nr. 142 din 2 iulie 2010 cu privire la eficienţa energetică, Monitorul Oficial Nr. 155-158 din 3 septembrie 2010, Art. 545, http://lex.justice.md/md/335818.

Hotărârea Guvernului Nr. 847 din 18 decembrie 2009 pentru aprobarea Regulamentului privind organizarea şi funcţionarea Ministerului Mediului, structurii şi efectivului-limită ale aparatului central al acestuia, Monitorul Oficial Nr. 189-190 din 22 decembrie 2009, Art. 925, http://lex.justice.md/md/333161.

Hotărârea Guvernului Nr. 357 din 13 mai 2009 cu privire la aprobarea Regulamentului circulaţiei rutiere, Monitorul Oficial Nr. 92-93 din 15 mai 2009, Art. 409, http://lex.justice.md/md/331491.

Hotărârea Guvernului Nr. 85 din 1 februarie 2008 cu privire la aprobarea Strategiei infrastructurii transportului terestru pe anii 2008-2017, Monitorul Oficial Nr. 30-31 din12 februarie 2008, Art. 159, http://lex.justice.md/viewdoc.php?action=view&view=doc&id=350173&lang=1.

Legea Nr. 160 din 12 iulie 2007 energiei regenerabile, Monitorul Oficial Nr. 127-130 din 12 august 2007, Art. 550, http://lex.justice.md/md/324901.

Legea Nr. 438 din 28 decembrie 2006 privind dezvoltarea regională în Republica Moldova, Monitorul Oficial Nr. 21-24 din 16 februarie 2007, Art. 68, http://lex.justice.md/index.php?action=view&view=doc&id=320885.

Legea Nr. 764 din 27 decembrie 2001 privind organizarea administrativ-teritorială a Republicii Moldova, Monitorul Oficial Nr. 16 din 29 ianuarie 2002, Art. 53, http://lex.justice.md/md/312874.

Legea Nr. 461 din 30 iulie 2001 privind piaţa produselor petroliere, Monitorul Oficial Nr. 40-49 din 10 februarie 2017, Art. 82, http://lex.justice.md/index.php?action=view&view=doc&lang=1&id=368808.

Legea Nr. 1422 din 17 decembrie 1997 privind protecţia aerului atmosferic, Monitorul Oficial Nr. 44-46 din 21 mai 1998, Art. 312, http://lex.justice.md/index.php?action=view&view=doc&lang=1&id=312772.

Legea Nr. 550 din 21 iulie 1995 instituţiilor financiare, Monitorul Oficial Nr. 78-81 din 13 mai 2011 Art. 199, http://lex.justice.md/index.php?action=view&view=doc&lang=1&id=338489.

18. Legea Nr. 1515 din 16 iunie 1993 privind protecţia mediului înconjurător, Monitorul Parlamentului Nr. 10 din 1 octombrie 1993, Art. 283, http://lex.justice.md/index.php?action=view&view=doc&lang=1&id=311604.

Note

[1] A se vedea descrierea geografică pe site-ul oficial al Republicii Moldova: http://moldova.md/en/content/geography.

[2] Excluzând raioanele de est și orașul Bender, care au o populație de aproximativ 505 000 de locuitori.

[3] Conform prevederilor Legii nr. 764 din 27 decembrie 2001 privind organizarea administrativ-teritorială a Republicii Moldova.

[4] În conformitate cu Legea nr. 438 din 28 decembrie 2006 privind dezvoltarea regională în Republica Moldova. Regiunile de dezvoltare sunt: Nord, Centru, Sud, Chișinău, UTA Găgăuzia și Transnistria. Au fost înființate agenții de dezvoltare regională, în subordinea Ministerului Agriculturii, Dezvoltării Regionale și Mediului, în toate regiunile, în afară de Chișinău și Transnistria.

[5] De reținut că există o discrepanță între cele mai recente date BNS (2018) și ultimele date ale recensământului (2014) – care sunt de asemenea disponibile pe site-ul BNS – posibil pentru că primele ar putea ține cont de cetățenii Moldovei care locuiesc / lucrează în străinătate.

[6] Cifre începând cu 1 ianuarie 2018. A se vedea BNS privind populația rezidentă pe grupe de vârstă, ani, zonă și sex la:

http://statbank.statistica.md/PxWeb/pxweb/en/20%20Populatia%20si%20procesele%20demografice/20%20Populatia%20si%20procesele%20demografice__POP__POP010/POP010300reg.px/.

[7] Ibid.

[8] Începând cu 1998, cifrele nu includ date despre raioanele de pe malul stâng al râului Nistru și ale municipiului Bender (449 800 de locuitori în 1997). Vezi ibid. și populația rezidentă pe orașe 1980-2018 la:

http://statbank.statistica.md/PxWeb/pxweb/en/20%20Populatia%20si%20procesele%20demografice/20%20Populatia%20si%20procesele%20demografice__POP__POP010/POP010300reg.px/.

[9] Sondajele bugetare pentru gospodării (SBG) au fost realizate de Biroul Național de Statistică (BNS) în perioada 2007-2014. Vezi si (World Bank, 2016[37]).

[10] Biroul Național de Statistică (https://statistica.gov.md/).

[11] Ibid.

[12] A se vedea datele BM privind PIB pe cap de locuitor, PPP (USD curent internațional), pentru Moldova la: https://data.worldbank.org/indicator/NY.GDP.PCAP.PP.CD?locations=MD.

[13] Calculat folosind datele privind populația ale BM, disponibile la: https://data.worldbank.org/indicator/SP.POP.TOTL?view=chart; și datele privind emisiile totale de GES (kt de echivalent CO_2) disponibile la: https://data.worldbank.org/indicator/EN.ATM.GHGT.KT.CE.

[14] A se vedea statisticile OCDE / AIE privind consumul de energie (kg echivalent ulei) la 1000 USD PIB (constant PPP 2011) din 2014 la: https://data.worldbank.org/indicator/EG.USE.COMM.GD.PP.KD?locations=MD-OE-W&view=chart.

[15] A se vedea baza de date a Băncii Mondiale privind emisiile de CO_2 (kg per PPP USD din PIB) la: https://data.worldbank.org/indicator/EN.ATM.CO2E.PP.GD?end=2014&locations=MD-OE-EU&start=1990&view=chart.

[16] Figura din martie 2019. Pentru informațiile BNM privind activitățile financiare și economice ale băncilor, a se vedea: www.bnm.md/bdi/pages/reports/drsb/DRSB1.xhtml?id=0&lang=en.

[17] Pe atunci cea mai mare bancă din țară.

[18] În perioada 2010-14, o sumă echivalentă cu o optime din PIB-ul țării a fost spălată – în principal prin intermediul sistemului financiar al Letoniei – către străinătate (firmele din Marea Britanie și Hong Kong), printr-o serie de tranzacții care nu au făcut nicio justificare economică (împrumuturi dodgy, schimburi de active și tranzacții pentru acționari). A se vedea (Whewell, 2015[40]) și (Tanas, 2017[39]).

[19] Pentru creșterea PIB a Moldovei potrivit datelor Băncii Mondiale cu privire la conturile naționale, a se vedea: https://data.worldbank.org/indicator/NY.GDP.MKTP.KD.ZG?locations=MD.

[20] A se consulta cursurile oficiale ale BNM la: www.bnm.md/en/content/official-exchange-rates.

[21] Între prima jumătate a anului 2015 și prima jumătate a anului 2016. A se vedea: www.statistica.md/public/files/serii_de_timp/resurse_energetice/infraanuale/Energy_prices_HH_eng.xls.

[22] Acțiunile au fost blocate pentru prima dată în decembrie 2015 și au fost solicitați acționarilor să le revândă într-o perioadă de 90 de zile. Întrucât acest lucru nu s-a întâmplat, acțiunile au fost anulate în martie-iunie 2016, iar noi acțiuni cu o sumă similară trebuiau să fie emise de Agroindbank la Bursa de Valori din Moldova în septembrie 2016 (IMF, 2016[7]).

[23] În octombrie 2016, Moldindconbank a fost supusă administrației speciale temporare de BNM, pe baza unei inspecții la fața locului lansată în iunie 2016, care a acoperit cele mai mari trei bănci (adică împreună cu Agroindbank și Victoriabank).

[24] Banca Transilvania a devenit al treilea grup bancar din UE cu operațiuni în Moldova. În 2005, Erste Group a achiziționat o filială la Chișinău prin achiziționarea liderului de piață român BCR, iar în 2007, Société Générale a cumpărat Mobiasbanca.

[25] Pentru informații despre achizițiile și planurile viitoare, consultați de exemplu: www.ebrd.com/news/2018/ebrd-welcomes-banca-transilvanias-acquisition-of-victoriabank-stake.html.

[26] Informații din martie 2019. Înainte ca impactul crizei bancare să înceapă să fie resimțit, raportul a fost de până la 86% (septembrie 2015), apoi a scăzut profund până la 59% (august 2015), reflectând eliminarea activelor „umflate" ale celor trei bănci (care au devenit insolvabile în cursul anului 2015). Consultați informațiile BNM despre activitățile financiare și economice ale băncilor din Moldova la: www.bnm.md/bdi/pages/reports/drsb/DRSB1.xhtml?id=0&lang=en.

[27] A se vedea datele Băncii Mondiale și OCDE cu privire la conturile naționale la: https://data.worldbank.org/indicator/NY.GDS.TOTL.ZS?locations=MD.

[28] Consultați informațiile BNM despre activitățile financiare și economice ale băncilor din Moldova la: www.bnm.md/bdi/pages/reports/drsb/DRSB1.xhtml?id=0&lang=en.

[29] Parțial datorită vânzării de garanții de către bănci și colaborării cu imobiliare în găsirea cumpărătorilor pentru aceasta. Consultați declarația BNM privind situația financiară a sectorului bancar la: www.bnm.md/en/content/financial-situation-banking-sector-2018.

[30] Inflația a rămas într-un interval stabil din mai 2016, fără să depășească 8.0% lunar. A se vedea BNM pentru datele curente ale inflației anuale la: www.bnm.md/en/content/inflation.

[31] A se vedea: www.bnm.md/en/content/nbm-interest-rates.

[32] A se vedea ratele dobânzilor medii ponderate ale BNM la împrumuturile și depozitele noi atrase și volumele asociate la: www.bnm.md/bdi/pages/reports/dpmc/DPMC4.xhtml.

[33] Riscul valutar (sau riscul de schimb valutar) este riscul potențial de pierdere din fluctuația cursurilor valutare.

[34] A se vedea decizia privind politica monetară a BNM din 4 septembrie 2018 la: https://www.bnm.md/en/content/monetary-policy-decision-4-september-2018. Pentru rezervele necesare ale BNM, consultați: www.bnm.md/en/content/required-reserves.

[35] Și parțial reflectând executarea insuficientă a cheltuielilor de capital.

[36] A se vedea acțiunea de evaluare Moody din noiembrie 2018 la: www.moodys.com/research/Moodys-affirms-Moldovas-B3-rating-outlook-stable--PR_390985.

[37] Georgia și Turkmenistan – întrucât nu sunt membri ai Comunității Statelor Independente (CSI) – nu sunt incluși în statisticile Comitetului statistic interstatal al CSI (www.cisstat.com).

[38] Inclusiv malul stâng al râului Nistru.

[39] Ministerul Economiei și Infrastructurii (https://mei.gov.md).

[40] Agenția Turismului a Republicii Moldova (www.turism.gov.md).

[41] Agenția Servicii Publice (www.asp.gov.md/en/date-statistice).

[42] Agenția Națională Transport Auto (http://anta.gov.md).

[43] Întreprinderea de Stat "Gările și Stațiile Auto" (https://autogara.md).

[44] Biroul Național de Statistică (https://statistica.gov.md/).

[45] Parcul Urban de Autobuze (www.autourban.md).

[46] Biroul Național de Statistică (https://statistica.gov.md/).

[47] Pentru evaluările actuale ale potențialului de încălzire globală, consultați rapoartele IPCC AR5 la: www.ipcc.ch/assessment-report/ar5.

[48] A se vedea „NS-284 – Utilizarea salcii de energie pentru producerea de căldură în Republica Moldova" la:

http://www4.unfccc.int/sites/nama/_layouts/un/fccc/nama/NamaSeekingSupportForImplementation.aspx?ID=195&viewOnly=1.

[49] A se vedea „NS-283 – Împădurirea terenurilor degradate, a zonelor de râu și a fâșiilor de protecție din Republica Moldova" la:

http://www4.unfccc.int/sites/nama/_layouts/un/fccc/nama/NamaSeekingSupportForImplementation.aspx?ID=194&viewOnly=1.

[50] A se vedea „NS-282 – Implementarea sistemului de cultivare a solului în Republica Moldova" la: http://www4.unfccc.int/sites/nama/_layouts/un/fccc/nama/NamaSeekingSupportForImplementation.aspx?ID=193&viewOnly=1.

[51] Inspectoratul Ecologic de Stat (http://ies.gov.md).

[52] Serviciul Hidrometeorologic de Stat (www.meteo.md/index.php).

[53] A se vedea Divizia de prognoză a poluării aerului din mediul înconjurător (DPAMI) a SHS la: www.meteo.md/index.php/en/about-us/enviroment-quality-monitoring/mbient-air-quality-monitoring-and-radioactive-background-level-center/background-ambient-air-pollution-forecasting-division.

[54] Pentru hărți zilnice privind poluarea atmosferică a aerului din Chișinău și Bălți, a se vedea: http://www.meteo.md/index.php/calitatea-mediului/hri-zilnice-privind-poluarea-aerului-atmosferic.

[55] Mișcarea Ecologistă din Moldova: (http://mem.md).

[56] În 2018, GIZ a elaborat Strategia pentru implementarea cerințelor UE privind monitorizarea și gestionarea calității aerului ambiant în Republica Moldova, în cadrul proiectului „Dezvoltarea capacităților de aliniere la obiectivele climatice ale UE în țările Parteneriatului Estic". Această strategie prevede crearea a cel puțin 18 stații de monitorizare fixe și 1 mobile (în funcție de finanțe) și va înlocui tehnologia din anii '70 (care măsoară doar cantitatea de poluare a aerului, dar nu și sursele).

[57] Categoria Grupul 1 este utilizată atunci când există dovezi suficiente de cancerogenitate la om.

[58] Deși Transnistria a declarat independența în 1990, ONU consideră că regiunea este parte a Moldovei (suveranitatea sa este recunoscută doar de trei state non-membre ale ONU).

[59] Acest lucru înseamnă că a fost proiectat excesiv pentru nevoile de consum din Moldova. În prezent, funcționează în mod sincronizat cu Sistemul Integrat de Putere / Sistemul Unificat de Putere (IPS / UPS) (care include Moldova și Ucraina). A se vedea, de asemenea, documentul de informare al Băncii Mondiale „Proiectul pieței energetice competitive din Moldova (P160829)" la: http://documents.worldbank.org/curated/en/470181541064261708/pdf/Concept-Project-Information-Document-Integrated-Safeguards-Data-Sheet-Moldova-Competitive-Power-Market-Project-P160829.pdf.

[60] Cu alte cuvinte, o parte a țării nu este sincronizată cu un sistem (adică UPS / IPS), ci sincronizată cu celălalt (adică ENTSO-E). Aceasta permite cel puțin un schimb indirect între cele două sisteme.

[61] Acest lucru este valabil și pentru problemele de mediu; de exemplu, Moldova trebuia să se conformeze (până la sfârșitul lui 2017) cu Directiva 2010/75 / UE a Parlamentului European și a Consiliului din 24 noiembrie 2010 privind emisiile industriale (prevenirea și controlul integrat al poluării) (EU, 2010[38]).

[62] Fostele țări ale blocului estic din regiune – România, Bulgaria și Ungaria – și-au reproiectat sistemele de electricitate în ultimele trei decenii și sunt acum conectate la sistemul occidental (fosta Uniune pentru Coordonarea Transmisiei de Electricitate, acum Rețeaua Europeană de Operatori ai sistemului de transmisie a energiei electrice ENTSO-E).

[63] A se vedea Gas Natural Fenosa în Moldova la : www.gasnaturalfenosa.md/page/despre-noi.

[64] Moldelectrica I.S. (http://moldelectrica.md).

[65] ANRE este o autoritate independentă a administrației publice înființată în 1998. Este responsabilă de reglementarea și supravegherea sub-sectoarelor de energie electrică, gaze, petrol și (parțial) de încălzirea în raioane. ANRE nu este subordonat direct niciunei autorități publice centrale, dar a raportat parlamentului încă de la reforma de reglementare din 2010. În ciuda independenței sale de jure, guvernul își poate afirma influența asupra autorității de reglementare prin aprobarea bugetară anuală și prin numirea / revocarea directorilor ANRE.

[66] A se vedea sectorul energetic al MEI la: https://mei.gov.md/en/content/energy.

[67] Datele privind raioanele de pe malul stâng al Nistrului și municipiului Bender sunt excluse.

[68] Termoelectrica Moldova S.A. (www.termoelectrica.md).

[69] CET-Nord S.A. (http://cet-nord.md).

[70] ZAO Moldavskaya GRES (http://moldgres.com). Autoritățile moldovenești, de exemplu, nu recunosc privatizarea MGRES, cu toate acestea, ele emit certificate care permit exporturile de electricitate din Transnistria în Balcani.

[71] Anterior ardeau cărbune și combustibil.

[72] A se vedea, de exemplu, proiectul de interconectare a energiei BERD între Moldova și România: www.ebrd.com/work-with-us/projects/psd/moldova-romania-power-interconnection-phase-i.html.

7 Cadrul politic și de reglementare pentru sectorul transportului

Acest capitol abordează succint principalul cadru de reglementare, instituțional și organizatoric care se ocupă sau are impact asupra transportului public urban din Moldova (inclusiv eficiența energetică și controlul poluării aerului). Toate cerințele legislative și setările prezentate aici – atât tehnice cât și administrative – sunt abordate în contextul în care acestea pot facilita crearea cererii de investiții ecologice în sectorul transportului public din Moldova.

Cadrul de reglementare și efectul asupra transportului urban în Moldova

Cadrul general de reglementare include diferite acte cu privire la transportul public, așa ca relațiile juridice dintre operatorii de transport și pasageri, precum și între operatori și organele administrației publice. Pe lângă reglementările tehnice și de siguranță rutieră, acestea includ, de asemenea, reglementări fiscale (cum ar fi taxele vamale pentru vehiculele importate) și protecția socială (a consumatorului) și a mediului (cum ar fi emisiile sau standardele de eficiență energetică).

Analiza actelor care reglementează serviciile de transport arată că mai multe dispoziții sunt insuficient adaptate realităților economice actuale și armonizate doar parțial cu directivele relevante ale Uniunii Europene (UE), cum ar fi Directiva 2014/23/UE privind atribuirea contractelor de concesiune (EU, 2014[1]) sau Directiva 2006/32/CE privind eficiența utilizării finale a energiei și serviciilor energetice (EU, 2006[2]).

Legea cu privire la transport

Legea Nr. 1194 din 21 mai 1997cu privire la transporturi reprezintă cadrul general al funcţionării tuturor modurilor de transport pe teritoriul Republicii Moldova. Conform art. 15, sistemul de transport unic al ţării include transportul feroviar, auto, aerian, naval, electric urban şi transportul prin conducte. Administrarea de stat a sistemului transporturilor este efectuată de către Ministerul Economiei și Infrastructurii (care include acum fostul Minister al Transporturilor și Infrastructurii Drumurilor), autorităţile administraţiei publice locale şi alte organe abilitate (art. 3). art. 4 alin. (6) din lege stipulează că, imixtiunea autoritarilor administraţiei publice locale în activitatea economică a întreprinderilor de transport, precum şi devierea personalului tehnic către alte lucrări, nu se admite decât în cazurile prevăzute de legislaţie. Potrivit art. 5 alin. (2) din lege, întreprinderile care fac parte din sistemul transporturilor, indiferent de tipul de proprietate şi de forma juridică de organizare, beneficiază de protecţia statului pe principii egale. Întreprinderile de transport prestează servicii de transport şi alte servicii prevăzute în contracte şi comenzi de transport al călătorilor şi mărfurilor, bazându-se pe principiile economiei de piaţă (art. 7). De asemenea, prin lege sunt stabilite responsabilitățile întreprinderilor de transport (art. 10), precum şi obligaţiile acestora privind asigurarea securităţii în transport (art. 13). Respectarea legislaţiei în domeniul transportului este verificată de autorităţile respective ale administraţiei publice centrale şi locale în limitele competenţei lor (art. 22).

Legea cu privire la administrația publică locală

Legea Nr. 436 din 28 decembrie privind administraţia publică locală stabileşte şi reglementează modul de organizare şi funcţionare a autorităţilor administraţiei publice în unităţile administrativ-teritoriale. Astfel, potrivit art. 14 alin. (2) lit. c) și h), în competenţele consiliilor autorităţilor administraţiei publice locale de nivelul întâi intră „concesionarea serviciilor publice de interes local, în condiţiile legii" şi „organizarea serviciilor publice de gospodărie comunală".

Atribuțiile de bază ale executivului local (primar, autoritate locală de nivelul întâi) de relevanță pentru transportul public includ:

- Propunerea consiliului local a schemei de organizare şi condiţiilor de prestare a serviciilor de utilitate publică.
- Întreprinderea măsurilor pentru buna funcţionare a serviciilor respective de servicii comunale.
- Aprobarea taxelor/tarifelor pentru transportul public aflat în jurisdicție.
- Asigurarea siguranței traficului rutier şi pietonal prin organizarea circulaţiei transportului, întreţinerea drumurilor și podurilor, precum şi instalarea indicatoarelor rutiere în raza teritoriului administrat.
- Asigurarea înregistrării şi evidenţei troleibuzelor.[1]

Competențele consiliilor raionale (administrația publică locală de nivelul al doilea) includ:

- Acordarea concesiunilor pentru serviciile publice de interes raional.

- Organizarea serviciilor publice de interes raional şi/sau regional.
- Aprobarea tarifelor la serviciile cu plată prestate de acestea.

Legea cu privire la serviciile publice

Legea Nr. 1402 din 24 octombrie 2002 cu privire la serviciile publice de gospodărie comunală este una dintre cele mai importante acte referitoare la transportul public, deoarece stabilește un cadru juridic unitar privind înființarea și organizarea serviciilor publice de gospodărie comunală în unitățile administrativ-teritoriale, precum și monitorizarea și controlul modului de operare a acestora, inclusiv serviciu de transport public (art. 3 alin. (1) lit. e)). Legea stabilește principiile și condițiile organizării și funcționării serviciilor publice de gospodărie comunală (art. 3 – art. 12), precum și atribuțiile și responsabilitățile atât a autorităților administrațiilor publice centrale (art. 13) cât și ale autorităților administrațiilor publice locale (art. 14 – art. 15).

Potrivit legii, gestiunea serviciilor publice de gospodărie comunală se organizează prin gestiune directă sau delegată (art. 17). Managementul direct, presupune că autorităţile administraţiei publice locale îşi asumă toate sarcinile şi responsabilităţile privind organizarea, conducerea, administrarea şi gestionarea serviciilor publice de gospodărie comunală, prin departamentele specializate. Fiecare serviciu public de gospodărie comunală constituit şi exploatat în regim de gestiune directă îşi desfăşoară activitatea în baza unui regulament elaborat şi aprobat de autoritatea administraţiei publice locale (art. 18). În cazul gestiunii delegate, autorităţile administraţiei publice locale pot apela la unul sau la mai mulţi operatori pentru gestiunea furnizării serviciilor publice de gospodărie comunală (art. 19) pe bază de contract (art. 20).

Deși prevederile legii privind serviciile publice de gospodărie comunală sunt armonizate în linii generale cu legislația UE, inconsecvențele reglementărilor secundare presupun că aceste dispoziții rămân teoretice și dificil de aplicat în practică.

Reglementarea concesiunilor în servicii publice

Cadrul legal pentru concesiuni este prevăzut de Legea nr. 534 din 13 iulie 1995 privind concesiunile și de Hotărârea Guvernului nr. 1006 din 13 septembrie 2004 privind aprobarea Regulamentului de concesionare a serviciilor publice de gospodărie comunală. Deși acest cadru legal permite, numai dintr-o perspectivă legală, utilizarea unui contract de concesiune pentru activități legate de transportul public local, aceasta nu înseamnă că, concesiunea respectă cerințele minime definite în legislația UE (Directiva 2014/23/UE privind atribuirea contractelor de concesiune). Aceste cerințe includ criterii de selecție transparente, nediscriminatorii și proporționale care permit accesul continuu al tuturor operatorilor economici la prestarea serviciilor specifice, cum ar fi serviciile sociale (care, la rândul lor, permite clienților să aleagă între astfel de operatori).

Atunci când definește concesiunea (art. 1), legea include serviciile publice ca posibil obiect al contractului de concesiune. Cu toate acestea, legea și regulamentul nu prevăd o procedură care să asigure un tratament egal și nediscriminatoriu pentru operatorii economici. În consecință, autoritățile contractante nu dispun de un cadru pentru a se asigura că acționează într-un mod transparent și proporțional.

Respectarea cerințelor minime stabilite de legislația UE ar trebui să fie asigurată din start, începând cu definiția concesiunii. Legislația UE definește concesiunea în raport cu riscurile asumate de operatori. Concesiunea implică transferul riscului (riscul de cerere sau de ofertă, sau ambele) către concesionar în operarea lucrărilor sau serviciilor. Concesiunea, întrucât este reglementată de cadrul legal național, nu reflectă niciun fel de risc.

În ceea ce privește transparența, există și deficiențe majore referitoare la proporționalitatea și principiile de tratament egal. Regulamentul de concesiune a serviciilor publice de gospodărie comunală se referă la Hotărârea Guvernului nr. 102 din 27 februarie 1996 privind măsurile de aplicare a Legii privind concesiunile, care a fost revocată prin Hotărârea Guvernului nr. 118 din 11 februarie 2013 privind abrogarea hotărârilor guvernului. Deciziile menționate au descris etapele procedurale ale ofertei, dar regulamentul nu respectă în continuare cerințele minime ale UE.

Deficiențele întregului cadru legal național pentru concesiunile publice sunt următoarele:

- **Publicarea ofertei**. Conținutul anunțului nu este foarte clar definit.
- **Selectarea candidaților**. Nu sunt indicate/specificate condițiile de participare legate de capacitatea profesională și tehnică și de poziția financiară și economică a candidaților. Aceasta înseamnă că autoritatea contractantă poate include anumite condiții „artificiale" care vor restricționa participarea eventualilor candidați până la punctul în care nu există suficienți candidați pentru a asigura o concurență sănătoasă. Mai mult, nu sunt stipulate condiții pentru excluderea candidaților, precum frauda, denaturarea concurenței sau neplata impozitelor.
- **Criterii de atribuire a concesiunii**. Legea nu impune adoptarea unei metode de evaluare înainte de procesul de evaluare.
- **Conflict de interese**. Nu există dispoziții legate de acest subiect.
- **Cadru pentru valoarea și durata corespunzătoare a contractului**. Nu există indicii privind metodele de calculare a valorii estimate a concesiunii. Aceasta înseamnă că durata contractului nu este determinată în mod consecvent. În mod ideal, durata maximă a concesiunii nu trebuie să depășească timpul în care un concesionar ar putea fi rezonabil de așteptat să plătească investițiile realizate în operarea lucrărilor sau a serviciilor, împreună cu realizarea unui profit asupra capitalului investit, ținând cont de investițiile necesare pentru realizarea obiectivele contractuale specifice. Cadrul legal real stabilește un termen maxim de 50 de ani, dar nu există date specifice privind investițiile și veniturile obținute de către concesionar.
- **Redevența**. Nu există nicio metodologie pentru determinarea redevențelor. Deși nu este obligatoriu includerea acesteia în Legea privind concesiunile, Regulamentul privind concesiunea ar trebui să definească o metodologie precisă pentru calculul redevențelor în scopul asigurării sustenabilității sistemelor. Nivelul redevenței ar trebui să permită cel puțin înlocuirea infrastructurii învechite și dezvoltarea facilităților. De exemplu, la sfârșitul perioadei de exploatare a unui mijloc de transport, autoritatea contractantă ar trebui să dispună de suficiente fonduri pentru a-l înlocui.
- **Regimul de proprietate a activelor**. Regimul de proprietate pentru activele concesiunii nu este definit. Prin urmare, dreptul de proprietate asupra activelor la expirarea contractului de concesiune sau anularea contractului, nu este reglementat.
- **Dreptul de a face apel în instanța de judecată** împotriva termenilor de referință sau a avizului de atribuire nu este stipulat. Dreptul la apel trebuie definit foarte clar prin specificarea termenilor de apel, a competenței și competenței instanțelor și a procedurii aplicabile.

În concluzie, aceste deficiențe demonstrează că legislația actuală nu asigură o concurență sănătoasă pentru încheierea contractelor de concesiune, care se aplică și sectorului transportului public. Din punct de vedere legal, dacă cadrul legal a promovat o concurență echitabilă, sistemul de concesiune s-ar putea aplica tuturor activităților legate de transportul public.

Legea cu privire la finanțele publice locale

Dispozițiile Legii Nr. 397 din 16 octombrie privind finanțele publice locale nu întâmpină dificultăți majore pentru prestarea serviciilor de transport public. Legea stabilește structura bugetelor unităților administrativ-teritoriale, modul de elaborare, aprobare și executare a acestora. În contextul discuțiilor privind posibilitatea autorităților locale de a finanța proiecte în transportul public local de călători, necesitatea de a promova stimulente fiscale pentru operatorii de transport pentru a încuraja dezvoltarea acestui tip de transport, ar trebui să fie inclusă și în lege.

Codul fiscal, inclusiv accizele și taxele

Mai multe dispoziții din Codul fiscal al Republicii Moldova nr. 1163 din 24 aprilie 1997 au impact asupra transportului public urban. Conform art. 103 alin. (1), pag. 18, „taxa pe valoarea adăugată (TVA) nu se aplică livrărilor de mărfuri, serviciilor prestate de persoane impozabile, care sunt rezultatul activității lor de antreprenoriat în Republica Moldova: servicii prestate de transportul urban, precum și servicii prestate de transportul pasagerilor din suburbii."

Accizele sunt reglementate de titlul IV din Codul fiscal (art. 119 – art. 128). Cota de acciză pentru mijloacele de transport este prevăzută expres în anexa 2 la titlul IV din codul fiscal. În acest sens, la importul mașinilor în Moldova, taxele de import sunt evaluate în funcție de tipul motorului, capacitatea și anul de fabricație. Începînd cu 1 ianuarie 2017, cotele accizelor sau taxele de import au fost stabilite în lei și nu în euro. De asemenea, a fost introdus un sistem de clasificare a vehiculelor, împărțit în 7 categorii de vârstă: 0-2 ani, 3-4 ani, 5-6 ani, 7 ani, 8 ani, 9 ani și 10 ani. Pentru mașinile hibride, cota de acciză sau taxa de import a fost redusă cu 50%. Pentru autovehiculele cu statut de camion, se aplică TVA de 20% la import, iar valoarea accizelor este o taxă fixă de 222 440 lei (11 916 USD).

De asemenea, prin titlul VII din Codul fiscal se determină procedura şi principiile stabilirii, modificării şi anulării taxelor locale, cotele lor maxime, modul lor de plată, criteriile pentru scutirea de impozit, etc. Prin urmare, potrivit art. 289 alin. (2) lit. i) și art. 291 lit. i), prevede taxa pentru prestarea serviciilor de transport a pasagerilor pe rutele municipale, orăşeneşti şi săteşti (comunale) urmează a fi plătită de către operatori pe unitatea de transport, în funcţie de numărul de locuri. Astfel, cota maximă a taxei pentru prestarea serviciilor auto de călători este de:

- 500 MDL/lună pentru fiecare autoturism cu capacitatea de până la 8 locuri inclusiv
- 1 000 MDL/lună pentru fiecare autovehicul (microbuz) cu capacitatea de la 9 până la 16 locuri inclusiv
- 1 500 MDL/lună pentru fiecare autobuz cu capacitatea de la 17 până la 24 de locuri inclusiv
- 1 700 MDL/lună pentru fiecare autobuz cu capacitate de peste 24 de locuri.

Trebuie de menţionat că, taxa este plătită doar de operatorii privaţi, nu şi de întreprinderile municipale de transport. Aceste scutiri municipale încalcă prevederile cu privire la protecția concurenței, creând astfel o poziție privilegiată în raport cu alți operatori de pe piață.

Titlul IX din codul fiscal reglementează taxele rutiere, inclusiv taxele pentru folosirea drumului (Art. 335 – Art. 366).

Codul vamal

Codul vamal al Republicii Moldova nr. 1149 din 20 iulie 2000 stabilește principiile legale, economice și organizatorice ale activității vamale. Articolele 19-27 din cod reglementează principiile generale privind transportul de mărfuri și mijloace de transport peste frontiera vamală. Conform art. 20, alin. (4) din cod, se interzice introducerea și/sau plasarea sub procedura de import vamal, depozitare vamală sau zone libere de vămuire, pentru:

- mijloacele de transport cu o durată de viață de peste 10 ani clasificate la poziţia tarifară 8 702 destinate transportării mai mult de 20 de persoane şi la poziţiile tarifare 8 704 şi 8 705, precum şi a motoarelor şi caroseriilor
- vehiculele cu o durată de viață de peste 10 ani, clasificate la poziția 8 703 (cu excepția vehiculelor de epocă), precum și motoarele și caroseriile acestora
- autovehicule cu o durată de viață de peste 7 ani proiectate pentru transportul a maximum 20 de persoane clasificate la poziția tarifară 8 702, precum și motoarele și caroseriile acestora
- motociclete cu o durată de viață de peste 10 ani clasificate la poziția 8 711 și motoarele acestora.

Codul civil

Codul civil al Republicii Moldova Nr. 1107 din 6 iunie 2002 cuprinde dispoziţii pentru înfiinţarea, organizarea şi dizolvarea persoanelor juridice, precum şi reglementări referitoare la activitatea de întreprinzător a persoanelor fizice (operatori de transport), dispoziţii cu caracter general privind incidentele în materie de contracte (instruirea, executarea şi efectele neexecutării acestora), calculul termenelor, răspunderea delictuală etc. În Cartea a III-a, Titlul III, capitolul XII – "Transportul" sunt incluse prevederi ce reglementează contractul de transport în general (art. 980 – art. 985), contractul de transport de persoane (art. 986 – art. 992), precum și transportul de bunuri (art. 993 – art. 1029).

Codul contravențional

Codul contravenţional al Republicii Moldova Nr. 218 din 24 octombrie 2008 listează o serie de contravenţii în domeniul transportului public de călători. Pot fi sancționate încălcările regulilor sanitaro-igienice şi sanitaro-antiepidemice în transporturi (art. 80 alin. (1)), precum și încălcările regulilor de securitate contra incendiilor (art. 358). Printre contravențiile în domeniul protecției mediului prevăzute în capitolul IX din Cod, transportatorilor le sunt aplicate următoarele sancțiuni:

- nerespectarea obligaţiilor de înregistrare în actele de bord pentru operaţiunile care includ substanţe şi amestecuri nocive (art. 150)
- încălcarea regulilor de testare tehnică și ecologică (art. 151)
- punerea în funcțiune și exploatarea vehiculelor terestre, a navelor și aeronavelor care depășesc normativele admise de emisia poluanților și de emitere a zgomotului (art. 152 – art. 153).

Capitolul XII "Contravenții ce atentează la regimul din transporturi" prevede sancțiuni pentru încălcarea normelor de efectuare a transportului rutier de persoane și mărfuri (art. 197), călătoria fără bilet (art. 204). Contravențiile în domeniul circulației rutiere se regăsesc în capitolul XIII din Cod (art. 228 – art. 245).

Activitatea antreprenorială

Legea Nr. 451 din 30 iulie privind reglementarea prin licențiere a activității de întreprinzător determină cadrul juridic, organizatoric şi economic de reglementare pentru licenţierea activităţii de întreprinzător. Legea stipulează genurile de activitate supuse licenţierii, inclusiv transportul contra cost, rutele, activitatea de autogară și instruirea personalului în transportul rutier (art. 8 alin. (1) pct. 11, 111 și 321). Totodată, Legea stabilește conţinutul licenţei (art. 9), documentele necesare pentru obţinerea licenţei (art. 10), termenul de valabilitate a licenţei (art. 13), procedura de eliberare a licenţei (art. 11, art. 14-18), organele şi modalităţile de control în domeniul licenţierii (art. 19), condiţiile de suspendare (art. 20) şi retragere a licenţei (art. 21). Agenția Servicii Publice este unica autoritate de licențiere a transportului rutier contra cost și activității de autogară.

Protecția consumatorului

Legea Nr. 105 din 13 martie 2003 privind protecţia consumatorului stabileşte cerinţele generale de protecţie a consumatorilor, cadrul necesar accesului neîngrădit la produse şi servicii, (inclusiv informarea completă asupra caracteristicilor principale ale acestora), precum și protecția şi asigurarea drepturilor şi intereselor legitime ale consumatorilor în cazul unor practici comerciale incorecte și participării acestora în procesul decizional ce îi interesează în calitate de consumatori. Legea reglementează protecţia vieţii, sănătăţii, eredităţii şi securităţii consumatorului (cap. II); protecţia intereselor economice ale consumatorilor (cap. III); executarea lucrărilor (cap. IV); informarea consumatorilor (cap. V); și organele abilitate cu funcții de protecției a consumatorilor (cap. VI).

Siguranța rutieră

Legea Nr. 131 din 7 iunie 2007 privind siguranța traficului rutier reglementează relaţiile juridico-sociale în domeniul traficului rutier, stabileşte drepturile, obligaţiile, responsabilităţile autorităţilor de resort şi ale participanţilor în trafic; și determină principiile pentru organizarea activităţii unităţilor de instruire a personalului în domeniul transportului rutier, precum şi condiţiile de admitere la trafic a conducătorilor de autovehicule. Dispoziţiile prezentei legi vizează traficul rutier din punct de vedere al asigurării desfăşurării fluente şi în plină siguranţă, ceea ce presupune protecţia drepturilor şi intereselor legitime ale persoanelor fizice şi juridice; apărarea proprietăţii acestora, sănătăţii, integrităţii corporale şi vieţilor pasagerilor, precum şi protecţia mediului înconjurător (art. 1 alin. (2)). Legea privind siguranța rutieră conturează responsabilitățile autorităților competente în domeniul traficului rutier (cap. II), inclusiv competența Ministerului Economiei și Infrastructurii (art. 8). Legea reglementează și procesul de organizare a activității de instruire inițială, recalificare și perfecționare periodică a conducătorilor auto (art. 18 – art. 31), precum și procesul de admitere în traficul rutier și de radiere din registrul de stat al transporturilor (art. 37 – art. 55). Omologarea și certificarea autovehiculelor este prevăzută în dispozițiile în art. 39 din lege.

Legea concurenței

Legea concurenței Nr. 183 din 11 iulie 2012 stabileşte cadrul juridic de protecţie a concurenţei, inclusiv prevenirea şi contracararea practicilor anticoncurenţiale şi a concurenţei neloiale și realizarea concentrărilor economice pe piaţă. Aceasta stabileşte cadrul juridic pentru activitatea şi competenţele Consiliului Concurenţei şi responsabilitatea de a întreprinde măsuri în caz de încălcare a legii concurenței.

Legile cu privire la asigurări

Legea Nr. 407 din 21 decembrie 2006 cu privire la asigurări reglementează organizarea şi funcţionarea asigurătorilor, reasiguratorilor şi a intermediarilor în asigurări şi/sau în reasigurări, precum și supravegherea activităţii acestora. Potrivit art. 5 alin. (4) lit. a) al Legii, avizarea şi constatarea producerii riscurilor asigurate, evaluarea pagubelor, stabilirea şi plata despăgubirilor şi a indemnizațiilor de asigurare se efectuează în condiţiile legii; în cazul asigurărilor obligatorii, sau în baza condiţiilor de asigurare şi contractului de asigurare, în cazul asigurărilor benevole.

Legea Nr. 414 din 22 decembrie 2006 cu privire la asigurarea obligatorie de răspundere civilă pentru pagube produse de autovehicule, reglementează raporturile juridice dintre asiguratori, asiguraţi şi persoane terţe ce derivă din contractul de asigurare auto de răspundere civilă obligatoriu, precum și metoda de realizare a acestui tip de asigurare.

Codul transporturilor rutiere

Hotărârea Guvernului Nr. 357 din 13 mai 2009 cu privire la aprobarea Regulamentului circulației rutiere stabilește regulile de circulaţie, interacţiunea mijloacelor de transport public cu alți participanţi la trafic; condiţiile tehnice ce trebuie respectate pentru admiterea în circulaţie, precum şi responsabilităţile referitoare la siguranţa în circulaţie a părţilor participante la trafic. Toate acestea asigură buna desfăşurare a circulaţiei.

Hotărârea Guvernului Nr. 415 din 08 aprilie 2003 despre aprobarea Regulamentului cu privire la supravegherea tehnică exercitată de poliţia rutieră, ce cuprinde dispoziţii pentru reglementarea şi asigurarea eficacităţii supravegherii tehnice, stabileşte obligaţiunile tuturor subdiviziunilor poliţiei rutiere responsabile de supravegherea tehnică, precum şi modalităţile de realizare a acesteia în scopul asigurării securităţii circulaţiei rutiere. De asemenea, regulamentul se pronunță asupra exercitării controlului asupra conformității vehiculului cu standardele pentru asigurarea siguranței rutiere, inclusiv condițiile în care vehiculele cu motor pot fi reutilizate.

Cadrul normativ special cuprinde acte ce reglementează în mod nemijlocit activitatea transporturilor rutiere, inclusiv transportul public de călători. Un prim grup de acte supus analizei este reprezentat de

Codul transporturilor rutiere Nr. 150 din 17 iulie 2014 al Republicii Moldova şi reglementările secundare editate în aplicarea sa, anume:

- Hotărârea Guvernului nr. 257 din 28 aprilie 2017 pentru aprobarea Regulamentului privind eliberarea și utilizarea autorizațiilor de transporturi rutiere
- Hotărârea Guvernului nr. 437 din 12 aprilie 2016 pentru aprobarea schimbarea Regulamentului privind eliberarea, înlocuirea, şi înnoirea cartelelor tahografice, eliberarea,descărcarea şi stocarea datelor din tahografe şi cartelele tahografice
- Ordinul Ministerului Transporturilor și Infrastructurii Drumurilor nr. 9 din 10 februarie 2015 cu privire la elaborarea Programelor de formare profesională continuă
- Ordinul Ministerului Transporturilor și Infrastructurii Rutiere nr. 43 din 20 februarie 2012 cu privire la Instrucţiunea provizorie privind modul de eliberare şi utilizare a carnetelor cu foi de parcurs (INTERBUS)
- Hotărârea Guvernului nr. 539 din 23 aprilie 2008 cu privire la crearea Instituţiei publice "Agenţia Naţională Transport Auto"
- Hotărârea Guvernului nr. 1167 din 29 octombrie 2007 cu privire la aprobarea Metodologiei de calculare a tarifelor pentru serviciile de transportare a călătorilor (pasagerilor) şi bagajelor cu transportul auto
- Hotărârea Guvernului nr. 854 din 28 iulie 2006 cu privire la Regulamentul transporturilor auto de călători şi bagaje
- Regulamentul Ministerului Transporturilor și Comunicațiilor nr. 9/12 din 9 decembrie 1999 cu privire la autogară (stația auto)
- Regulamentul Ministerului Transporturilor și Comunicațiilor nr. 9/12 din 9 decembrie 1999 cu privire la asigurarea securității circulației rutiere la întreprinderi, instituții, organizații ce efectuează transporturi de pasageri și mărfuri
- Hotărârea Guvernului nr. 1047 din 8 noiembrie 1999 cu privire la reorganizarea Sistemului informațional automatizat de căutare "Automobilul" în Registrul de stat al transporturilor şi introducerea testării a autovehiculelor şi remorcilor acestora.

Codul transporturilor rutiere este principalul act legislativ care stabilește cadrul legal pentru organizarea și efectuarea transportului rutier de mărfuri și persoane în condiții de siguranță și de înaltă calitate; precum și activități de transport rutier pe teritoriul Republicii Moldova, respectând principiile liberei concurențe și măsuri pentru protejarea mediului; drepturile și interesele legitime ale persoanelor fizice și juridice care beneficiază de astfel de servicii; precum și drepturile, obligațiile și responsabilitățile organelor publice care organizează transportul rutier, inclusiv ale persoanelor fizice și juridice.

Articolul 6, alin. (3) din Cod prevede că administrația publică în domeniul transportului rutier este exercitată de către autoritățile administrației publice centrale, autoritățile administrației publice locale și alte autorități abilitate prin lege, în limitele competențelor lor.

Cadrul instituțional

Agenţia Naţională Transport Auto (ANTA) asigură implementarea politicilor publice şi strategiilor naţionale de dezvoltare în domeniul transporturilor rutiere. Aceasta controlează şi supraveghează respectarea legislaţiei naţionale şi internaţională în domeniu, de către operatorii de transport rutier şi de către întreprinderile ce desfăşoară activităţi conexe transportului rutier (art. 8 alin. (1) și art. 147). Funcțiile și drepturile Agenției sunt reglementate de art. 9 și art. 10 ale Codului transporturilor rutiere.

În scopul exercitării funcţiilor prevăzute în Codul Transporturilor Rutiere, consiliile locale, municipale şi raionale pot crea comisii pentru organizarea transportului rutier de pasageri prin servicii regulate şi pot aproba regulamentele de funcţionare ale acestora. Autorităţile administraţiei publice locale elaborează şi aprobă, după coordonarea cu organul central de specialitate, strategii pe termen mediu şi lung pentru dezvoltarea şi modernizarea transportului rutier, luând în considerare planurile de urbanism şi amenajarea teritoriului, programele de dezvoltare economică locală și socială, şi necesităţile de transport ale populaţiei.

Consiliile raionale cooperează cu consiliile locale şi municipale în vederea asigurării şi dezvoltării transportului rutier contra cost de persoane prin servicii regulate în trafic raional şi a corelării acestuia cu transportul rutier contra cost de persoane prin servicii regulate în trafic local/municipal. Și nu în ultimul rând consiliile locale, municipale şi raionale trebuie să asigure un tratament egal şi nediscriminatoriu, într-un mediu concurenţial şi transparent, pentru toţi operatorii de transport rutier (art. 12).

În același timp, consiliile raionale (art. 13):

- aprobă şi actualizează programele de transport rutier raionale după obţinerea aprobării din partea organului central de specialitate, în conformitate cu necesităţile de transport ale populaţiei
- au dreptul să acorde, în cadrul unităţii administrativ-teritoriale respective, facilităţi de transport pentru anumite categorii de persoane, cu preț redus, asigurând totodată şi sursele de compensare a veniturilor ratate
- autorizează activitatea de transport rutier de persoane contra cost prin serviciile regulate în raioane şi monitorizează desfăşurarea acesteia.

La rândul lor, consiliile locale şi municipale, în contextul necesităţii organizării transportului rutier contra cost în trafic local, au dreptul (art. 14):

- să stabilească subvenţii acordate de la bugetul local şi/sau municipal, după caz, pentru acoperirea diferenţei dintre costurile înregistrate de operatorul de transport rutier pentru prestarea serviciului de transport rutier regulat în trafic local şi sumele efectiv încasate ca urmare a efectuării transportului
- să acorde, în cadrul unităţii administrativ-teritoriale respective, facilităţi de transport pentru anumite categorii de persoane
- să elaboreze, aprobe şi actualizeze, după competenţă, programele de transport rutier locale pentru suplinirea necesităţilor de transport ale populaţiei
- să autorizeze activitatea de transport rutier contra cost de persoane prin serviciile regulate în trafic local şi municipal, după caz, şi să monitorizeze desfăşurarea acesteia
- să organizeze serviciile de transport electric
- să elaboreze şi să aprobe planuri de mobilitate urbană
- să aprobe tarifele pentru serviciile regulate de transport rutier contra cost de persoane în trafic municipal şi/sau local.

Alte competențe importante ale autorităților administrației publice locale legate de operatorii de transport rutier, sunt (art. 15):

- monitorizarea periodică a modului de prestare a serviciilor de transport rutier contra cost de persoane în trafic local, municipal şi raional, după competenţă
- sesizarea Agenţiei Naționale Transport Auto (ANTA) asupra necesității de retragere a autorizaţiilor, în cazul constatării unor încălcări
- solicitarea organelor competente de anulare a unei licențe.

Cadrul organizațional

Instituirea unei rute pentru servicii de transport bazată pe taxe trebuie supusă licențierii (art. 22). Titlul III / Capitolul 2 din Codul transporturilor rutiere reglementează accesul la prestarea serviciilor de transport și conține dispoziții speciale pentru regimul de **licențiere (autorizare)**. Acesta prevede că întreprinderile înregistrate în Republica Moldova, care intenționează să presteze servicii de transport, trebuie să îndeplinească condițiile privind activele tehnice și materiale, reputația, capacitatea financiară și competența profesională. Licența de transport rutier este valabilă timp de opt ani (art. 28 alin. (2)).

Capitolul 3 al codului stabilește regimul de autorizare a serviciilor de transport regulat de călători. Autorizarea transportului rutier de călători cu servicii regulate este un act nominal al operatorului de transport rutier, nu este transferabilă și are o perioadă de valabilitate de opt ani. În perioada de valabilitate, o rută poate fi modificată cu până la 30% din lungimea sa inițială (art. 37, alin. (3)). Autorizarea transportului rutier de călători cu servicii regulate poate fi acordată la cerere, fără a efectua o procedură de concurență, dacă operatorul de transport rutier, în perioada de valabilitate a autorizației, nu a suspendat licența de transport rutier (art. 40). Art. 38, alin. (21) din cod prevede, în mod expres, situațiile în care Agenția poate retrage autorizația pentru transportul rutier de călători cu servicii regulate, în traficul local, municipal, raional și interraional.

Autorizația pentru transportul de pasageri cu servicii regulate în transportul local, municipal, raional, interraional și internațional este emisă de ANTA, pentru rutele incluse în programele de transport rutier local, municipal, raional, interraional și internațional, împreună cu programul de servicii pentru operatorul de transport rutier (art. 32, alin. (1)). Serviciile regulate de transport rutier de pasageri, în traficul local și municipal pot fi gestionate prin management direct, management delegat sau administrare mixtă.

Codul prevede, de asemenea, programe de transport rutier la nivel local, municipal, raional, interraional și internațional (art. 33). Pentru fiecare rută, programele de transport rutier stabilesc **stațiile de autobuz și publice** utilizate pentru plecări, stații de tranzit și sosiri. Locația opririlor de pasageri și stațiilor publice de călători este determinată de administrațiile publice locale cu avizul serviciilor de specialitate ale Ministerului Afacerilor Interne și administratorul drumului respectiv. Amplasarea, semnalizarea rutieră și întreținerea stațiilor publice de călători sunt asigurate de autoritățile administrației publice locale sau de administratorul drumului, după caz. imbarcarea/debarcarea pasagerilor este permisă la toate opririle publice direct pe traseu, chiar dacă acestea nu sunt afișate în diagramele de trafic. Accesul la stațiile publice de către operatorii de transport, care au rute înregistrate, este gratuit și nediscriminatoriu, conform graficului de circulație (art. 34).

Procedura pentru definirea, aprobarea și modificarea programelor de transport rutier este prevăzută la art. 35 – art. 37 din Codul transporturilor rutiere. Astfel, modificarea programelor de transport rutier internațional nu poate fi efectuată decât între 1 ianuarie și 15 februarie; în timp ce datele pentru programele locale, municipale și raionale sunt cuprinse între 1 martie - 1 mai și 1 septembrie - 1 noiembrie. Toți operatorii de transport rutier care oferă servicii pe ruta în cauză trebuie informați cu privire la modificare în termen de 30 de zile calendaristice. La modificarea unui program de transport rutier, se iau în considerare analiza fluxului de pasageri și impactul modificărilor propuse asupra rutelor existente (art. 37, alin. (7) – alin. (9)).

Serviciile de transport rutier obișnuit pe rutele incluse în programele de transport rutier local, municipal, raional și interraional sunt acordate de comisiile de concurență ca parte a licitațiilor publice. Aceasta include:

- Introducerea rutelor noi.
- Retragerea sau expirarea autorizației de transport rutier de pasageri prin servicii regulate.
- Lipsa copiilor conforme ale licenței de transport rutier necesare efectuării rutei (art. 38, par. (1)).

Autoritățile competente (organismul central de specialitate, consiliile locale, municipale și/sau raionale) pot priecta un întreg traseu, un grup de rute sau un grup de linii de-a lungul aceluiași traseu. Rutele și liniile pot fi grupate dacă o rută neatractivă din punct de vedere economic se consideră că este necesară pentru a satisface nevoile de transport ale populației.

În cazul funcţionării mai multor autogări în localitate, organul central de specialitate, în funcţie de amplasarea teritorială a autogărilor şi direcţiile de deplasare a rutelor/curselor care pornesc din aceste autogări sau le tranzitează, poate stabili direcţiile prioritare de deservire a rutelor pentru autogările respective. Stabilirea direcţiilor prioritare nu limitează dreptul operatorilor de transport rutier de a-şi alege singuri autogara pe ruta respectivă (art. 86, par. (8)).

Atunci când sunt prestate servicii de transport public intern a pasagerilor, pe o distanță mai mică de 50 km, pasagerii pot fi transportați în funcție de capacitatea vehiculului oferit de producător. Cu toate acestea, în traficul internațional, toți pasagerii trebuie să fie așezați. Pentru transportul de pasageri, este interzisă utilizarea vehiculelor re-echipate (convertite din camioane ușoare) (art. 63).

Tarifele pot fi determinate în mod liber, pe baza cererii și ofertei serviciilor regulate și ocazionale de transport rutier a pasagerilor, precum și prestarea serviciilor conexe (cu excepția funcționării autobuzelor și a inspecției tehnice periodice). Tarifele pentru serviciile de transport rutier, prin servicii regulate în traficul raional și interraional, serviciile de autobuz și stațiile de inspecție tehnică sunt stabilite de organismul central de specialitate (ANTA). Tarifele în cazul traficului local sau municipal sunt stabilite de consiliile locale sau municipale, după caz, conform metodologiei aprobate de guvern (art. 145). În practică, însă, consiliile municipale au avut tendința de a oferi sprijin financiar operatorilor de transport public, în special pentru a reduce tarifele de călătorie cu autobuzul. Acest lucru a avut un impact dăunător asupra celor care nu primesc subvenții de la bugetul municipal. La rândul său, acest lucru a afectat în mod substanțial echilibrul concurențial, ducând în cele din urmă la o deteriorare semnificativă a calității serviciilor de transport, deoarece nu sunt disponibile suficiente fonduri pentru reînnoirea vehiculelor și a infrastructurii de transport.

Un impediment important în aplicarea dispozițiilor Codului transporturilor rutiere este lipsa normelor-cadru, care ar fi trebuit să fie elaborate de autoritățile publice centrale. Acestea ar permite autorităților administrației publice locale să stabilească și să aprobe normele locale de reglementare a activității privind transportul public de călători.

Hotărârea Guvernului nr. 854 din 28 iulie 2006 privind Regulamentul transporturilor auto de călători și bagaje, cu referire la categoriile și tipurile de transport a călătorilor, definește noțiunile de bază; stabilește drepturile, obligațiile și responsabilitățile părților – pasageri, echipaj, operator de transport, organizație de transport regulat și neregulat, pentru uz propriu, servicii de taxi, organizarea transportului și depozitării bagajelor (inclusive cele de mână); controlul activității pasagerilor rutieri și modalitățile de soluționare a litigiilor în acest domeniu. Cu toate acestea, Regulamentul privind transporturile auto de călători și bagaje nu a fost aliniat prevederilor Codului de transporturilor rutiere.

Rutele regulare sunt organizate în urma unei analize a relațiilor economice și sociale dintre localități, luând în considerare frecvența deplasării populației, corelarea cu alte moduri de transport și rutele în serviciu de transport a călătorilor (punctul 17).

Proiectarea noilor rute urbane regulare și modificarea sau închiderea celor existente, se realizează de către autoritățile administrației publice locale - municipalități (primării). Autoritățile administrației publice locale elaborează, în conformitate cu legislația în vigoare, reguli pentru transportul de călători și bagaje pe teritoriul lor (fie electrice, mașini și taxi) și le transmit organului de specialitate al administrației publice centrale pentru coordonare (punctul 29). Transportatorii înregistrați în municipalitate (primărie), care au mai mult de o unitate de transport (punctul 30), au dreptul de prioritate la deservirea rutelor urbane regulate.

Regulamentul Ministerului Transporturilor și Comunicațiilor cu privire la asigurarea securităţii circulaţiei rutiere la întreprinderi, instituţii, organizaţii ce efectuează transporturi de pasageri şi mărfuri nr. 9/12 din 9 decembrie 1999, determină sarcinile și principalele cerințe privind activitatea operatorilor de transport auto a călătorilor și mărfurilor în vederea **asigurării circulației rutiere**. În conformitate cu punctul 1.4 din regulament, responsabilitatea organizării muncii pentru asigurarea siguranței traficului rutier în numele întreprinderilor, revine administratorului companiei sau unei persoane desemnate responsabile (specialist). Sarcinile de bază ale acestora includ: 1) asigurarea eficienței profesionale a șoferilor; 2) asigurarea stării tehnice de funcționare a vehiculelor; 3) asigurarea securității traficului de pasageri și mărfuri. Pentru fiecare din aceste sarcini, regulamentul stabilește o serie de măsuri concrete care trebuie implementate și respectate de operatorii de transport.

Concluzii pentru programul TPE

Această revizuire a reglementărilor a demonstrat că există un cadru legislativ și politic pentru înlocuirea flotelor de transport public învechite. În funcție de numărul de autobuze pe o anumită rută, un program de înlocuire este prevăzut în contractul standard de prestare a serviciilor de transport public.

Legile și reglementările existente prevăd, de asemenea, introducerea noilor modele mai eficiente pentru autobuze, precum și combustibili mai eficienți și mai curați.

Cadrul instituțional și organizațional pe mai multe niveluri al Republicii Moldova, pentru sectorul transporturilor este funcțional, dar autoritățile publice ar trebui să adopte o abordare unificată pentru a lua în considerare problema poluării aerului (tot din transportul rutier) și pentru a coordona mai bine acțiunile (prioritare), atât pe orizontală, cât și pe verticală.

Referințe

EU (2014), "Directive 2014/23/EU of the European Parliament and of the Council of 26 February 2014 on the award of concession contracts", *Official Journal of the European Union*, Vol. L 94/1 of 28 March 2014, pp. 1-64, https://eur-lex.europa.eu/eli/dir/2014/23/oj. [1]

EU (2006), "Directive 2006/32/EC of the European Parliament and of the Council of 5 April 2006 on energy end-use efficiency and energy services and repealing Council Directive 93/76/EEC", *Official Journal of the European Union*, Vol. L 114/64 of 27 April 2006, pp. 64-85, https://eur-lex.europa.eu/eli/dir/2006/32/oj. [2]

Legi și reglementări

(Listate conform celei mai recente date de adoptare – toate sunt în limba română/rusă)

Hotărârea Guvernului Nr. 257 din 28 aprilie 2017 pentru aprobarea Regulamentului privind eliberarea și utilizarea autorizațiilor de transporturi rutiere, Monitorul Oficial Nr. 149-154 din 12 mai 2017, Art. 363, http://lex.justice.md/md/370144.

Hotărârea Guvernului Nr. 437 din 12 aprilie 2016 pentru aprobarea Regulamentului privind eliberarea, înlocuirea, schimbarea şi înnoirea cartelelor tahografice, descărcarea şi stocarea datelor din tahografe şi cartelele tahografice, Monitorul Oficial Nr. 106-113 din 22 aprilie 2016, Art. 504, http://lex.justice.md/md/364382.

Ordinul Ministerului Transporturilor și Infrastructurii Drumurilor Nr. 9 din10 februarie 2015 cu privire la elaborarea Programelor de formare profesională continuă, Monitorul Oficial Nr. 52-57 din 6 martie 2015, Art. 417, http://lex.justice.md/index.php?action=view&view=doc&lang=1&id=357199.

Codul Educației al Republicii Moldova Nr. 152 din 17 iulie 2014, Monitorul Oficial Nr. 319-324 din 24 octombrie 2014, Art. 634, http://lex.justice.md/md/355156.

Codul Transporturilor Rutiere al Republicii Moldova Nr. 150 din 17 iulie 2014, Monitorul Oficial Nr. 247-248 din 15 august 2014, Art. 568, http://lex.justice.md/md/354404.

Hotărârea Guvernului Nr. 88 din 6 februarie 2014 cu privire la punerea în aplicare a plăcilor cu număr de înmatriculare pentru vehiculele destinate transportului public de călători, Monitorul Oficial Nr. 35-41 din 14 februarie 2014, Art. 105, http://lex.justice.md/index.php?action=view&view=doc&lang=1&id=351548.

Hotărârea Guvernului Nr. 118 din 11 februarie 2013 cu privire la abrogarea unor hotărîri ale Guvernului, Monitorul Oficial Nr. 31-35 din 15 februarie 2013, Art. 163, http://lex.justice.md/md/346729.

Legea Concurenței Nr. 183 din 11 iulie 2012, Monitorul Oficial Nr. 193-197 din 14 septembrie 2012, Art. 667, http://lex.justice.md/md/344792.

Ordinul Ministerului Transporturilor și Infrastructurii Drumurilor Nr. 43 din 20 februarie 2012 cu privire la Instrucţiunea provizorie privind modul de eliberare şi utilizare a carnetelor cu foi de parcurs (INTERBUS), Monitorul Oficial Nr. 46-47 din 7 martie 2012, Art. 274, http://lex.justice.md/md/342434.

Hotărârea Guvernului Nr. 1214 din 27 decembrie 2010 cu privire la aprobarea Strategiei naţionale pentru siguranţă rutieră, Monitorul Oficial Nr. 43-45 din 25 martie 2011, Art. 186, http://lex.justice.md/viewdoc.php?action=view&view=doc&id=337883&lang=1.

Hotărârea Guvernului Nr. 357 din 13 mai 2009 cu privire la aprobarea Regulamentului circulaţiei rutiere, Monitorul Oficial Nr. 92-93 din 15 mai 2009, Art. 409, http://lex.justice.md/md/331491.

Codul Contravențional al Republicii Moldova Nr. 218 din 24 octombrie 2008, Monitorul Oficial Nr. 3-6 din 16 ianuarie 2009, Art. 15, http://lex.justice.md/md/330333.

Hotărârea Guvernului Nr. 539 din 23 aprilie 2008 cu privire la crearea Instituţiei publice "Agenţia Naţională Transport Auto", Monitorul Oficial Nr. 82 din 29 aprilie 2008, Art. 521, http://lex.justice.md/md/327760.

Hotărârea Guvernului Nr. 1167 din 29 octombrie 2007 cu privire la aprobarea Metodologiei de calculare a tarifelor pentru serviciile de transportare a călătorilor (pasagerilor) şi bagajelor cu transportul auto, Monitorul Oficial Nr. 171-174 din 2 noiembrie 2007, Art. 1208, http://lex.justice.md/md/325638.

Legea Nr. 131 din 7 iunie 2007 privind siguranţa traficului rutier, Monitorul Oficial Nr. 103-106 din 20 iulie 2007, Art. 443, http://lex.justice.md/md/324528.

Legea Nr. 436 din 28 decembrie 2006 privind Administrația publică locală, Monitorul Oficial Nr. 32-35 din 9 martie 2007, Art. 116, http://lex.justice.md/document_rom.php?id=C8E304A4:037190E8.

Legea Nr. 414 din 22 decembrie 2006 cu privire la asigurarea obligatory de răspundere civilă pentru pagube produse de autovehicule, Monitorul Oficial Nr. 32-35 din 9 martie 2007, Art. 112, http://lex.justice.md/document_rom.php?id=7C0C69B3:5BBF1D14.

Legea Nr. 407 din 21 decembrie 2006 cu privire la asigurări, Monitorul Oficial Nr. 47-49 din 6 aprilie 2007, Art. 213, http://lex.justice.md/document_rom.php?id=8A72DED2:D810E610.

Hotărârea Guvernului Nr. 854 din 28 iulie 2006 cu privire la Regulamentul transporturilor auto de călători şi bagaje, Monitorul Oficial Nr. 124-125 din 8 august 2006, Art. 910, http://lex.justice.md/md/316972.

Hotărârea Guvernului Nr. 1006 din 13 September 2004 pentru aprobarea Regulamentului cu privire la concesionarea serviciilor publice de gospodărie comunală, Monitorul Oficial Nr. 171 din 17 septembrie 2004, Art. 1183, http://lex.justice.md/index.php?action=view&view=doc&lang=1&id=297065.

Legea Nr. 397 din 16 octombrie 2003 privind finanțele publice locale, Monitorul Oficial Nr. 248-253 din 19 decembrie 2003, Art. 996, http://lex.justice.md/index.php?action=view&view=doc&id=312821.

Hotărârea Guvernului Nr. 415 din 8 aprilie 2003 despre aprobarea Regulamentului cu privire la supravegherea tehnică exercitată de poliţia rutieră, Monitorul Oficial Nr. 70-72, din 15 aprilie 2003, Art. 442, http://lex.justice.md/index.php?action=view&view=doc&id=301816.

Codul Muncii al Republicii Moldova Nr. 154 din 28 martie 2003, Monitorul Oficial Nr. 159-162 din 29 iulie 2003, Art. 648, http://lex.justice.md/md/326757.

Legea Nr. 105 din 13 martie 2003 privind protecția consumatorilor, Monitorul Oficial Nr. 176-181 din 21 octombrie 2011, Art. 513, http://lex.justice.md/md/340558.

Legea serviciilor publice de gospodărie comunală Nr. 1402 din 24 octombrie 2002, Monitorul Oficial Nr. 14-17 din 7 februarie 2003, Art. 49, http://lex.justice.md/index.php?action=view&view=doc&id=312769.

Codul Civil al Republicii Moldova Nr. 1107 din 6 iunie 2002, Monitorul Oficial Nr. 82-86 din 22 iunie 2002, Art. 661, http://lex.justice.md/md/325085.

Codul Penal al Republicii Moldova Nr. 985 din 18 aprilie 2002, Monitorul Oficial Nr. 72-74 din 14 aprilie 2009, Art. 195, http://lex.justice.md/md/331268.

Legea Nr. 451 din 30 iulie 2001 privind reglementarea prin licenţiere a activităţii de întreprinzător, Monitorul Oficial Nr. 26-28 din 18 februarie 2005, Art. 95, http://lex.justice.md/md/313293.

Codul Vamal al Republicii Moldova Nr. 1149 din 20 iulie 2000, Monitorul Oficial Nr. 160 din 23 decembrie 2000, Art. 1201, http://lex.justice.md/document_rom.php?id=585B6E01:8B1557DE.

Regulamentul Ministerului Transporturilor și Comunicațiilor Nr. 9/12 din 9 decembrie 1999 cu privire la autogară (stația auto), Monitorul Oficial Nr. 46 din 27 aprilie 2000, Art. 46, http://lex.justice.md/viewdoc.php?action=view&view=doc&id=313582&lang=1.

Regulamentul Ministerului Transporturilor și Comunicațiilor Nr. 9/12 din 9 decembrie 1999 cu privire la asigurarea securităţii circulaţiei rutiere la întreprinderi, instituţii, organizaţii ce efectuează transporturi de pasageri şi mărfuri, Monitorul Oficial Nr. 46 din 27 aprilie 2000, http://lex.justice.md/md/314239.

Hotărârea Guvernului Nr. 1047 din 8 noiembrie 1999 cu privire la reorganizarea Sistemului informational automatizat de căutare "Automobilul" în Registrul de stat al transporturilor şi introducerea testării a autovehiculelor şi remorcilor acestora, Monitorul Oficial Nr. 126-127 din 12 noiembrie 1999, Art. 1113, http://lex.justice.md/md/326068.

Legea cu privire la transporturi Nr. 1194 din 21 mai 1997, Monitorul Oficial Nr. 67-68 din 16 octombrie 1997, Art. 553, http://lex.justice.md/index.php?action=view&view=doc&lang=1&id=311553.

Codul Fiscal al Republicii Moldova Nr. 1163 din 24 aprilie 1997, Monitorul Oficial Nr. 1163 din 25 martie 2005 (ediție specială), http://lex.justice.md/md/326971.

Hotărârea Guvernului Nr. 102 din 27 februarie 1996 despre măsurile pentru executarea Legii cu privire la concesiuni, Monitorul Oficial Nr. 32-33 din 30 mai 1996, Art. 221, http://lex.justice.md/index.php?action=view&view=doc&lang=1&id=295610.

Legea cu privire la Concesiuni Nr. 534 din 13 iulie 1995, Monitorul Oficial Nr. 67 din 30 noiembrie 1995, Art. 752, http://lex.justice.md/index.php?action=view&view=doc&lang=1&id=311682.

Legea Drumurilor Nr. 509 din 22 iunie 1995, Monitorul Oficial Nr. 280 din 31 decembrie 2012, Art. 878, http://lex.justice.md/index.php?action=view&view=doc&lang=1&id=346197.

Constituția Republicii Moldova din 29 iulie 1994, Monitorul Oficial Nr. 78 din 29 martie 2016, Art. 140, http://lex.justice.md/md/363979.

Notă

[1] De regulă, troleibuzele nu au plăcuțe de înmatriculare; în schimb, Regia Transport Electric Chișinău (RTEC) atribuie un număr de înregistrare fiecărei unități de transport. Alte entități, precum Agenția Națională Transport Auto (ANTA), înregistrează autobuzele.

Anexa A. Prezentare generală a tehnologiilor și combustibililor ecologici în sectorul transporturilor

Această prezentare analizează autobuzele care funcționează pe baza a patru tipuri majore de combustibili fosili mai curați (ecologici) sau alte surse de energie. Acestea include: gazul natural comprimat (GNC)/gazul natural lichefiat (GNL), gazul petrolier lichefiat (GPL), motorina pentru motoare Euro VI și electricitate.

Pentru fiecare tip de combustibil se analizează următoarele:

- principalele caracteristici ale combustibilului
- avantaje comparative ale tehnologiei
- dezavantaje comparative ale tehnologiei
- infiltrarea tehnologiei pe piața mondială.

Tabelul A A.3 sintetizează principalele puncte pentru fiecare tip de combustibil.

Vehicule cu gaz natural comprimat

Descriere

Gazul natural comprimat (GNC) este un gaz natural sub presiune, care rămâne limpede, fără miros și necorosiv. Deși vehiculele pot utiliza gazul natural sub formă de lichid sau de gaz, majoritatea vehiculelor utilizează forma gazoasă, comprimată la aproximativ 218 kg/cm^2. GNC poate fi utilizat ca o alternativă la combustibilii convenționali și motorină. Metanul (CH_4) - care este componenta principală a GNC – se găsește deasupra depozitelor de petrol sau poate fi colectat din depozitele de deșeuri sau de la stațiile de epurare, unde este cunoscut sub numele de biogaz.

Se păstrează și se distribuie în recipiente dure la o presiune de 20-25 MPa (Megapascals), de obicei în forme cilindrice sau sferice. Cea mai mare parte a gazelor naturale provine din trei tipuri de sonde: sonde de gaz natural și condensat, sonde de petrol și sonde de metan pentru paturi de cărbune. Gazul natural bine extras necesită prelucrare înainte de a putea fi utilizat de către vehicule.

GNC este utilizat pentru automobilele tradiționale pe benzină (cu ardere internă), care au fost modificate sau pentru vehicule special fabricate să utilizeze GNC, fie cu un sistem special, separat de sistemul de benzină, pentru a extinde gama (pe două tipuri de combustibil), sau împreună cu un alt combustibil, cum ar fi motorina (biocombustibil). Vehiculele GNC au fost introduse într-o varietate de aplicații comerciale, de la camioane ușoare și de tip sedan, precum taxiuri; la camioane cu greutate medie, cum ar fi autoturisme de transport și vehicule poștale UPS (United Parcel Service/Serviciul Unic de Colete); și vehicule grele, cum ar fi autobuze de tranzit, vehicule de măturare a străzilor și autobuze școlare.

Densitatea volumetrică a energiei GNC este estimată la 42% din cea a GNL (pentru că nu este lichefiată; a se vedea Căsuța A A.1) și 25% din cea a motorinei.

Căsuța A A.1. Comparația între GNC și GNL

GNC și GNL sunt adesea confundate. Cu toate acestea, în timp ce ambele sunt forme stocate de gaz natural, diferența cheie este că GNC este depozitat în formă de gaz sub presiune ridicată, în timp ce GNL este depozitat la o temperatură foarte scăzută, în process devenind un lichid. GNC este mai ieftin de produs și de depozitat decât GNL, deoarece nu necesită un proces de răcire scump sau rezervoare criogenice. GNC necesită utilizarea unor presiuni foarte mari și un volum de stocare mult mai mare pentru aceeași masă de benzină. Prin urmare, gazul natural este adesea transportat pe distanțe mari sub formă de GNL – în nave, trenuri sau conducte – și apoi transformat în GNC înainte de distribuirea către utilizatorul final.

Avantaje

Arderea GNC produce mai puține gaze nedorite decât alți combustibili și este mai sigură în caz de scurgere, deoarece gazul natural este mai ușor decât aerul și se dispersează rapid atunci când este eliberat. În anul 2014, Institutul Tehnologic Danez[1]a realizat o comparație între vehiculele grele Euro VI care funcționează pe bază de GNC și cele cu motorină, care a arătat că GNC a avut un consum mai mare între combustibili, dar că emisiile de NO_x au fost mai mici. Cu toate acestea, nivelurile de zgomot, CO_2 (contrar altor constatări, vezi mai jos) și poluarea cu particule au fost aceleași.

Gazul natural este produs la nivel mondial la un cost relativ redus și este mai curat în procesul de ardere decât benzina sau motorina. Vehiculele cu gaze naturale emit în medie cu 80% mai puține emisii care formează ozon – adică dioxid de carbon (CO_2) și oxid de azot (NO_x) – decât vehiculele pe benzină. În plus:

- GNC nu conține plumb, eliminând astfel murdărirea bujiilor
- Vehiculele alimentate cu GNC au costuri de întreținere mai reduse decât alte vehicule alimentate cu hidrocarburi
- Sistemele de combustibil GNC sunt ermetice, prevenind pierderile de combustibil datorită scurgerilor sau evaporării
- Vehiculele alimentate cu GNC sunt considerate mai sigure decât cele pe benzină
- Vehiculele alimentate cu GNC sunt mai puțin poluante și mai eficiente.

GNC emite semnificativ mai puține emisii de carbon directe decât benzina sau petrolul, atunci când este ars. Un motor care funcționează pe benzină emite 22 de kilograme de CO_2 la 100 de kilometri, în timp ce un motor cu GNC emite 16.3 kilograme de CO_2 la 100 de kilometri. Prin urmare, trecerea la GNC poate ajuta la atenuarea emisiilor de gaze cu efect de seră (GES). Cu toate acestea, scurgerile de gaze naturale cresc emisiile de GES. Capacitatea GNC de a reduce emisiile de GES, pe întreg ciclul de viață al combustibilului, va depinde de sursa de gaze naturale și de combustibilul pe care îl înlocuiește.

Gazul natural emite cu 30% mai puțin CO_2 per unitate termică britanică (UTB) decât petrolul, cu 90% mai puține particule decât combustibilii convenționali și mai puțini poluanți, cum ar fi dioxidul de sulf (SO_2) și oxizii de azot (NO_x).

Dezavantaje

Costul rezervoarelor de stocare a combustibilului reprezintă o barieră majoră pentru adoptarea mai vastă și mai rapidă a GNC ca și combustibil. Guvernele municipale sunt cei mai vizibili utilizatori ai tehnologiilor cu GNC în sectorul transportului public, deoarece pot recupera într-o perioadă mai scurtă de timp banii investiți în noul combustibil (care de obicei este mai ieftin). În alte țări ale lumii, pe măsură ce industria s-a extins, costul rezervoarelor de stocare a carburanților a scăzut.

Vehiculele alimentate cu GNC necesită rezervoare de combustibil mult mai mari decât vehiculele convenționale pe benzină. Întrucât este un gaz comprimat, nu un lichid asemănător benzinei, GNC ocupă tot mai mult spațiu pentru fiecare EGB (echivalentul unui galon de benzină).[2] De obicei, rezervoarele de GNC ocupă spațiu în portbagajul unui autoturism sau în platformele din spate a camionetelor care au fost modificate pentru a funcționa suplimentar pe GNC. Această problemă este rezolvată în cazul vehiculelor echipate din fabrică cu instalații GNC, rezervoarele fiind amplasate sub caroseria vehiculului, lăsând portbagajul liber. O altă opțiune este instalarea acoperișului (de obicei pentru autobuze), care necesită atenție la rezistența structurală. Pe lângă faptul că ocupă spațiu, rezervoarele adaugă și greutatea vehiculului (în special la umplere). Tehnologia de realimentare rapidă necesită, de asemenea, investiții costisitoare în infrastructură și poate duce la scurgeri de gaze.

Mai mult, în cazul în care un număr insuficient de vehicule cu combustibil alternativ sunt în uz, investitorii pot fi reticenți să investească în infrastructură, în timp ce industria de fabricație nu va oferi vehicule cu combustibil alternativ la prețuri competitive atunci când cererea este scăzută, deoarece consumatorii sunt reticenți să le cumpere, din cauza lipsei unei infrastructuri alternative pentru combustibil.

Infiltrarea pe piață la nivel global

Vehiculele pe bază de GNC sunt din ce în ce mai utilizate în Iran, Pakistan și regiunea Asia-Pacific. India și China au asistat la o creștere rapidă în ultimii ani, iar India, în special, este prognozată să devină cea mai mare piață mondială de vehicule pe gaz natural (EC, 2016[1]), cu utilizarea lor comună în special în New Delhi și în alte orașe mari ca Ahmedabad, Mumbai, Kolkata, Lucknow și Kanpur.

Utilizarea acestora crește, de asemenea, în America de Sud, Europa și America de Nord, având în vedere creșterea prețurilor la benzină.

În Europa, aproximativ 1.2 milioane de vehicule rulează pe GNC, dar acestea reprezintă doar 0.7% din Uniunea Europeană (UE) -28 și flota de vehicule a Elveției. Italia singură reprezintă 75% din piață. Sunt disponibile peste 3 000 de puncte de realimentare, două treimi dintre acestea în Germania și Italia. În total, 18 milioane de vehicule cu GNC funcționează la nivel mondial, reprezentând 1.2% din flota mondială de vehicule (EC, 2016[2]).

În timp ce numărul de vehicule care utilizează GNC la nivel mondial continuă să crească constant, vehiculele cu combustibil alternativ, în general, au reprezentat doar 3.4% din flota auto europeană în 2012, iar utilizarea combustibililor alternativi la vehiculele grele, precum și mijloacelor maritime și aeriene, este neglijabilă (EC, 2016[2]).

Până în anul 2025, se preconizează că utilizarea GNL în transporturile grele va crește până la 12 000 de vehicule, în principal în Polonia și Ungaria. Acest lucru este conform planurilor naționale prezentate Comisiei Europene, care prevede, de asemenea, în total 431 de stații de alimentare și alte infrastructuri în UE – ca parte a rețelelor transeuropene de transport (TEN-T) – la o valoare totală de până la 257 milioane EUR până în anul 2025 (T&E, 2018[3]).[3]

Vehicule cu gaz petrolier lichefiat

Descriere

Cunoscut și sub denumirea de propan-butan- amestec, gaz petrolier lichefiat (GPL) este un amestec inflamabil de gaze de hidrocarburi utilizate drept combustibil în aparate de încălzire, echipamente de gătit și vehicule. GPL este obținut prin rafinarea petrolului (țițeiului) sau a gazului natural "umed" extras din petrol, sau din gazele naturale care curg din sol. În prezent asigură aproximativ 3% din toată energia consumată și arde relativ curat, fără funingine și foarte puține emisii de sulf. Deoarece este un gaz, nu prezintă riscuri de poluare a solului sau a apei, dar poate provoca poluarea aerului. Cu toate acestea, densitatea sa energetică pe unitate de volum este mai mică decât cea a benzinei sau a motorinei, deoarece densitatea sa relativă este mai mică.

În unele țări, GPL-ul a fost folosit din anii 1940 ca alternativă pentru benzină pentru motoarele cu aprindere prin scânteie. În unele țări există aditivi în lichid care extind durata de viață a motorului, iar raportul dintre butan și propan este menținut destul de precis în GPL. Două studii recente au analizat amestecurile de combustibil lichid și GPL-ul, și au constatat că emisiile de fum și consumul de combustibil sunt reduse, dar emisiile de hidrocarburi sunt în creștere. Studiile au fost împărțite în ceea ce privește emisiile de monoxid de carbon (CO), unul înregistrând creșteri semnificative, iar celălalt găsind ușoare creșteri la sarcina scăzută a motorului, dar o scădere considerabilă la sarcina mare a motorului.

GPL-ul are o densitate energetică mai mică decât benzina sau motorina, astfel încât consumul echivalent de carburant este mai mare cu circa 10%. Multe guverne impun un impozit mai mic pe GPL decât pe benzină sau diesel, ceea ce ajută la compensarea consumului mai mare de GPL. GPL-ul este al treilea cel mai utilizat motor de combustibil din lume după diesel și petrol. Estimările anului 2013 arată că peste 24.9 milioane de vehicule sunt alimentate cu gaz propan în întreaga lume. Peste 25 de milioane de tone sunt folosite anual ca combustibil pentru autovehicule.

Avantaje

GPL-ul este netoxic, necorosiv și nu conține tetraetil de plumb sau alți aditivi, și are o cifră octanică ridicată. Arde mai curat decât benzina sau motorina și este în mod special lipsit de particulele prezente în acestea din urmă.

GPL-ul comercial disponibil este derivat din surse de combustibili fosili. La ardere produce CO_2. Reacția de combustie produce, de asemenea, și CO. Totuși, GPL-ul produce mai puţin CO_2 pe unitate de energie decât cărbunele sau petrolul. Acesta emite cu 81% de CO_2 mai puţin pe kilowat oră (kWh) decât cantitatea produsă de petrol, cu 70% decât cea a cărbunelui, și cu 50% mai puţin din cea a emisiilor generate de energia electrică distribuită prin intermediul rețelei.

Alte avantaje ale GPL includ următoarele:

- GPL arde mai curat decât hidrocarburile cu greutate moleculară mai mare, deoarece eliberează mai puține particule.
- Avantajul inerent al GPL față de GNC constă în faptul că necesită mult mai puțină compresie (20% din costul GNC), este mai dens (deoarece este lichid la temperatura camerei) și necesită rezervoare (consumator) și compresoare de combustibil (furnizori) mult mai ieftine decât cele pentru GNC.
- Avantajele sale față de benzină și motorină includ emisii mai curate și uzură mai mică a motoarelor față de cele pe benzină.

Dezavantaje

Principalele dezavantaje ale GPL pot fi rezumate după cum urmează:

- Siguranță: GPL este mai greu decât aerul, astfel că în cazul unor scurgeri se va acumula în părțile inferioare ale încăperii, ceea ce îl face mai periculos; este nevoie de o atenție sporită atunci când se utilizează.
- Mediu: Nu este la fel de eficient sau ecologic ca GNC și energia electrică ca combustibil alternativ pentru autobuze.
- Tehnologie: GPL oferă mai puțină lubrifiere a cilindrilor superiori decât benzina sau motorina, astfel încât motoarele alimentate cu GPL sunt mai predispuse la uzură dacă nu sunt modificate corespunzător.

Infiltrarea pe piață la nivel global

În prezent, GPL-ul este considerat cel mai utilizat combustibil alternativ în transportul rutier, din punct de vedere al numărului de vehicule. Piața GPL este dominată de cinci țări, care luate împreună, reprezintă aproape jumătate din consumul total mondial: Turcia (4 mln. de vehicule), Federația Rusă (3 mln.), Polonia (2.8 mln.), Coreea (2.4 mln.) și Italia (2 mln.) (EC, 2016[2]).

Cu toate acestea, GPL își pierde impulsul în Uniunea Europeană, Statele Unite și Japonia, deoarece, comparativ cu mobilitatea electrică și chiar GNC, beneficiile sale asupra mediului față de combustibilii convenționali sunt limitate. Cu toate acestea, GPL este încă promițător pe piețele în curs de dezvoltare din China, India și Federația Rusă.

Vehicule diesel cu motoare Euro VI

Descriere

Petrolul și motorina rămân cele mai obișnuite combustibile pentru toate vehiculele.

Biodieselul - care este din ce în ce mai utilizat de motoarele diesel - este adus pe piață, în principal, prin amestecarea cu motorina convențională. Cea mai mare piață este Uniunea Europeană (UE), urmată de Statele Unite și Brazilia. Cu toate acestea, biodieselul nu reduce emisiile de NO_x din vehicule, ceea ce necesită o atenție sporită din partea orașelor.

Reglementările SUA încearcă să reducă impactul asupra mediului a acestor combustibili fosili, prevăzând furnizarea motorinei cu un conținut scăzut de sulf și utilizarea etanolului (cunoscut și ca E85) în benzină.

Tabelul A A.1 și Tabelul A A.2 conțin un rezumat al standardelor UE privind emisiile, care se aplică autobuzelor diesel. Acestea prezintă două tipuri de cerințe pentru testare: 1) testarea stării de echilibru (Tabelul A A.1), care listează standardele de emisie aplicabile doar pentru motoarele diesel (cu aprindere prin compresie – AC), cu cerințe de testare a emisiilor în stare constantă; și 2) testarea tranzitorie (Tabelul A A.2), care listează standardele aplicabile atât pentru motoarelor diesel, cât și pentru cele cu gaze (cu aprindere pozitivă – AP), cu cerințe de testare tranzitorie.

Tabelul A A.1. Standardele UE privind emisiile pentru motoarele diesel de mare tonaj (testare constantă)

Nivelul	Date	Ciclul de testare	CO	HC	NO_x	PM	PN	Fum
			g/kWh				1/kWh	1/m
Euro I	1992 < 85 kW	Comisia Economică a Națiunilor Unite pentru Europa (CEE / ONU) Regulamentul-49	4.5	1.1	8.0	0.612		
	1992 > 85 kW		4.5	1.1	8.0	0.36		
Euro II	octombrie 1996		4.0	1.1	7.0	0.25		
	octombrie 1998		4.0	1.1	7.0	0.15		
Euro III	*octombrie 1999 Vehicule îmbunătățite ecologic (doar EEV [b])*	Ciclul Staționar European (CSE) și Rapunsul European pentru Încărcare (REI)	1.5	0.25	2.0	0.02		0.15
	octombrie 2000		2.1	0.66	5.0	0.10 - 0.13a		0.8
Euro IV	octombrie 2005		1.5	0.46	3.5	0.02		0.5
Euro V	octombrie 2008		1.5	0.46	2.0	0.02		0.5
Euro VI	31 decembrie 2013	Ciclul staționar armonizat mondial (CSAM)	1.5	0.13	0.4	0.01	8.0x1011	

Notă: un PM = 0.13 g/kWh pentru motoare <0.75 dm^3 volum mărit pe cilindru și o viteză nominală de putere> 3 000 min-1; [b]EEV este un standard european de emisii pentru autobuze și camioane (>3.5 t în categoriile M2 și M3). Vehiculele echipate cu motoare EEV depășesc calitatea emisiilor din standardul Euro 5 aplicabil tuturor tipurilor de vehicule noi începând cu 1 septembrie 2009 pe camioane și autobuze.
Sursa: (DieselNet, 2016[4]), „UE: Motoarele camioanelor de mare tonaj și autobuzelor: Cadru de reglementare și standarde de emisii", www.dieselnet.com/standards/eu/hd.php (accesat la 30 martie 2017).

Tabelul A A.2. Standardele UE privind emisiile pentru motoarele diesel de mare tonaj (testare tranzitorie)

Nivelul	Date	Ciclul de testare	CO	MNHC	CH_4[a]	NO_x	PM[b]	PN[c]
			g/kWh					1/kWh
Euro III	octombrie 1999 Enhanced environmentally friendly vehicles (EEVs) only	Ciclul European Tranzitoriu (CIT)	3.0	0.40	0.65	2.0	0.02	
	octombrie 2000		5.45	0.78	1.6	5.0	0.16[d]	
Euro IV	octombrie 2005		4.0	0.55	1.1	3.5	0.03	
Euro V	octombrie 2008		4.0	0.55	1.1	2.0	0.03	
Euro VI	31 decembrie 2013	Ciclul staționar armonizat mondial (CSAM)	4.0	0.16[e]	0.5	0.46	0.01	$6.0x10^{11}$

Notă: a - numai pentru motoare pe gaz (Euro III-V: numai GN; Euro VI: GN + GPL).
b - nu se aplică motoarelor pe benzină Euro III-IV.
c - pentru motoare diesel; limita numărul de particule (PS) pentru motoarele cu aprindere pozitivă.
d - PM = 0.21 g/kWh pentru motoare <0.75 dm^3 volum mărit pe cilindru și o viteză nominală de putere >3 000 min^{-1}.
e - conținut total de hidrocarburi (CTH) pentru motoarele diesel.
Sursa: (DieselNet, 2016[4]), „UE: Motoarele camioanelor de mare tonaj și autobuzelor: Cadru de reglementare și standarde de emisii", www.dieselnet.com/standards/eu/hd.php (accesat la 30 martie 2017).

Avantaje

Cele mai importante avantaje de trecere la autobuze cu motoare diesel Euro IV sunt:

- Prețul de achiziție a motoarelor moderne diesel este în general mai mic decât trecerea la tehnologii mai curate (cum ar fi GPL sau GNC).
- Nevoia de investiții suplimentare în vehicul sau în infrastructura de suport nu este la fel de mare ca și în cazul GPL și GNC, care necesită adesea modificări ale vehiculelor sau a infrastructurii de suport (cum ar fi stații specializate de alimentare sau centre de întreținere).
- Un autobuz urban cu motor diesel standard oferă mai puține emisii de carbon per călător în comparație cu un automobil, iar emisiile de CO_2 poate fi reduse prin încurajarea utilizării transportului în comun.

Dezavantaje

Principalele dezavantaje ale introducerii autobuzelor cu motoare diesel Euro IV sunt:

- Trecerea de la Euro V la Euro VI pentru vehiculele grele va necesita investiții considerabile din partea producătorilor și operatorilor de transport public, precum și cheltuieli uriașe de la producătorii de autobuze.
- Provoacă daune semnificative mediului, sub formă de pulberi în suspensie (PM) de la gazele de eșapament.

Infiltrarea pe piață la nivel global

Motoarele diesel sunt una dintre cele mai comune opțiuni ale motoarelor cu combustie pentru autobuze și alte vehicule comerciale, la nivel global. În prezent, autobuzele care funcționează pe bază de motorină și biodiesel constituie cea mai mare parte a flotei de autobuze (90% din flota Europei, potrivit rezultatelor sondajului 3iBS, care a cercetat 70 000 de autobuze ce operează în 63 de orașe și regiuni europene (UITP, 2015[5]).

Transportul public alimentat cu energie electrică

Descriere

Electrificarea transportului rutier se extinde în Europa, determinată de nevoia unui transport public ecologic (curat), ceea ce încurajează producătorii să dezvolte noi modele.

Tramvaiele sunt unul dintre cele mai vechi mijloace de transport în comun, iar popularitatea lor a venit și a plecat în funcție de țară. Însă recent, multe orașe care caută o dezvoltare urbană durabilă reintroduc tramvaiele în spațiul urban.

Troleibuzele au urmat o evoluție similară și se confruntă, de asemenea, cu o creștere a popularității. Principalul avantaj al tramvaielor este că nu necesită nicio baterie sau infrastructură feroviară specială (cablurile aeriene sunt mai puțin costisitoare în construcție decât șinele) și sunt, de asemenea, mai liniștite. Pe de altă parte, troleibuzele pot fi hibridizate pentru a rula „autonom" folosind o baterie de bord.

În acest context și ca urmare a schimbărilor tehnologice și a îmbunătățirii eficienței vehiculului, autobuzele electrice sunt un mijloc strategic nou pentru atingerea țintelor de atenuare a gazelor cu efect de seră și au nevoie de infrastructură chiar mai mică decât tramvaiele sau troleibuzele. Tehnologia nu este încă la fel de matură ca autobuzele diesel, dar este pe cale de maturizare a pieței.

Acest lucru este confirmat de numărul tot mai mare de localități- pilot (Viena, Berlin, Paris, Londra, Stockholm, China) și planuri care apar.

Există mai multe dimensiuni de autobuze electrice care pot fi găsite pe piață, în funcție de cerere și nevoi. În timp ce autobuzele electrice mini și mijlocii există deja, autobuzele mai mari (>10 m) sunt încă în dezvoltare.

Cu această tehnologie, pe lângă capacitatea de transport, este important să se ia în considerare autonomia vehiculului și tehnologiile de încărcare (adică încărcarea în parcul de autobuze sau la bord, de-a lungul traseului autobuzului).

Încărcarea „tradițională" prin cablu are loc noaptea, după finalizarea serviciului zilnic. De obicei se face o reîncărcare normală, pentru a nu perturba rețeaua de electricitate. O altă posibilitate este integrarea unei soluții de încărcare rapidă la sfârșitul liniei, pentru a garanta funcționarea continuă a serviciului. Această tehnologie a fost adoptată la Viena (Austria) – bateriile se încarcă în 10 până la 15 minute și durează între 120 și 150 de kilometri.

Tehnologia de „încărcare rapidă" la bord, permite autobuzelor să se conecteze la punctul de încărcare de mare putere atunci când intră în opririle special dotate, încărcând bateriile în timp ce pasagerii urcă și coboară. Acest mod de încărcare foarte rapid este deja utilizat la Geneva (Elveția) și la aeroportul din Nisa (Franța).[4]

O tehnologie similară este pantograful, deja folosit de trenuri și tramvaie. Pentru autobuze, acest mod de încărcare poate fi utilizat la stațiile de autobuz, la opririle finale sau în parcul de autobuze. Pe acoperișul autobuzului este montat un pantograf de jos în sus. Procedura de încărcare începe odată cu ridicarea pantografului și intră în contact cu catargul pantografului, centrat deasupra poziției de referință a osiei frontale a vehiculului. Mai multe orașe - de ex. Goteborg (Suedia), Namur (Belgia) și Viena (Austria) - au început să adopte această tehnologie.

Inducția poate deveni tehnologia viitorului pentru încărcarea vehiculelor. Când autobuzul se oprește la o stație echipată cu un sistem de reîncărcare îngropat în pământ, bobina de încărcare de la bord coboară și transmisia de putere poate începe. Încărcarea durează doar pe perioada în care are loc debarcarea și îmbarcarea pasagerilor și se pot reporni din noua stație, oferind o autonomie nelimitată. Berlinul este prima capitală care a adoptat această linie de e-autobuz încărcată fără fir.

Avantaje

Vehiculele electrice oferă mai multe avantaje față de vehiculele convenționale cu motor cu combustie internă:

- Mai puțină dependență de ulei.
- Reducerea emisiilor de gaze cu efect de seră și a poluanților atmosferici atunci când se utilizează electricitate din surse de energie „cu emisii reduse de carbon" (Căsuța A A.2).
- Ele sunt mai eficiente și mai bune la transformarea energiei din baterii în mișcarea vehiculului decât motorul convențional cu ardere internă. De asemenea, recuperează energia în timp ce frânează, reducând astfel consumul total de energie.
- Poluare fonică mai mică.
- Se pot face economii semnificative pe durata de viață a vehiculului, deoarece, deși investițiile sunt mai mari, costurile pentru combustibil (electricitate) și întreținerea sunt mai mici decât pentru un vehicul cu combustie internă.
- Când bateria și-a pierdut o parte din capacitate, ea poate fi folosită în alte scopuri, cum ar fi un mijloc de stocare a energiei electrice regenerabile care poate ajuta la reglarea rețelei de energie și la producerea energiei regenerabile.

Căsuța A A.2. Cât de ecologică este producerea energiei electrice?

Energia electrică este un transportor de energie care poate fi convertit intern dintr-o mare varietate de surse de energie primară. Atunci când energia electrică este produsă din surse regenerabile de energie, aceasta poate oferi o cale de rulare a emisiilor aproape la zero, deși aceasta nu este întotdeauna cazul (de exemplu, când se utilizează o combinație de surse regenerabile și neregenerabile). Electricitatea va continua să atingă niveluri de carbon din ce în ce mai scăzute, deoarece sectorul energetic continuă să reducă intensitatea carbonului.

Dezavantaje

- Producerea vehiculelor electrice depinde în mare parte de prețul vehiculelor și de bateria acestora (care poate fi scumpă), precum și de performanța bateriei și autonomia energetică.
- Autobuzele electrice sunt mai scumpe decât vehiculele pe motorină; cu toate acestea, pe durata de viață, costurile totale ale autobuzelor electrice sunt mai mici.
- Sunt necesare investiții în infrastructura nouă, în funcție de autobuz și baterie. Costul variază în funcție de sistemul ales și de numărul de stații de încărcare.
- Rețeaua electrică trebuie să fie compatibilă cu cerințele energetice ale unei flote de vehicule la costuri acceptabile din punct de vedere economic.
- Autobuzele electrice pot avea un impact negativ asupra mediului, în funcție de tehnologia bateriei, extracția resurselor și procesele de producție, precum și tipul de producere a energie electrice și modul în care se procedează la sfârșitul vieții acestora (de exemplu, reciclarea).

Infiltrarea pe piață la nivel global

Numărul autobuzelor electrice a crescut de zece ori între 2014 și 2016, ajungând la un stoc global de aproximativ 345 000 de vehicule în 2016. China este lider în utilizarea autobuzelor electrice, cu peste 343 000 de unități în funcțiune, urmată de Europa cu doar 1 273 vehicule.

Cu toate acestea, doar 3% din flota mondială de autobuze este în prezent electrică. Creșterea stocului sugerează totuși că piața trece dincolo de faza demonstrativă în cea de dezvoltare comercială.

Tabelul A A.3. Comparația combustibililor pentru transportul public urban

Parametri	GNC	LPG	Diesel EEV
Costul de achiziție (motorină = 100 unități de bază)	120	110	100 (mai mare decât motorina tradițională)
Tipul de combustibil	Gaz natural		Diesel
Distanța (km)	300	500	750
Consum p/u 100 kilometri	60-70 m^3	36 kg	40-50 l
Costuri de operare	+	+	++
Timp de alimentare	Îndelungat; 3-6 ore	Rapid (minute)	Rapid (minute)
Dificultăți în alimentare	Media (compresie)	Foarte mare (lichefiere, depozitare)	Scăzut
Zgomot	Scăzut	Scăzut	Scăzut
Poluare	Emisii reduse de particule, SO_2, NOx. O contribuție aproape nulă la formarea smogului	Emisii reduse de particule, SO_2, NOx. O contribuție aproape nulă la formarea smogului	Emisii mai reduse decât motorina tradițională. Emisii mai ridicate decât GNC și GPL
Utilizare	Autobuze mici/medii	Autobuze mari	Toate tipurile
Alte oportunități și avantaje	Combustibilul poate fi obținut din biomasă sau din gazul de depozit	Temperaturile joase din timpul iernii susțin depozitarea GNL	
Alte provocări și dezavantaje	Sunt necesare rezervoare de combustibil grele și autobuze cu mai mult spațiu liber Sunt necesare stații de realimentare speciale (de ex. la depou) Centre de deservire necesare Reîncărcarea rapidă necesită investiții costisitoare în infrastructură și poate duce la scurgeri de gaze	Timp de stocare limitat pentru GPL (Autobuzele trebuie să fie utilizate în mod constant, iar în caz că timp de cinci zile nu sunt utilizate, necesită aerisire) Combustibilul este transportat și depozitat la temperaturi scăzute Necesită instalații complicate de curățare și lichefiere în stații	Noile norme (precum Euro VII sau Euro VIII) pot impune cerințe stricte de calitate

Anexa B. Ghid explicativ privind utilizarea modelului OPTIC

Scopul Modelului OPTIC

Modelul de optimizare a costurilor de investiții în transportul public (OPTIC), bazat pe o foaie de calcul, este un instrument de asistență în luarea deciziilor, simplu și ușor de utilizat, elaborat de OCDE pentru a sprijini Guvernul Kârgâzstanului în pregătirea și estimarea costurilor și a beneficiilor de mediu ale programului transport public ecologic (TPE) Program. Acesta a fost utilizat în special pentru costurile de înlocuire a flotei de autobuze vechi în centrele urbane cu autobuze moderne echipate cu motoare care funcționează cu:

- gaze naturale comprimate (GNC)
- gaze petroliere lichefiate (GPL)
- motorină, combustibil ideal (importat) Euro 5
- electricitate (troleibuze și troleibuze alimentate cu baterii).

Modelul OPTIC a fost utilizat pentru a estima costurile programului și reducerea emisiilor de dioxid de carbon (CO_2) și alți poluanți din transportul public urban - adică monoxid de carbon (CO), oxizi de azot (NO_x), particule (PM) și dioxid de sulf (SO_2) - care ar putea fi realizată prin implementarea conductelor de proiect propuse.

Modele similare care există pe piață estimează reducerile emisiilor de gaze cu efect de seră (GES) pentru o țară sau pentru un grup de țări. Aceste modele se concentrează în principal pe emisiile de GES din industrie și iau în considerare diferite scenarii pentru dezvoltarea economică a țării. Astfel de modele nu sunt însă adecvate în special pentru acest program de investiții, care se concentrează pe reducerea emisiilor din transportul public urban.

Prepagătirea pentru utilizarea modelului OPTIC

Modelul OPTIC este format din șapte module: 1) ipoteze; 2) factorii de emisie; 3) prezentare generală a sectorului transporturilor cu informații despre flota curentă de autobuze și vârsta acestora; 4) determinarea nivelului subvenției; 5) calculul costurilor; 6) calculul reducerilor de emisii; și 7) costurile programului și efectele asupra mediului.

Ipoteze

Modelul a fost elaborat în Excel și utilizează macrocomenzi. Prin urmare, la pornirea modelului, macro-urile din Excel ar trebui să fie activate. Acest lucru necesită instalarea setărilor de securitate la „mediu". Pentru versiunile anterioare de Excel (înainte de 2010), setările de securitate pot fi modificate utilizând următoarele comenzi: Tools>Macros>Security. Pentru versiunile Excel 2010 și 2013, setările macro de securitate pot fi setate în rubrica „Developer". Dacă această opțiune nu este vizibilă, poate fi accesată în felul următor: File>Options>Customize Ribbon și apoi selectată din rubricile ferestrei din dreapta.

Utilizatorul trebuie să completeze celulele care sunt evidențiate cu galben în foile Excel. Apoi, trebuie urmați următorii pași:

1. Să completeze informațiile privind ipotezele și factorii de emisie. Ipotezele pot fi găsite în rubrica „Ipoteze". Următoarele informații sunt esențiale pentru model:
    a. prețul mediu al unui autobuz nou GNC
    b. prețul mediu al unui autobuz nou GPL
    c. prețul mediu al unui autobuz diesel nou echipat cu motor Euro VI
    d. prețul mediu al unui troleibuz nou
    e. prețul mediu al unui microbuz nou GNC
    f. prețul mediu al unui microbuz nou GPL
    g. prețul mediu al unui microbuz diesel nou echipat cu motor Euro VI.

Pentru scopul acestui model, autobuzul mediu este considerat a fi un autobuz cu o lungime de 12 metri, cu o capacitate totală de aproximativ 100 de pasageri.

1. Introduceți nivelul mediu de consum de combustibil pentru fiecare tip de autobuz enumerat mai sus. Aceste informații ar trebui furnizate și pentru autobuzele diesel vechi care vor fi înlocuite. În funcție de model, autobuzele diesel vechi sunt împărțite în mai multe categorii: noi și vechi de peste 5, 10 și 15 ani.
2. Costuri de intrare a combustibilului pentru fiecare tip de autobuz. Media kilometrilor pe vehicul pe zi (kpvpd)1, care se găsește în ultima coloană din Tabelul A B.1, este esențială.

Tabelul A B.1. Ipoteze de bază: prețurile autobuzelor și consumul de combustibil

	Preț unitate	Consumul de combustibil		Preț combustibil		kpvpd	Prețuri combustibil
	Mln MDL		Unitate		Unitate		MDL/vehicul/zi
Autobuz nou GNC	5.2	38.5 (53.7 m3/100 km)	kg/100 km	8.9	MDL/kg	200	684.4
Autobuz nou GPL	4.73	35.7 (70 kg/100 km)	l/100 km	10.6	MDL/l	200	755.0
Autobuz diesel nou Euro VI	4.52	50.0	l/100 km	16.5	MDL/l	200	1 651.0
Autobuz diesel nou standard	1.04	45.0	l/100 km	16.5	MDL/l	200	1 485.9
Autobuz diesel vechi > 15 ani	n.a.*	56.3	l/100 km	16.5	MDL/l	200	1 857.4
Autobuz diesel vechi > 10 ani	n.a.*	51.8	l/100 km	16.5	MDL/l	200	1 708.8
Autobuz diesel vechi > 5 ani	n.a.*	49.5	l/100 km	16.5	MDL/l	200	1 634.5
Troleibuz	5.2**	100.0	kWh/100 km	2	MDL/kWh	200	400.0
Microbuz nou GNC	2.02	9.6	kg/100 km	8.9	MDL/kg	200	371.5
Microbuz nou GPL	2.02	8.93	l/100 km	10.6	MDL/l	200	188.8
Microbuz nou echipat cu motor Euro 6/VI	2.02	11.25	l/100 km	16.5	MDL/l	200	171.1

Notă: * Programul TPE nu prevede achiziționarea vehiculelor folosite; ** preț mediu pentru troleibuze și troleibuze cu baterii.
Sursa: OCDE, Modelul OPTIC.

Factori de emisie

După introducerea informațiilor despre ipotezele de bază, utilizatorul introduce informații despre emisiile din autobuze. Acest lucru poate fi găsit în coloana „Factorii de emisie". Emisiile vor fi identificate în kilograme sau grame de poluant emis per kilometru de funcționare a autobuzului. Informațiile privind emisiile sunt esențiale pentru calcularea reducerilor de emisii (Tabelul A B.2).

Tabelul A B.2. Factorii de emisie presupuși în conformitate cu standardele de emisie (pe km)

	CO_2 (kg/km)	CO (g/km)	NO_x (g/km)	$PM_{2.5}$ (g/km)	SO_2 (g/km)
Diesel Euro 2	1.0812	2.4400	10.7000	0.2200	0.2050
Diesel Euro 2>5 ani	1.1893	2.6840	11.7700	0.2420	0.2255
Diesel Euro 2>10 ani	1.2974	2.9280	12.8400	0.2640	0.2460
Diesel Euro 2>15 ani	1.4056	3.1720	13.9100	0.2860	0.2665
Diesel Euro VI	0.7632	0.2230	0.5970	0.0023	0.0205
GNC (EEV standard)	0.9350	0.2400	2.5000	0.0050	0.0000
GPL	1.0258	1.9200	5.0000	0.0050	0.0652
Troleibuz	0.3384	0	0	0	0
Microbuz Euro VI	0.1908	0.0558	0.1493	0.0006	0.0051
Microbuz Euro II	0.3514	0.7930	3.4775	0.0715	0.0666
Microbuz GPL	0.2564	0.4800	1.2500	0.0013	0.0163

Sursă: OCDE, Modelul OPTIC.

Există două tabele în care sunt enumerați factorii de emisie: emisiile normative conform standardelor și emisii reale în funcție de emisiile efectiv măsurate. Sursa informațiilor, precum și motivul prezentării a două seturi diferite de factori de emisie sunt discutate la sfârșitul acestei anexe.

Prezentare generală a sectorului transporturilor

În continuare, în colonița „Transport" (Tabelul A B.3) trebuie incluse informațiile despre sectorul public urban existent în Moldova. Acest lucru se realizează prin furnizarea de informații despre flota de autobuze existentă în Moldova. Flota va fi împărțită în funcție de tipul autobuzului. Ultimele două coloane conțin informații despre disponibilitatea stațiilor de GNC. Aceste informații sunt furnizate prin introducerea cuvântului „Da" sau „Nu" în celulele respective.

Tabelul A B.3. Transportul public și infrastructura de transport în Republica Moldova

Tipul	Orașul	Autobuze					Potențial de înlocuire			Stații existente de GNC	Rețea de troleibuze existentă
					Combustibil						
		Autobuze	Microbuze	Troleibuze	Diesel	Electricitate	Autobuze	Microbuze	Troleibuze		
Urban	Chișinău	28	618	366	646	366	59	309	50	Yes	Yes
Urban	Bălți	20	52	48	72	48	15	26	12	Yes	Yes
Suburban	Chișinău	132	672	0	804	0	173	336	0	Yes	No
Suburban	Bălți	28	64	0	92	0	29	32	0	Yes	No
Interurban	Chișinău	11	3 096	0	3 107	0	318	1 548	0	Yes	No
Interurban	Bălți	11	86	0	97	0	17	43	0	Yes	No
Interurban	Alte regiuni	8	2 724	0	2 732	0	279	1 362	0	No	No
Total		238	7 312	414	7 550	414	891	3 656	62		

Sursă: OCDE, Modelul OPTIC.

Determinarea nivelului subvenției

Modulul cu privire la determinarea nivelului subvenției ia în considerare atât costurile de investiții, cât și economiile pentru prestatorii de servicii publice prin înlocuirea vehiculelor învechite. Vehiculele noi care utilizează combustibilii alternativi sunt mai eficiente datorită îmbunătățirilor tehnologice și, de asemenea, datorită prețului mai scăzut al GNC și GPL în comparație cu motorina.

Modulul ia în considerare faptul că investițiile ar trebui să genereze cel puțin o rentabilitate minimă pentru furnizorii de transport public; astfel, rata de actualizare socială este utilizată pentru a determina valoarea actuală netă (VAN) a proiectului. Subvenția este apoi determinată la nivelul în care VAN este egal cu zero (a se vedea Căsuța A B.1). Importanța economică a acestui calcul este că subvenția îi va încuraja pe potențialii beneficiari să participe în cadrul Programului TPE fără a-i încuraja să obțină un profit în baza subvenției. Diversele calcule necesare pentru a stabili nivelul subvenției pentru autobuzele cu GNC sunt prezentate în Tabelul A B.4 și în Tabelul A B.5.

Căsuța A B.1. Determinarea nivelului optim al subvenției

Subvenția ar trebui să fie suficientă pentru atragerea potențialii investitori/beneficiari să solicite sprijin din partea Programului TPE, dar fără a face proiectele să fie prea profitabile. Această abordare a calculării subvenției va permite guvernului să evite suprainvestirea, oferind în același timp un stimulent pentru investiții potențialilor beneficiari, fără a le face prea rentabile pentru aceștia ca investitori. În esență, nivelul subvenției ar trebui să ofere doar pârghia necesară pentru potențialii beneficiari individuali să investească în transporturi ecologice.

Pentru a evalua un proiect dat, valoarea actuală netă (VAN) se calculează prin totalizarea fluxurilor de numerar net preconizate (intrări de numerar sau încasări, minus ieșiri de numerar sau cheltuieli) pe perioada de funcționare a proiectului și reducerea acestora utilizând o rată care reflectă costurile unui împrumut cu risc echivalent pe piața de capital. O investiție va obține un profit dacă VAN este pozitivă. Toate măsurile care produc un VAN pozitiv, folosind o rată de actualizare care corespunde ratei de rentabilitate aplicată, pot fi considerate benefice.

VAN este calculată ca în următoarea formulă:

$$\text{VAN} = \sum_{i=1}^{n} \left(FNN_i \times \frac{1}{(1+r)^i} \right)$$

unde:

- FNN_i este fluxul de numerar net în al șaselea an
- r este rata de reducere.

Utilizarea actualizării are în vedere doi factori: așteptările investitorului în ceea ce privește măsura și că VAN poate fi mai mare decât zero în perioada de operare.

Calculul nivelului subvenției ar trebui să se bazeze pe principii economice. Dacă proiectul este semnificativ din punct de vedere social și nu rentabil pentru beneficiar, subvenția ar trebui să obțină un profit mic. În termeni simpli, VAN financiară, inclusiv subvenția, ar trebui să fie aproximativ la nivelul zero de KGS, ceea ce înseamnă că proiectul obține o rată de rentabilitate acceptabilă pentru investitor / promotorul de proiect (venituri din tarife combinate cu costuri de operare mai mici).

Modulul „determinarea nivelului subvenției” folosește acest principiu făcând o analiză financiară simplă a intrărilor și ieșirilor de numerar în fiecare an al analizei. Încasările de numerar (veniturile) generate de proiect includ economiile de combustibil exprimate în ceea ce privește banii economisiți de clienți (furnizorii de transport public). În ceea ce privește ieșirile de numerar (cheltuieli), analiza financiară simplă totalizează diferența dintre costurile de investiții ale unui autobuz curat și un autobuz tradițional calculat în celelalte module. În modulul de subvenționare, subvenția este inclusă pe partea de ieșire a numerarului ca valoare negativă.

S-a presupus că investițiile vor fi făcute în primul an al proiectului, iar economiile- în mediu pe durata celor nouă ani de funcționare. Perioada de analiză este de 10 ani, o durată de viață tipică pentru acest tip de proiect. Subvenția este calculată astfel încât rezultatul calculului VAN să fie egal cu zero KGS.

În primul rând, au fost calculate economiile la costurile de combustibil, având în vedere prețul mai mic al GNC. Parametrii utilizați pentru calcularea economiilor de combustibil sunt prezentați în Tabelul A B.4.

Costul unui autobuz nou cu GNC (255 000 EUR; 5.2 milioane MDL) a fost comparat cu costul mediu al unui autobuz uzat (1.04 milioane MDL), pe care beneficiarii ar fi posibil să-l achiziționeze în absența unui sprijin public (Tabelul A B.4).

Tabelul A B.4. Ipoteze pentru calcularea nivelului de asistență publică pentru autobuzele cu GNC

	Consumul de combustibil	Prețul la combustibil	Distanța anuală	Costul la combustibil pe an /MDL
Autobuze cu GNC	38.5 kg/km	8.9 MDL/kg	46 000 km	157 000
Autobuze diesel vechi (> 15 ani)	56.3 l/100 km	16.5 MDL/l	46 000 km	427 000
Diferența anuală				**270 000**

Sursă: OCDE, Modelul OPTIC.

Tabelul A B.5. Calcularea nivelului de asistență publică pentru autobuzele CNG

(MDL)

Ani	0	1	2	3	4	5	6	7	9
Costurile de investiție pentru un autobuz nou	5.2 milioane								
Diferența de preț față de autobuzul standard	4.16 milioane								
Sprijinul public necesar	2.241 milioane								
Economii anuale de combustibil	270 000	270 000	270 000	270 000	270 000	270 000	270 000	270 000	270 000
VAN	0								

Sursă: OCDE, Modelul OPTIC.

Calcule similare se fac pentru autobuzele cu GPL (Tabelul A B.6 și Tabelul A B.7) și pentru autobuzele diesel moderne (Tabelul A B.8 și Tabelul A B.9).

Tabelul A B.6. Ipoteze pentru calcularea nivelului de asistență publică pentru autobuzele cu GPL

	Consumul de combustibil	Prețul combustibilului	Distanța anuală	Costurile de combustibil pe an, MDL
Autobuze cu GPL	35.7 l/100 km	10.6 MDL/l	46 000 km	174 000
Autobuze diesel vechi (> 15 ani)	56.3 l/100 km	16.5 MDL/l	46 000 km	427 000
Diferența anuală				245 000

Sursa: OCDE, Modelul OPTIC.

Tabelul A B.7. Calcularea nivelului de asistență publică pentru autobuzele cu GPL

(MDL)

Ani	0	1	2	3	4	5	6	7	8
Costurile de investiție pentru un autobuz nou	4.73 mln								
Diferența de preț față de autobuzul standard	3.69 mln								
Sprijinul public necesar	1.883 mln								
Economii anuale de preț la combustibil	254 000	254 000	254 000	254 000	254 000	254 000	254 000	254 000	254 000
VAN	0								

Sursa: OCDE, Modelul OPTIC.

Tabelul A B.8.Ipoteze pentru calcularea nivelului de sprijin public pentru autobuzele diesel moderne

	Consumul de combustibil	Prețul combustibilului	Distanța anuală	Costurile de combustibil pe an, MDL
Autobuze Diesel Euro VI	50 l/100 km	16.5 MDL/l	46 000 km	380 000
Autobuze diesel standard	45 l/100 km	16.5 MDL/l	46 000 km	342 000
Diferența anuală				-38 000

Sursa: OCDE, OPTIC Model.

Tabelul A B.9.Calcularea nivelului de sprijin public pentru autobuzele diesel moderne

(MDL)

Anii	0	1	2	3	4	5	6	7	8
Costuri de investiție pentru un autobuz nou	4.52 mln								
Diferența de preț față de un autobuz standard	3.48 mln								
Asistență publică necesară	3.14 mln								
Economii anuale la pretul combustibililor	-47 000	-47 000	-47 000	-47 000	-47 000	-47 000	-47 000	-47 000	-47 000
VAN	0								

Sursa: OCDE, Modelul OPTIC.

Calculele de mai sus nu iau în considerare posibilele costuri de întreținere reduse, deoarece autobuzele vechi tind să necesite mai multă întreținere în timp. Pe de altă parte, întreținerea tehnologiilor moderne poate fi mai scumpă, în special în ceea ce privește problemele de securitate în utilizarea GNC sau GPL, astfel încât se presupune că înlocuirea autobuzului va fi neutră în ceea ce privește costurile de întreținere.

Rezultatele calculului sunt prezentate în colonița „Subvenție" (Tabelul A B.10).

Tabelul A B.10. Calculul subvențiilor pentru sprijinul public pentru înlocuirea autobuzelor

	Costuri per autobuz	Diferența de preț față de autobuzele standard	Distanța anuală	Costuri anuale la combustibil	Costuri anuale de referință la combustibili*	Subvenție solicitată per autobuz	Costul net pentru beneficiar per autobuz
	mln MDL	mln MDL	km	mln MDL	mln MDL	mln MDL	mln MDL
GNC	5.20	4.16	46 000	157 000	427 000	2.241	2.960
LPG	4.73	3.69	46 000	174 000	427 000	1.883	2.840
Diesel Euro VI	4.52	3.48	46 000	380 000	427 000	3.141	1.380

Notă: *Costuri anuale de referință a combustibililor pentru autobuzele diesel vechi.
Sursă: OCDE, Modelul OPTIC.

Calcularea costurilor

Modulul de calcul al costurilor din rubrica „Costuri" arată costurile de investiție estimate și subvenția necesară Programului TPE. Aceste informații sunt prezentate sub formă de tabel, care cuprinde date referitoare la transportul public din Moldova, numărul de autobuze care urmează să fie înlocuite, tipul noilor autobuze, costurile totale de investiție, nivelul de subvenție și costurile nete pentru beneficiari. În acest modul, utilizatorii introduc doar informații concrete fără a lua vreo decizie cu privire la program.

Tabelul A B.11. Costuri de investiții, subvenții și costuri nete pentru beneficiari

Nr	Tip	Oraș	Autobuze pentru a fi înlocuite			Autobuze noi						Necesitatea stațiilor de GNC	Costuri de investiție							
			Tip			Autobuze			Microbuze		Trolei-buze		Autobuze			Microbuze		Stații GNC	Troleibuze	Total
			Autobuze	Microbuze	Troleibuze	Diesel	GNC	GPL	Diesel	GPL	Electricitate		Diesel	CNG	GPL	Diesel	GPL			
1	Urban	Chișinău	60	555	25	42	42	43	43	52	50	0	190	218	203	87	105	0	260	1 063
2	Urban	Bălți	16	86	6	8	8	7	8	13	12	0	36	42	33	16	26	0	62	216
3	Suburban	Chișinău	173	337	0	71	71	70	71	71	0	0	321	369	331	143	143	0	0	1 307
4	Suburban	Bălți	29	32	0	10	11	10	11	11	0	0	45	57	47	22	22	0	0	194
5	Interurban	Chișinău	319	1 545	0	185	185	184	185	185	0	0	836	962	869	373	373	0	0	3 413
6	Interurban	Bălți	18	41	0	8	8	7	8	8	0	0	36	42	33	16	16	0	0	143
7	Interurban	Alte regiuni	279	1 361	0	324	0	162	163	163	0	0	1 464	0	765	329	329	0	0	2 887
Total			894	3 957	31	648	325	483	489	503	62	0	2 929	1 689	2 282	986	1 014	0	322	9 223

Nr	Tip	Oraș	Subvenție								Costuri nete pentru beneficiari							
			Autobuze			Microbuze		Stații cu GNC	Troleibuze	Total	Autobuze			Microbuze		Stații cu GNC	Troleibuze	Total
			Diesel	GNC	GPL	Diesel	GPL				Diesel	GNC	GPL	Diesel	GPL			
1	Urban	Chișinău	142	109	102	56	58	0	130	597	47	109	102	30	47	0	130	466
2	Urban	Bălți	27	21	17	10	14	0	31	121	9	21	17	6	12	0	31	95
3	Suburban	Chișinău	241	185	165	93	79	0	0	762	80	185	165	50	64	0	0	545
4	Suburban	Bălți	34	29	24	14	12	0	0	113	11	29	24	8	10	0	0	81
5	Interurban	Chișinău	627	481	435	243	205	0	0	1 990	209	481	435	131	168	0	0	1 423
6	Interurban	Bălți	27	21	17	10	9	0	0	84	9	21	17	6	7	0	0	59
7	Interurban	Alte regiuni	1 098	0	383	214	181	0	0	1 875	366	0	383	115	148	0	0	1 012
Total			2 197	845	1 141	641	558	0	161	5 542	732	845	1 141	345	456	0	161	3 681

Sursa: OCDE, Modelul OPTIC.

Calculul reducerilor de emisii

Modulul cu privire la calculul reducerilor de emisii, în cadrul rubricii „Emisii", indică reducerea anuală estimată a emisiilor pe tipuri de poluanți. Aceste informații sunt prezentate într-un tabel Excel (Tabelul A B.12) care cuprinde date cu privire la sectorul transporturilor din Moldova, numărul de autobuze care urmează să fie înlocuite, tipul noilor autobuze, emisiile provenite de la autobuzele vechi, emisiile provenite de la autobuzele noi și reducerea emisiilor. În acest modul, utilizatorii introduc doar informații concrete fără a lua decizii cu privire la Programul TPE.

Tabelul A B.12. Reducerea emisiilor bazată pe achiziționarea de autobuze noi

Nr	Tip	Oraș	Autobuze care urmează a fi înlocuite			Autobuze noi						Autobuze care urmează a fi înlolcuite				
			Tip			Autobuze			Microbuze		Troleibuze	Emisii				
			Autobuze	Microbuze	Troleibuze	Diesel	GNC	GPL	Diesel	GPL	Electricitate	CO_2 (t)	CO (kg)	NO_x (kg)	$PM_{2.5}$ (kg)	SO_2 (kg)
1	Urban	Chișinău	60	555	25	42	42	43	43	52	50	26 371	41 609	182 464	3 752	3 496
2	Urban	Bălți	16	86	6	8	8	7	8	13	12	5 004	7 851	34 427	708	660
3	Suburban	Chișinău	173	337	0	71	71	70	71	71	0	33 410	53 856	236 171	4 856	4 525
4	Suburban	Bălți	29	32	0	10	11	10	11	11	0	4 805	7 746	33 968	698	651
5	Interurban	Chișinău	319	1 545	0	185	185	184	185	185	0	91 593	147 645	647 462	13 312	12 405
6	Interurban	Bălți	18	41	0	8	8	7	8	8	0	3 669	5 914	25 935	533	497
7	Interurban	Alte regiuni	279	1 361	0	324	0	162	163	163	0	80 424	129 641	568 509	11 689	10 892
Total			894	3 957	31	648	325	483	489	503	62	245 277	394 262	1 728 936	35 548	33 124

Nr	Tip	Oraș	Autobuze noi (Emisii)					Reduceri ale emisiilor				
			CO_2 (t)	CO (kg)	NO_x (kg)	$PM_{2.5}$ (kg)	SO_2 (kg)	CO_2 (t)	CO (kg)	NO_x (kg)	$PM_{2.5}$ (kg)	SO_2 (kg)
1	Urban	Chișinău	11 572	8 538	37 583	40	312	14 799	33 071	144 881	3 711	3 183
2	Urban	Bălți	2 249	1 573	7 019	8	58	2 755	6 278	27 408	700	602
3	Suburban	Chișinău	17 062	13 551	61 234	66	498	16 349	40 305	174 937	4 790	4 027
4	Suburban	Bălți	2 516	1 978	8 928	10	72	2 290	5 768	25 040	689	579
5	Interurban	Chișinău	44 565	35 511	160 084	172	1 304	47 029	112 134	487 377	13 140	11 101
6	Interurban	Bălți	1 862	1 414	6 607	7	52	1 807	4 500	19 328	526	445
7	Interurban	Alte regiuni	40 552	31 061	159 153	122	1 366	39 872	98 580	409 355	11 567	9 526
Total			120 377	93 625	440 610	425	3 662	124 900	300 637	1 288 326	35 123	29 463

Sursa: OCDE, Modelul OPTIC.

Costurile programului și efectele asupra mediului

Modulul cu privire la calcularea costurilor Programului TPE și a efectelor asupra mediului se află în rubrica „Decizii". Acest modul joacă un rol important în susținerea luării deciziilor. Poate fi utilizat pentru calcularea automată a costurilor programului, precum și pentru ajustările manuale ale costurilor.

Partea superioară a ecranului conține informații despre obiectivul programului. Utilizatorii pot defini unul dintre următoarele obiective de program:

- costuri de investiție
- bugetul subvenției (valoarea fondurilor disponibile pentru subvenții)
- reducerea emisiilor de CO_2
- reducerea emisiilor de CO
- reducerea emisiilor de NO_x
- reducerea emisiilor de $PM_{2.5}$
- reducerea emisiilor de SO_2.

Selectând butonul „Go" care se găsește în partea dreaptă a fiecărei opțiuni prezentate mai sus, modelul va calcula pachetul financiar necesar programului pentru atingerea unui anumit obiectiv, excluzându-le pe celelalte.

Figura A B.1. Ajustarea costurilor programului și a efectelor asupra mediului

Programme target	Costs			Emissions								
	Investment costs	100 000	Go	CO2 (t/a)	10 500	Go	NOx (kg/a)	150 000	Go	SO2 (kg/a)	5 000	Go
	Subsidy budget	10 000	Go	CO (kg/a)	60 000	Go	PM2.5 (kg/	45 000	Go			

Sursa: OCDE, Modelul OPTIC.

Algoritmul pentru calcularea costurilor programului este următor:

- Modelul analizează informațiile privind transportul public pentru fiecare oraș, în ordinea prevăzută de tabelul din rubrica „Transport". Analiza se face în trei iterații, începând cu centrele urbane, apoi conexiunile suburbane și interurbane.
- Inițial, modelul determină dacă orașul are potențial pentru autobuzele GNC; dacă da, atunci modelul propune înlocuirea unui autobuz vechi cu un autobuz GNC.
- Pasul anterior este repetat până când sunt atinse toate obiectivele, adică toate autobuzele vechi dintr-o iterație numită sunt înlocuite.
- În cazul în care orașul nu dispune de potențialul necesar pentru autobuzele GNC, modelul urmează aceiași pași pentru autobuzele diesel Euro VI.
- În cazul în care orașul nu dispune de potențialul necesar pentru autobuzele GNC sau autobuzele diesel Euro VI, modelul urmează aceiași pași pentru autobuzele GPL.
- Costurile pentru stațiile GNC sunt luate în considerare. În cazul în care numărul de autobuze înlocuite depășește cifra de 100, stația GNC se va considera ca fiind un proiect comercial, nefiind necesară o subvenție. Stațiile de GNC existente în Bishkek și Osh sunt luate în considerare.

Rezultatele sunt prezentate într-un el Excel (Tabelul A B.13) care cuprinde informații generale privind numărul de autobuze noi, costurile de investiții, subvențiile și reducerile de emisii pe an. Dacă utilizatorii doresc informații mai detaliate, atunci ar trebui utilizate rubricile „Emisii" sau „Costuri" (descrise anterior).

Tabelul A B.13. Raportul dintre costurile programului și efectele asupra mediului

Nr	Tip	Oraș	Autobuze noi						Costuri de investiții	Subvenție	Reducerea emisiilor per an				
			Autobuze			Microbuze		Troleibuze							
			Diesel	GNC	GPL	Diesel	GPL		milioane MDL	milioane MDL	CO_2 (t)	CO (kg)	NO_x (kg)	$PM_{2.5}$ (kg)	SO_2 (kg)
1	Urban	Chișinău	42	42	43	43	52	50	1 063	597	14 799	33 071	144 881	3 711	3 183
2	Urban	Bălți	8	8	7	8	13	12	216	121	2 755	6 278	27 408	700	602
3	Sub-urban	Chișinău	71	71	70	71	71	0	1 307	762	16 349	40 305	174 937	4 790	4 027
4	Sub-urban	Bălți	10	11	10	11	11	0	194	113	2 290	5 768	25 040	689	579
5	Inter-urban	Chișinău	185	185	184	185	185	0	3 413	1 990	47 029	112 134	487 377	13 140	11 101
6	Inter-urban	Bălți	8	8	7	8	8	0	143	84	1 807	4 500	19 328	526	445
7	Inter-urban	Alte regiuni	324	0	162	163	163	0	2 887	1 875	39 872	98 580	409 355	11 567	9 526
Total			648	325	483	489	503	62	9 223	5 542	124 900	300 637	1 288 326	35 123	29 463

Sursa: OCDE, Modelul OPTIC.

Utilizatorii pot modifica direcția proiectului prin introducerea informațiilor proprii cu privire la numărul de autobuze noi. Apoi, calculele sunt actualizate corespunzător.

Costul programului pentru etapa 1 (etapa pilot) și etapa 2 (etapa de extindere)

În foaia de calcul intitulată „Obiectivele programului" (Figura A B.2), utilizatorii pot determina efectuarea calculului pentru atapa pilot (Etapa 1), care acoperă doar două orașe, sau pentru etapa 1 și 2. De asemenea, utilizatorul poate determina care factori de emisie să fie utilizați în calcul, cei normativi sau actuali. Al treilea parametru definit de utilizator este scenariul pentru etapa 2, care poate fi după cum urmează:

- Scenariul 1: Înlocuirea autobuzelor cele mai vechi (cele rămase după etapa 1) care operează în zonele urbane/suburbane ale orașelor pilot.
- Scenariul 2: Înlocuirea autobuzelor ca în Scenariul 1, precum și a celor care operează conexiuni interurbane (care acoperă transportul urban/suburban în alte orașe).

Figura A B.2. Figura Ajustarea obiectivelor programului

Sursa: OCDE, Modelul OPTIC.

Selectând butonul „Go" din partea dreaptă a fiecărui scenariu definit, modelul calculează costurile programului și reducerea emisiilor. Obiectivele fiind astfel ignorate.

Sursele de informații utilizate pentru ipoteze

Versiunea actuală a modelului utilizează informații din diferite surse, atât din Republica Moldova cât și din mediul internațional. Această secțiune descrie sursele de informații pentru fiecare ipoteză utilizată:

- **Informațiile cu privire la transportul public urban** (numărul de autobuze, tipul de combustibil și vârsta) au fost oferite de municipiile Chișinău și Bălți, Agenția Națională Transport Auto (ANTA), Ministerul Transporturilor și Infrastructurii Drumurilor (din septembrie 2017, în cadrul Ministerului Economiei și Infrastructurii) și Ministerul Mediului (din septembrie 2017, parte a Ministerului Agriculturii, Dezvoltării Regionale și Mediului), precum și de operatorii privați de microbuze din Chișinău și Bălți.
- **Prețurile medii ale autobuzelor** au fost obținute din estimările concursurilor Băncii Europene pentru Reconstrucții și Dezvoltare (BERD), municipale, declarațiile chestionarelor completate de operatorii de autobuze și microbuze și cercetările de piață pe internet.
- **Prețurile combustibililor** au fost obținute în baza cercetărilor de piață a principalelor companii de distribuție de pe internet și, în special, de la autoritatea națională de reglementare ANRE.
- **Consumul de combustibil** a fost calculat prin analiza informațiilor tehnice ale producătorilor de autobuze și a câtorva companii ce dezvoltă autobuze de tip nou (*Der Betrieb mit Flüssiggas als Alternative zum Dieselantrieb / (care operează cu GPL ca o alternativă la propulsia diesel);*[5] *Costul și beneficiile tehnologiilor curate pentru tranzitul rapid de autobuze (TRA): Rezumatul rezultatelor pentru Kampala* (ICCT, 2012[6]); *Comparația dintre Autobuzele de tranzit GNC, Diesel și autobuze diesel hibrid-electric: eficiență și performanță de mediu* (MJB&A, 2013[7]); *Comparația autobuzelor GNC vs. Diesel; Infrastructură pentru combustibili alternativi* (European Expert Group on Future Transport Fuels, 2011[8])[6] *și O vedere realistă a vehiculelor GNC în SUA* (Nath et al., 2014[9]).

Factori de emisie

Factorii de emisie au fost preluați din:

- secțiunea privind „Programul European de Monitorizare și Evaluare cu privire la Emisiile Gazelor de Eșapament" în Ghidul Agenției Europene pentru Mediu (AEM) privind Inventarul Emisiilor de Poluanți Atmosferici 2013; Orientări tehnice privind pregătirile inventarelor naționale de emisii (EEA, 2016[10])
- standardele de emisii Euro II-VI
- standardele de combustibil Euro II-V (pentru SO_2)
- Versiunea revizuită în 1996 a orientărilor Grupului Interguvernamental pentru Schimbări Climatice (IPCC) pentru Inventarele Naționale de Gaze cu Efect de Seră, Vol. 3: Manualul de referință (IPCC, 1996[11])
- Instrumentar al Factorilor de Emisii (EFT) publicat de (Defra and the Devolved Administrations, 2017[12])
- Pentru energia electrică, factorul de emisie de CO_2 și transmiterea și distribuția factorului de pierdere.[7]

Standardele de emisii utilizate în calcule sunt prezentate în Tabelul A B.14. Acestea se bazează practic în întregime pe reglementările europene privind emisiile provenite de la noile motoarele diesel de mare tonaj, denumite în mod obișnuit Euro I-VI.

Tabelul A B.14. Normele UE privind emisiile provenite de la motoarele diesel de mare tonaj (g/kWh)

Nivelul	Data	Ciclul de testare	CO	HC	NO_x	PM
Euro I	1992 < 85 kW	Comisia Economică a Națiunilor Unite pentru Europa (CEE/UN) Regulamentul-49	4.5	1.1	8.0	0.612
	1992 > 85 kW		4.5	1.1	8.0	0.36
Euro II	Octombrie 1996		4.0	1.1	7.0	0.25
	Octombrie 1998		4.0	1.1	7.0	0.15
Euro III	Octombrie 1999 doar Vehicule cu emisii poluante reduse (EEVs)	*Test European în mod stabilizat (ESC) și Test european de încărcare dinamică (ELR)*	1.0	0.25	2.0	0.02
	Octombrie 2000	ESC și ELR	2.1	0.66	5.0	0.10 - 0.13
Euro IV	Octombrie 2005		1.5	0.46	3.5	0.02
Euro V	Octombrie 2008		1.5	0.46	2.0	0.02
Euro VI	31 decembrie 2013		1.5	0.13	0.4	0.01

Sursa: (EC, 2017[13]), *Emisiile din transport: Aer poluat din Transportul Rutier*, http://ec.Europa.eu/environment/air/transport/road.htm (accesat la 16 februarie 2017).

În mod similar, standardele UE privind combustibilul pentru conținutul de sulf pentru Euro 2-5, utilizate în calcule, sunt prezentate în Tabelul A B.15.

Tabelul A B.15. Standardele UE privind combustibilul pentru conținutul de sulf

Denumirea	Directivele UE	Comitetul European de StandardizareEuropean (CES) Standardul	Data de implementare	Limita de sulf (ppm)
necunoscut	-	EN 590:1993 (d) EN 228:1993 (g)	octombrie 1994	2 000
Euro 2	93/12/EEC	-	octombrie 1996	500 (diesel)
Euro 3	93/12/EEC	EN 590:1999 (d) EN 228:1999 (g)	ianuarie 2000	350 (diesel); 150 (petrol)
Euro 4	98/70/EC	EN 590:2004 (d) EN 228:2004 (g)	ianuarie 2005	50*
Euro 5	2003/17/EC	EN 590:2009	ianuarie2009	10, 10**

Notă: * 10 părți "Fără sulf" la un milion trebuie să fie disponibile; ** limita combustibililor non-rutieri
Sursa: (EC, 2017[13]), *Emisiile din Transport: Aerul Poluat din Transportul Rutier*, http://ec.Europa.eu/environment/air/transport/road.htm.

Pe de altă parte, factorii de emisie CO_2 estimați pentru un număr anumit de poluanți ce provin de la vehiculele diesel grele din Europa, au ca sursă *Ghidul revizuit al IPCC din 1996 pentru inventarele naționale de gaze cu efect de seră și manualul său de referință* (IPCC, 1996[11]), (Tabelul A B.16).

Tabelul A B.16. Factorii de emisie CO_2 estimați pentru vehiculele diesel grele din Europa

	CO_2
Total g/km	770
g/kg combustibil	3 140
g/MJ	74

Sursa: (IPCC, 1996[11]), *Ghidul IPCC revizuit din 1996 pentru inventarele naționale de gaze cu efect de seră, volumul 3*: Manualul de referință, Grupul interguvernamental privind schimbările climatice, orașul Mexico, www.ipcc-nggip.iges.or.jp/public/gl/invs6.html.

Normele actuale pentru poluarea aerului și a emisiilor de CO_2 pot fi preluate din *Ghidul de inventar al emisiilor de poluare atmosferică EMEP/SEE 2016* (EEA, 2016[10]). Tabelul A B.17 prezintă abordarea de nivel 1 pentru măsurarea emisiilor de evacuare (explicate în documentul sursă pentru tabel).

Tabelul A B.17. Emisiile de poluare aerului de nivel 1 ale vehiculelor diesel de mare tonaj

(g/kg combustibil)

	CO	NMVOC	NO_x	PM	N_2O
Diesel	7.58	1.92	33.37	0.94	0.051
GNC (autobuze)	5.70	0.26	13.00	0.02	n.a.

Sursa: *EMEP/AEM Ghid de inventar al emisiilor de poluare a aerului 2016. Ghid tehnic pentru pregătirea inventarelor naționale de emisii. Partea B: Capitole de orientare sectorială - Transport rutier 2018,* www.eea.europa.eu/publications/emep-eea-guidebook-2016/part-b-sectoral-guidance-chapters/1-energy/1-a-combustion/1-a-3-b-i/view.

Ghidul inventarului emisiilor poluării aerului EMEP/AEM 2016 este, de asemenea, utilizat ca sursă pentru estimarea factorilor de emisie de CO_2 pentru diferiți combustibili folosiți în exploatarea vehiculelor grele (Tabelul A B.18).

Tabelul A B.18. Factorii de emisie CO_2 de nivel 1 pentru diferiți combustibili fosili de transport rutier, toate tipurile de vehicule

Tipul de combustibil	gCO_2/kg de combustibil*
Petrol	3 169
Diesel	3 169
GLP**	3 024
GNC (sau GNL)***	2 743

Notă: * Factorii de emisie de CO_2 se bazează pe o asumare 100% a carbonului din combustibil (CO_2 final); ** GPL se presupune a fi 50% propan + 50% butan; *** GNC și GNL s-au presupus a fi 100% metan.
Sursa: EMEP/AEM *Ghid de inventar al emisiilor de poluare în aer 2016. Ghid tehnic pentru pregătirea inventarelor naționale de emisii. Partea B: Capitole de orientare sectorială - Transport rutier 2018,* www.eea.europa.eu/publications/emep-eea-guidebook-2016/part-b-sectoral-guidance-chapters/1-energy/1-a-combustion/1-a-3-b-i/view.

Câteva surse au fost utilizate pentru valorile consumului de combustibil utilizate în model, combinate cu ipotezele autorilor, în special pentru volumele de consum de GPL (Tabelul A B.19).

Tabelul A B.19. Conținutul presupus de energie consumat și consumul vehiculelor de mare tonaj

Tipul combustibilului	Energia (unitate)	Consumul (g/km)
Petrol	8.77 (kWh/l)	300*
Diesel	9.86 (kWh/l)	240
GNC	13.16 (kWh/kg)	500
GPL	6.6 (kWh/l)	340*

Notă: * Ipoteze proprii.
Sursa: (EEA, 2016[14]) *EMEP/AEM Ghid de inventar al emisiilor de poluare în aer 2016. Ghid tehnic pentru pregătirea inventarelor naționale de emisii. Partea B: Capitole de orientare sectorială - Transport rutier 2018,* www.eea.europa.eu/publications/emep-eea-guidebook-2016/part-b-sectoral-guidance-chapters/1-energy/1-a-combustion/1-a-3-b-i/view; www.erdgasautos.at (în limba germană, accesat la 14 martie 2019).

S-a presupus că factorii de emisie pentru motoarele vechi sunt aceiași ca pentru unul nou. Cu toate acestea, în motoarele noi eficiența energetică este mai mare, iar consumul de combustibil cu 10% mai mic decât în autobuzele mai vechi de 5 ani, cu 15% mai mic decât autobuzele cu vârsta mai mare de 10 ani și cu 25% mai mic decât autobuzele cu vârsta mai mare de 15 ani. Factorii specifici de emisie utilizați în model sunt prezentați în Tabelul A B.2, de mai sus. Factorii de emisie prezentați în Tabelul A B.2 se bazează totuși, pe nivelurile maxime, în conformitate cu normele specifice. Deoarece emisiile normative sunt testate în condiții de laborator și nu în trafic real, valorile emisiilor actuale ar putea varia. Acest aspect este mai mult caracteristic pentru motoarele diesel, ale căror emisii depind de echipamentul specific instalat. În cazul GNC și GPL, emisiile sunt mai puțin problematice, datorită utilizării combustibililor mai curați. În 2014, ICCT a emis un raport privind emisiile mondiale reale provenite de la autovehiculele diesel moderne, ce prezintă măsurările reale ale emisiilor. Analiza a arătat că emisiile de CO_2 și NO_x din lumea reală sunt mai mari decât limitele (respectiv normele Euro) – cu o medie de 40% și respectiv 70% (Franco et al., 2014[15]).

Figura A B.3. Ponderea vehiculelor testate ce depășesc normele Euro în ciclul urban

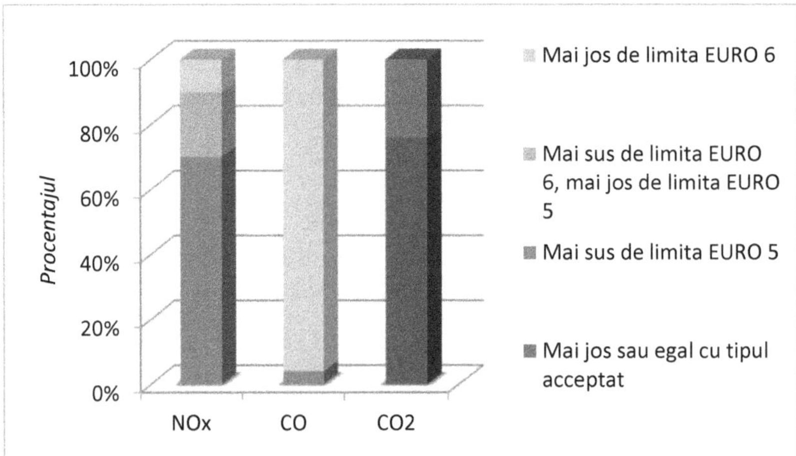

Notă: Figura este doar un exemplu.
Sursa: (Franco et al., 2014[15]).

Astfel, modelul oferă și un set alternativ de factori de emisie, ținând cont de faptul că emisiile reale le pot depăși pe cele normative. Tabelul A B.20 prezintă factorii efectivi de emisie utilizați în model.

Tabelul A B.20. Factori de emisie estimați ajustați la valorile reale (pe km)

Tipul de motor și combustibil	CO_2 (kg/km)	CO (g/km)	NO_x (g/km)	$PM_{2.5}$ (g/km)	SO_2 (g/km)
Diesel Euro II	1.5137	2.4400	10.7000	0.2200	0.2050
Diesel Euro II>5 ani	1.6650	2.6840	11.7700	0.2420	0.2255
Diesel Euro II>10 ani	1.8164	2.9280	12.8400	0.2640	0.2460
Diesel Euro II>15 ani	1.9678	3.1720	13.9100	0.2860	0.2665
Diesel Euro VI	1.0685	0.2230	4.2387	0.0023	0.0205
CNG (EEV standard)	0.9350	0.2400	2.5000	0.0050	0.0000
GPL	1.0258	1.9200	5.0000	0.0050	0.0652

Sursa: OCDE, Modelul OPTIC.

Utilizatorul poate modifica atât factorii de emisie normativi, cât și pe cei reali, în funcție de nevoile de modelare.

Anexa C. Model de formular de aplicare a proiectului

Înlocuirea autobuzelor/microbuzelor/troleibuzelor

<table>
<tr><td>Denumirea proiectului</td><td colspan="5"></td></tr>
<tr><td>Numele solicitantului</td><td colspan="5"></td></tr>
<tr><td>Adresa</td><td colspan="5"></td></tr>
<tr><td>Detalii de contact</td><td colspan="5"></td></tr>
<tr><td>Statut legal</td><td colspan="5"></td></tr>
<tr><td>Numărul contului bancar, denumirea băncii, filiala și adresa</td><td colspan="5"></td></tr>
<tr><td>Locația proiectului (oraș)</td><td colspan="5"></td></tr>
<tr><td>Descrierea proiectului:</td><td colspan="5"></td></tr>
<tr><td>Numărul de autobuze utilizate pentru servicii de rute regulate în oraș</td><td colspan="5"></td></tr>
<tr><td>Numărul de microbuze utilizate pentru servicii de rute regulate în oraș</td><td colspan="5"></td></tr>
<tr><td>Numărul de linii de autobuz operate de companie în oraș</td><td colspan="5"></td></tr>
<tr><td>Numărul de linii de microbuz operate de companie în oraș</td><td colspan="5"></td></tr>
<tr><td rowspan="2">Planificarea înlocuirii autobuzelor</td><td colspan="2">Autobuze care vor fi înlocuite</td><td colspan="3">Autobuze noi</td></tr>
<tr><td>Mai vechi de 15 ani</td><td>Cu o vechime de 10-15 ani</td><td>Mai vechi de 15 ani</td><td>Cu o vechime de 10-15 ani</td><td>Mai vechi de 15 ani</td></tr>
<tr><td>Numărul de autobuze (#)</td><td></td><td></td><td></td><td></td><td></td></tr>
<tr><td>Costuri (1 000 MDL)</td><td>X</td><td>X</td><td></td><td></td><td></td></tr>
<tr><td>Costuri totale (1 000 MDL)</td><td>X</td><td>X</td><td colspan="3"></td></tr>
<tr><td rowspan="2">Planificarea înlocuirii microbuzelor</td><td colspan="2">Microbuze care vor fi înlocuite</td><td colspan="3">Microbuze noi</td></tr>
<tr><td>Mai vechi de 15 ani</td><td>Cu o vechime de 10-15 ani</td><td>Mai vechi de 15 ani</td><td>Cu o vechime de 10-15 ani</td><td>Mai vechi de 15 ani</td></tr>
<tr><td>Numărul de microbuze (#)</td><td></td><td></td><td></td><td></td><td></td></tr>
<tr><td>Costuri (1 000 MDL)</td><td>X</td><td>X</td><td></td><td></td><td></td></tr>
<tr><td>Costuri totale (1 000 MDL)</td><td>X</td><td>X</td><td colspan="3"></td></tr>
</table>

Planificarea înlocuirii troleibuzelor	
Numărul de troleibuze (#)	
Costuri (1 000 MDL)	
În cazul în care se propun autobuze pe GNC: Există stații de alimentare cu GNC în oraș?	

Anexa D. Model de formular de pre-evaluare a proiectului

Înlocuirea autobuzelor

Criterii	Da/Nu
Criterii legate de locația proiectului	
Proiectul este localizat în zona urbană a orașului menționat în lista orașelor eligibile?	
Criterii legate de tipul de proiecte eligibile	
Tipul proiectului face parte din lista proiectelor eligibile?	
Toate costurile propuse de proiect se găsesc în lista costurilor eligibile?	
Numărul de autobuze vechi (între 10 și 15 și mai mult de 15 ani vechime) egal cu numărul de autobuze noi (1 autobuz = 5 microbuze)?	
Criterii legate de tipul de beneficiari eligibili	
Tipul de beneficiar se găsește pe lista beneficiarilor eligibili?	
Alte criterii de eligibilitate	
Există planuri pentru oraș în vederea implementării unor investiții suplimentare care ar îmbunătăți sistemul de transport public urban?	
Total: „Da" dacă toate răspunsurile sunt afirmative, și „Nu" dacă cel puțin un răspuns este negativ.	

Anexa E. Model de formular de evaluare a proiectului

Cel mai potrivit proiect primește cel mai mare punctaj (maxim 10 puncte) din fiecare subcategorie (A1–F5), cel mai slab proiect primește scorul cel mai mic (min. 0 puncte); alte proiecte primesc puncte proporționale cu clasamentul lor. Suma punctelor primite din fiecare categorie (A–F) se înmulțește cu un coeficient (0.1–0.2) pentru a primi o sumă ponderată, care este punctajul final de evaluare pentru proiectul respectiv.

	Criterii	Punctaj	Nr. Maxim de puncte	Puncte
A	**Pregătirea prroiectului**	0.1		
1	Pregătirea unui plan strategic sau de afaceri pentru implementarea proiectului în cadrul orașului		0-1	
B	**Locația proiectului**	0.2		
1	Autobuzele care vor fi înlocuite operează doar în sectoarele poluate ale orașelor eligibile		5	
2	Autobuzele care vor fi înlocuite operează doar în centrul orașului eligibil		5	
3	Autobuzele care vor fi înlocuite operează în centrul orașului, precum și la periferiile/suburbiile orașului eligibil		3	
4	Autobuzele care vor fi înlocuite operează în oraș făcând legătură cu zonele rurale aflate în afara orașului eligibil		0	
C	**Tipul proiectului**	0.2		
1	Autobuze pe GNC		10	
2	Troleibuze		5	
3	Autobuze pe GPL		1	
4	Autobuze diesel modern		1	
D	**Dimensiunea proiectului**	0.2		
1	Mai mult de 20 de autobuze de înlocuit		10	
2	Între 10 și 20 de autobuze de înlocuit		5	
3	Mai puțin de 10 autobuze de înlocuit		1	
E	**Sistemul de îmbunătățire propus a transportului public urban**	0.1		
1	Lungimea noilor benzi pentru autobuze (0 puncte < 2km, 1 p.– până la 2km, 2p. > 2km)		2	
2	Numărul semafoarelor cu prioritate pentru transportul public (0 puncte < 2, 1 p.– până la 4, 2p. > 5)		2	
3	Numărul stațiilor noi de autobuz echipate cu sisteme de informații online pentru pasageri (0 puncte < 2, 1 p.– până la 4, 2p. > 5)		2	
4	Numărul stațiilor noi de autobuz (0 puncte < 2, 1 p.– până la 4, 2p. > 5)		2	
5	Alte măsuri (puncte conform opiniei experților)		2	
F	**Eficiența de mediu**	0.2		
1	Eficiența de unitate	(F2-F3)/F4		
2	Emisii anuale de $PM_{2.5}$ calculate de la autobuze vechi [$PM_{2.5}$ kg]*			
3	Emisii anuale de $PM_{2.5}$ calculate de la autobuze noi [$PM_{2.5}$ kg]			
4	Costurile proiectului			
5	Puncte pentru eficiența de mediu – proiectul cu cea mai bună unitate de eficiență Ubest primește 10 p., cel cu o unitate de eficiență mai joasă Uworst primește 0, celelalte cu unitatea		10	

	de eficiență U primește 10*(U-Uworst)/ (Ubest-Uworst)			
	Total: (punctaj x puncte)			

Notă: * Măsurarea eficienței față de mediu a unei investiții implică calcularea costului unitar al scăderii emisiilor – în acest model, emisiile $PM_{2.5}$. Costul unitar trebuie calculat ca diferență între emisiile $PM_{2.5}$ de la autobuzele vechi diesel și cele din autobuzele noi. Calculul ar trebui să utilizeze factori de emisie reali din modelul OPTIC.

Referințe

Defra and the Devolved Administrations (2017), *The Emissions Factors Toolkit (EFT)*, UK Department of Environment, Food and Rural Affairs, https://laqm.defra.gov.uk/review-and-assessment/tools/emissions-factors-toolkit.html (accessed 15 February 2017). [12]

DieselNet (2016), "EU: Heavy-Duty Truck and Bus Engines: Regulatory Framework and Emission Standards", *DieselNet website*, http://www.dieselnet.com/standards/eu/hd.php (accessed 30 March 2017). [4]

EC (2017), *Transport Emissions: Air Pollutant from Road Transport*, European Commission, Brussels, http://ec.Europa.eu/environment/air/transport/road.htm (accessed 16 February 2017). [13]

EC (2016), *Alternative Fuels and Infrastructure in Seven Non-EU Markets – Final Report*, European Commission, Brussels, http://ec.Europa.eu/transport/themes/urban/studies/doc/2016-01-21-alternative-fuels-and-infrastructure-in-seven-non-eu-markets.pdf. [1]

EC (2016), *Clean Transport – Support to the Member States for the Implementation of the Directive on the Deployment of Alternative Fuels Infrastructure: Good Practice Examples*, European Commission, Brussels, http://ec.Europa.eu/transport/themes/urban/studies/doc/201. [2]

EEA (2016), *EMEP/EEA Air Pollution Emission Inventory Guidebook 2016. Technical Guidance to Prepare National Emission Inventories, EEA Report No. 21/2016*, EMEP European Environment Agency, Copenhagen, http://www.eea.europa.eu/publications/emep-eea-guidebook-2016/at_download. [10]

EEA (2016), *EMEP/EEA Air Pollution Emission Inventory Guidebook 2016. Technical Guidance to Prepare National Emission Inventories. Part B: Sectoral Guidance Chapters – Road Transport 2018*, EMEP European Environment Agency, Copenhagen, http://www.eea.europa.eu/publications/emep-eea-guidebook-2016/part-b-sectoral-guidance-chapters/1-energy/1-a-combustion/1-a-3-b-i/view. [14]

EU (2014), "Directive 2014/94/EU of the European Parliament and of the Council of 22 October 2014 on the deployment of alternative fuels infrastructure" Official Journal of the European Union, L 307/1 of 28 October 2014, pp. 1-20, http://data.europa.eu/eli/dir/2014/94/oj. [16]

European Expert Group on Future Transport Fuels (2011), *Infrastructure for Alternative Fuels*, European Expert Group on Future Transport Fuels, Brussels, http://ec.Europa.eu/transport/themes/urban/cts/doc/2011-12-2nd-future-transport-fuels-report.pdf. [8]

Franco, V. et al. (2014), *Real-World Exhaust Emissions from Modern Diesel Cars. A Meta-Analysis of Pems Emissions Data from EU (Euro 6) and US (Tier 2 Bin 5/Ulev II) Diesel Passenger Cars*, International Council on Clean Transportation, Berlin, http:///www.theicct.org/sites/default/files/publications/ICCT_PEMS-study_diesel-cars_20141010.pdf. [15]

ICCT (2012), *Cost and Benefits of Clean Technologies for Bus Rapid Transit (BRT). Summary of Results for Kampala*, International Council on Clean Transportation, Kampala, http://mirror.unhabitat.org/pmss/listItemDetails.aspx?publicationID=3484. [6]

IPCC (1996), *Revised 1996 IPCC Guidelines for National Greenhouse Gas Inventories, Volume 3: The Reference Manual*, Intergovernmental Panel on Climate Change, Mexico City, http://www.ipcc-nggip.iges.or.jp/public/gl/invs6.html. [11]

MJB&A (2013), *Comparison of Modern CNG, Diesel and Diesel Hybrid-Electric Transit Buses: Efficiency and Environmental Performance*, M.J. Bradley and Associates, Concord, Massachusetts and Washington, D.C, http://mjbradley.com/sites/default/files/CNG%20Diesel%20Hybrid%20. [7]

Nath et al. (2014), "A Realistic View of CNG Vehicles in the US", *BCG Perspectives*, Vol. 16 June, https://www.bcg.com/de-de/publications/2014/energy-environment-automotive-realistic-view-cng-vehicles-us.aspx (accessed 24 June 2019). [9]

T&E (2018), *CNG and LNG for vehicles and ships – the facts*, European Federation for Transport and Environment, Brussels, http://www.transportenvironment.org/sites/te/files/publications/2018_10_TE_CNG_and_LNG_for_vehicles_and_ships_the_facts_EN.pdf. [3]

UITP (2015), "Bus Systems in Europe. Towards a Higher Quality of Urban Life and Reduction of Pollutants and CO2 Emissions" UITP Position Paper, International Association of Public Transport, Brussels, https://www.uitp.org/sites/default/files/cck-focus-papers-files/UITP_PositionPaper_Bus%20Systems%202015.pdf.pdf. [5]

Note

[1] A se vedea Institutul Tehnologic Danez privind reducerea emisiilor: https://www.dti.dk/specialists/emission-reduction/37141 (accesat la 20 martie 2017).

[2] GGE este cantitatea de combustibil alternativ necesară pentru a egala conținutul de energie al unui galon lichid (aproximativ 3.785 litri) de benzină. GGE permite consumatorilor să compare conținutul de energie al combustibililor concurenți cu un combustibil cunoscut, benzina. GGE compară, de asemenea, benzina cu combustibilii vânduți sub formă de gaz (gaz natural, propan sau hidrogen) și electricitate.

[3] Conform Directivei 2014/94/UE (EU, 2014[16])privind crearea infrastructurii de combustibili alternativi, gazul natural (GNC și GNL) și gazul petrolier lichefiat (GPL) sunt considerați combustibili alternativi pe lângă electricitate, hidrogen, biocombustibili (precum este definită de articolul 2 din Directiva 2009/28/UE) și de combustibili sintetici și parafinici (EU, 2014[16]).

[4] A se vedea noua generație de autobuze: http://new.abb.com/grid/technology/tosa; și autobuze electrice autonome în Franța: http://www.avere-france.org/Site/Article/?article_id=5730 (accesat la 26 aprilie 2017).

[5] Pentru informații despre vehiculele cu GNC, consultați: https://www.erdgasautos.at (în limba germană).

[6] A se vedea: https://www.bus.man.eu/cng_optimizer/index.html (accesat la 25 februarie 2017).

[7] Prezentat în Raportul de țară : http://united4efficiency.org/wp-content/uploads/2017/05/MDA_U4E-Country-Assessment-Report.pdf.

www.ingramcontent.com/pod-product-compliance
Lightning Source LLC
LaVergne TN
LVHW080653011026
849160LV00014B/1415